네트워크 분석방법의 활용과 한계

이수상

Network Analysis Methods
Applications and Limitations

도서출판
청람

■ 머리말 ■

책을 쓴다는 것은 참 어려운 일이다. 쓰고자 하는 주제와 내용을 구상하고 계획하는 정도는 쉽게 할 수 있지만, 수백 쪽의 전문적인 스토리로 담아내는 작업은 차원이 다른 문제인 것 같다. 긴 시간 동안 집중된 호흡을 유지해야 하고, 앞뒤 부분의 논리적 연관성을 놓치지 말아야 하며, 끊임없이 매달려야 하기 때문이다. 앉은 자리에서 수십 페이지의 내용을 뚝딱 만드는 글쓰기의 천재가 아닌 사람에게는 긴 시간의 호흡과 노력을 유지하는 것은 한마디로 고역이었다. 멋진 책을 출판하신 모든 분들이 그 어느 때보다 존경스럽게 느껴진다.

이 책은 2013년 한국연구재단의 저술출판지원사업에 계획서를 제안하여 선정된 이후, 오랫동안의 고민과 노력 끝에 출판하게 되었다. 계획과정에서의 생각은 대략 세 가지 정도로 기억된다. 첫째, 사회 네트워크 분석(Social Network Analysis, 이하 SNA)방법이 새로운 사회과학 연구방법으로 부각되어 활용되고 있지만, 연구방법으로서는 여러 가지 한계들이 노출되고 있다고 판단하였다. 둘째, 국내의 연구자들은 SNA방법을 어떻게 활용하고 있는지 궁금하였다. 셋째, 연구방법의 수준에서 SNA의 이론과 체계를 정리해 보자는 것이었다. 그래서 우선 이를 위해 그동안 발표된 학술논문들의 내용을 분석하여, SNA의 적용대상, 데이터의 수집과 처리, 구체적인 분석과정, 한계점 등을 확인하였다. 그런 다음 SNA의 적용 유형과 대상을 구분하고, 각각에 필요한 기본적인 이론과 개념을 정리하며, 데이터 처리와 분석과정, 특수한 고려사항을 점검하는 작업을 수행하였다. 구상은 그럴듯 했으나, 계획은 여러 번 흔들렸고, 혼란스러울 정도로 새로운 생각들이 떠올라 진도가 좀체 나아가지 않았다. 잠시 한눈을 파는 사이에 새로운 개념과 기법들을 사용하는

SNA 논문들이 등장하였고, 이 때문에 그동안 다듬어온 구상이 흔들리는 경험도 많이 하였다. 아무튼 여기까지 오는 데 너무 많은 시간과 에너지가 소요되었다.

당시 파악한 연구방법으로서 SNA방법의 한계들은 다음과 같은 것들이었다. 어떤 개념에 대한 다양한 설명이 있을 수 있고, 하나의 용어가 복수의 의미를 가지기도 하며, 분석기법의 의미는 이해하더라도 어떤 상황에서 어떻게 적용해야 하는지 판단하는 것이 어려울 수 있다. 수집된 데이터의 타당성과 신뢰성을 검증하는 방법이 확립되지 못하였고, 분석문제에 따라 연구자의 지적인 판단에 의존해야 하는 경우도 많다. 그리고 분석결과를 해석하는 데 있어 마땅히 참조할만한 기준(근거)도 마련되지 않고 있다. SNA방법이 분석방법의 수준이라면, 이러한 한계들이 실제의 활용에 미치는 영향이 적을 수 있다. 하지만 연구방법의 관점에서는 모두가 해결되어야 할 사안들이다. 이러한 상황에서 SNA가 연구방법으로서의 체계를 갖추도록 할 필요는 충분하다고 본 것이다.

이 머리말을 처음 쓰기 시작한 2016년 현재 SNA방법과 관련해서 국내에서 출판된 단행본은 5권 정도가 찾아졌다. 번역서를 제외하고, SNA방법의 기본서 역할을 하는 책들을 기준으로 하였다. 〈사회 네트워크 분석〉(손동원, 2002)과 〈사회연결망 분석〉(김용학, 2003)이 가장 오래되고 인용도 많이 되고 있다. 김용학의 〈사회연결망 분석〉은 2007년 개정판에 이어 2011년 제3판까지 발행되어 SNA방법을 활용하려는 연구자들에게는 필수적인 참고도서로 활용되고 있다. 이 두 권의 책은 사회 네트워크 분석에서 핵심서 중의 핵심서, 고전 중의 고전이다. 그리고 이후 〈네트워크 분석 방법론〉(이수상, 2012)과 〈소셜네트워크분석〉(곽기영, 2014)이 출판되었다. 그리고 〈소셜 네트워크 분석〉(존 스콧 지음, 김효동 · 김광재 옮김, 2012)이라는 번역서도 출판되었다. 가장 최근에는 〈커뮤니케이션 연구를 위한 네트워크 분석〉(최수진, 2016)이 출판되었다.

이 책들은 SNA방법에 입문하는 연구자들에게 많은 도움이 된다. 그러나 연구자들이 자신의 관심 주제에 어떻게 SNA를 적용할 것인가 하는 고민에는 충분한 수준의 답을 찾을 수 없다는 의견들이 많았다. 나도 저자의 한 사람이기에, 여러 가지 상황에서 SNA에 관심 있는 연구자들을 많이 만나 왔다. 그들의 한결같은 고민은, 특히 통계분석방법에 익숙해 있는 연구자들에게는, SNA의 개념과 방법을 자신의 연구 분야(주제)에 활용하고는 싶지만, 난제가 너무 많다는 것이었다. 그동안 많은 연구자들을 만나고, 때로는 그들의 연구에 이런저런 유형의 컨설팅을 하면서 느낀 것은 SNA의 입문편이 아니라 활용편이 필요하다는 것이었다. 이것은 연구방법의 체계를 갖춘 매뉴얼로서의 SNA 활용편을 강하게 요구하는 동기가 되었다.

SNA 활용편에 대한 요구는 충분히 확인했지만, 활용 영역이 워낙 다양하기 때문에 모든 영역을 다루는 데는 한계가 있었다. 활용하고자 하는 영역에 따라 네트워크 분석방법의 체계에 차이가 있으므로, 영역을 대별하고, 각 영역의 실제 연구사례들을 분석하는 방식으로 정리하는 것은 그래도 가능한 일이었다. 미시적 차원에서는 차이가 있지만, 큰 틀에서 유사한 분석과정과 기법을 적용하는 영역별로 묶어내고자 하였다. 즉 네트워크 분석 영역을 분류하고자 하였다. 이런 의도로 실제 연구사례들을 대상으로 상향식(bottom-up)으로 몇 년에 걸쳐 분류해 보았으나, 뚜렷한 구분지가 만들어지지 않았다. 분류하는 것 자체가 무리라는 생각이 여러 번 들었다. 초라하게도 현재의 결과는 겨우 목차를 나누는 수준밖에 되지 않았다. 그렇기에 제시되는 목차가 네트워크 분석의 유형으로 적합하다고 판단하지는 않는다. 단지 분석대상, 과정, 기법 등이 유사하다고 판단한 가장 기본적인 네트워크 분석의 유형인 것이다.

결과적으로 네트워크 분석방법의 유형을 크게 사회 네트워크 분석, 언어 네트워크 분석, 사건 네트워크 분석, 지식 네트워크 분석, 그리고 복잡계 네트워크 분석의 영역으로 구분하였다. 그런 다음 구체적인 분석대상, 분석과정, 적용기법 등의 유사성에 따라 세분하였다. 물론 SNA가 가능한 S/W를 분석도구로 사용하는 것들이었다. SNA는 사회 네트워크의 분석을 위한 도구로 만들어졌지만, 언어・사건・지식 등의 네트워크 분석도구로도 사용된다. 이제는 영역으로서의 사회 네트워크 분석과 분석도구로서의 SNA는 별도로 보아야 한다. 네트워크 분석대상이 '사회'에서 '언어·사건·지식' 등으로 확대되었고, 분석도구로서 SNA는 모든 유형의 네트워크들에서 공통으로 활용한다.

사회 네트워크 분석은 개인 네트워크, 조직 네트워크, 기관 네트워크, 지역(장소) 등과 같은 사회적 개체들(social entities)을 대상으로 형성되는 여러 가지 관계적 행위들(relational activities)의 네트워크들을 분석하는 것을 의미한다. 언어 네트워크 분석은 언어 텍스트를 구성하는 단어라는 언어적 개체(linguistic entities)들 간에 형성되는 네트워크들을 분석하는 것을 의미한다. 사건 네트워크 분석은 사회적 사건(social events)의 내용을 네트워크로 모델링하여 분석하는 것을 의미한다. 사회적 사건은 전쟁, 재난, 정책, 사업 등과 같은 사건을 의미하며, 규모가 크고 복잡하며, 다양한 행위자(이해관계자)들이 개입되어 있으며, 주제나 쟁점과 같은 키워드들이 내재되어 있다. 이처럼 사건 네트워크는 사회적 사건에 대한 사회적 맥락을 관련된 행위자들이나 키워드들로 구성하는 것이기에, 사회 네트워크와 언어 네트워크의 영역이 혼합된 형태이다. 지식 네트워크 분석은 지식을 다루는 문헌(문서)의 내용분석이며, 문헌 그 자체 또는 행위자(저자 등)나 키워드(주제 등) 등과 같은 지식 개체(knowledge object)에 나타나는 다양한 관계를 분석하는 것이다. 복잡계 네트워크 분석은 네트워크에 내재된 복잡성을 분석하는 것으로, 사회·언어·사건·지식과 같은 영역별 네트워크 분석의 문제가 아니라, 네트워크 자체의 구조적 특성에 관한 문제이기에 차원이 달라 별도로 분리하였다.

이 책에서는 이렇게 구분된 유형별 네트워크에 대하여 간략한 개념적 접근을 포함하여 분석의 과정, 관련된 기법, 주요 사례들을 검토하는 데 집중하였다. 현단계의 한계에 대한 파악과 해결방안을 제시하는 작업은 필자의 역량부족으로 많이 부족하였음을 고백한다. 대신에 주로 필자가 발표한 논문 등의 저작물, 필자가 개설한 대학원 수업에서 작성한 학생들의 논고, 필자가 지도한 학위논문, 그리고 국내 학술논문들을 대상으로 모범사례(best practices)를 간추려, 관련된 내용들을 발췌하여 충분하게 설명하려고 하였다. 다양한 세부 유형과 사례들을 대상으로 설명하였으므로 독자들은 현재 자신의 관심 영역과 주제에 따라 선택하거나 응용하여 원하는 네트워크를 구성하고 분석하는 데 활용할 수 있다. 또한 새로운 영역과 주제에 관심이 생길 경우에도 참조할 수 있을 것이다.

아무튼 연구자들에게 자신의 관심 영역과 주제에 알맞은 네트워크를 어떤 방식으로 구성할지, 주의해야 할 점은 무엇인지, 분석과 해석에 있어 참조할 만한 것은 무엇인지, 현재의 수준에서 한계와 해결책이 무엇인지 등에 대한 의문점을 조금이라도 해소하는 데 이 책이 일조하기를 기대한다.

2018년 4월 저자

차 례

CHAPTER 1

사회 네트워크 분석의 연구동향

1. 시작하며
2. 연구동향 분석
3. 분석결과의 요약

Chapter 01

사회 네트워크 분석의 연구동향

1 시작하며

1987년에 김용학 교수가 발표한 두 편의 논문("사회연결망 분석의 기초개념: 구조적 권력과 연결망 중심성을 중심으로",[1] "사회연결망 분석의 이론틀 – 구조와 행위의 연결을 중심으로"[2])은 그동안 필자가 조사한 바로는 우리나라 사회 네트워크 분석 관련 최초의 연구논문이다. 첫 번째 논문은 사회연결망에 대한 개념과 분석기법 중에서 구조에서 발생하는 구조적 권력의 개념화와 CANCOR 블록모델링의 분석기법을 소개하고 있다. 두 번째 논문은 다소 어려운 내용이며, 사회연결망 분석의 사회학적 이론틀이 아직 완성되지 않았다고 하면서, 구조와 행위를 연결시키는 방법론으로 사회연결망 분석을 소개하고 있다. 이후 김용학 교수는 공동연구원인 김진혁과 함께 사회연결망 분석기법을 활용한 논문("지역감정의 관계적 분석: 결혼연결망을 중심으로"[3])을 발표하게 된다. 이 연구에서는 결혼의 관계적 속성을 사회연결망 분석기법, 즉 거리(사회적 거리, 심리적 거리 등)라는 지표를 사용하여 분석하고 있다.

검색환경의 탓이 있을 수 있지만, 국내 학술지를 대상으로 논문검색을 해보면 2000년대에 들어 사회 네트워크 분석과 관련된 논문들이 등장하기 시작

1) 인문과학(연세대학교 인문과학연구소)(1987), 58, pp.141–163.
2) 한국사회학(1987), 21(1), pp.31–68.
3) 한국사회학(1992), 24(1), pp.65–84.

하였다. 김용학 교수에 의해 이론적인 소개와 실제적인 분석사례가 있었지만, 그 정도만으로 부족하고, 제대로 활용할 수 있는 분석도구가 소개되지 않은 것이 가장 큰 원인이지 않을까 생각된다. 사회 네트워크 분석도구로 많이 활용하고 있는 UCINET의 윈도우 버전(Windows 95버전)인 UCINET 5가 2002년에 발표되었고, 국내 소프트웨어인 넷마이너(NetMiner)도 2001년 12월에 처음으로 출시되었다. 더불어 국내에서 사회 네트워크 분석 관련 단행본이 2002년과 2003년에 출판되면서부터 연구자들로부터 많은 관심을 받게 되었다.

당시 출판된 〈사회 네트워크 분석〉(손동원, 2002)과 〈사회연결망 분석〉(김용학, 2003)은 지금도 많이 인용되고 있는 고전이다. 손동원 교수는 책 서문에서 1990년대 박사학위 논문준비 중에 '사회 네트워크'라는 개념을 알게 되었고, 1990년대 초반에 나온 버트(Ronald Burt)의 '구조적 공백(structural hole)', 스콧(John Scott)의 책, 퍼트남(Robert Putnam)의 '사회자본(social capital)' 등을 공부했다고 한다. 김용학 교수는 개정판 서문에서 1980년대부터 사회연결망 분석을 연구했다고 한다. 그리고 앞서 소개한 1987년도 2편의 논문발표 이후 줄곧 사회연결망 관련 연구와 학생지도, 단행본 저술 등의 관련 활동을 꾸준히 해왔음을 자신의 홈페이지[4]에서 밝히고 있다.

지금까지의 내용은 1980년대 후반부터 2000년대 초까지 이어지는 초창기 국내의 사회 네트워크 분석과 관련한 간략한 연구동향 내용이다. 이러한 노력들이 밑거름이 되어 이후 수많은 연구들이 수행되고 있다.

4) http://yhakim.yonsei.ac.kr/new/research.html [인용 : 2016. 7. 8.]

2 연구동향 분석

한국연구재단에서 운영하는 '한국학술지인용색인-KCI' 사이트에서 SNA방법을 활용한 학술논문들을 검색한 결과,[5] 전체 870건이 수집되었다. 본문 내용을 일일이 확인해보지 않았기에, 관련되지 않은 논문들이 일부 포함되어 있을 수 있다. 870건의 국내 학술논문들의 대략적인 현황을 살펴보면 다음과 같다.

1) 연도별 현황

연도별 현황은 [표 1-1]과 같다. 이 표를 보면, SNA방법을 활용하는 논문들은 2000년대 이후 꾸준히 증가하고 있음을 알 수 있다. 2000년대 들어 그 증가폭이 늘어나고 있다. 2016년은 상반기 논문들만 포함되어 있으며, 앞으로도 계속 증가할 가능성이 많다고 할 수 있다.

표 1-1 연도별 발표 논문수

연도	1987	2002	2003	2004	2005	2006	2007	2008	계
논문수	1	1	3	13	10	16	23	35	
연도	2009	2010	2011	2012	2013	2014	2015	2016	
논문수	53	59	90	120	107	133	142	64	870

5) 최종적인 검색날짜는 2016년 7월 4일이며, 검색어는 사회 네트워크 분석, 사회연결망 분석, 소셜 네트워크 분석, Social Network Analysis를 사용하였다.

2) 주제 분야

KCI 검색 학술논문들을 주제 분야별로 구분한 데이터는 [표 1-2]이다. 주제 분야 영역은 전체 127개이며, 유사 분야를 조정한 후, 10건 이상의 논문을 발표한 주제 분야만 정리한 것이기에, 전체 논문수가 734건이다. 경영학 분야가 가장 많으며, 교육학, 행정학·정책학, 지역학·지역개발, 관광학 등과 같은 사회과학 분야가 대부분을 차지하고 있다. SNA방법 활용에 관심이 많은 주제 분야는 그래도 사회과학 연구인 것이다. 공학, 산업공학, 컴퓨터학, 통계학과 같은 이공계 분야에서도 논문수가 많이 나타났으며, 체육학, 인문학, 의학·간호학·약학 분야도 포함되어 있다. 이러한 현상으로 보아, 사회 네트워크 분석은 인문, 사회, 과학기술, 의생명 등을 포괄하는 학제적인 연구 방법으로 활용되고 있음을 알 수 있다.

표 1-2 주제 분야별 발표 논문수

주제 분야	논문수	주제 분야	논문수
경영학	110	전자/정보통신공학	14
공학	28	정책학	25
관광학	31	정치외교학	16
교육학	75	지리학	22
문헌정보학	20	지역학/지역개발	32
사회과학일반	31	체육학	39
사회학	11	컴퓨터학	51
산업공학	43	통계학	44
신문방송학	23	학제간 연구	29
의학/간호학/약학	15	행정학	59
인문학(언어, 문학 등)	16	계	734

3) 수록 학술지

전체 870편의 논문들은 354종의 학술지에 수록되었으며, 이 중에서 10편 이상 수록한 학술지는 [표 1-3]과 같다. 전체 7종이며, 통계학이 2종, 공학계열이 3종, 그리고 체육, 학제간 연구 영역이 각 1종씩이며, 전체 108편의 논문(12.4%)을 수록하고 있다.

표 1-3 10편 이상 수록한 학술지

학술지명	주제 분야	논문수
Journal of The Korean Data Analysis Society	통계학	19
정보과학회 컴퓨팅의 실제 논문지	컴퓨터학	10
지능정보연구	산업공학	29
한국데이터정보과학회지	통계학	11
한국스포츠사회학회지	체육	13
한국측량학회지	토목공학	11
한국콘텐츠학회 논문지	학제간 연구	15
전체		108

4) 저자

저자를 분석하기 전에 이름이 동일할 경우에 대한 판단이 필요하다. 모든 저자들에 대해 엄격한 수준으로 동명이인을 판단하면 다소 다른 결과가 나올 것이지만, 여기서는 간략한 분석이기에, 소속기관이 동일하면 동일인으로 처리했다. 분석결과는 다음과 같다.

전체 등장 저자수는 1,872명이며, 870건의 논문으로 나누면 평균 2.2명이 공저를 하고 있다. 중복을 제외한 저자수는 1,785명이며, 이 숫자는 사회 네트워크 분석 관련 논문을 1편 이상 발표한 저자수를 의미한다. 아무튼 이 시점에서 중요한 사실은 사회 네트워크 분석에 대해 1,785명이나 관심을 가지고 있었다는 것이다. 한편, 5편 이상 발표한 저자는 전체 30명이며, 현 시점에서 이들은 사회 네트워크 분석의 국내 전문가라 해도 무방할 것이다. 각 저자의 리스트는 [표 1-4]와 같다.

표 1-4 | 5편 이상 발표한 저자 리스트

저자명	저자명
곽기영(국민대학교)	이한주(연세대학교)
김경식(호서대학교)	임규연(이화여자대학교)
김남규(국민대학교)	임병학(부산외국어대학교)
김상욱(한양대학교)	정석봉(경일대학교)
김성국(성균관대학교)	정영미(연세대학교)
김재경(배재대학교)	조남욱(서울과학기술대학교)
김홍주(대한주택공사주택도시연구원)	조윤호(국민대학교)
박득희(경희대학교)	조일현(이화여자대학교)
박치성(중앙대학교)	최경호(전주대학교)
박한우(영남대학교)	최영출(충북대학교)
이만형(충북대학교)	최일영(경희대학교)
이상훈(국방대학교)	최해옥(清華大學)
이수상(부산대학교)	허명회(고려대학교)
이재무(단국대학교)	홍성호(충북발전연구원)
이준엽(인하대학교)	황병연(가톨릭대학교)

5) 키워드

키워드 분석을 위해서 KCI에서 제공하는 한글키워드만 선택하였으며, 띄어쓰기가 있는 경우 공백을 없애고 복합명사로 간주한 다음 단어들을 분석하였다. 5회 이상 등장한 한글키워드는 43건이며, 이 중에서 사회연결망 분석(205회), 사회 네트워크 분석(121회), 소셜 네트워크 분석(58회)이 가장 많이 등장하였다. 연구방법으로서 '사회 네트워크 분석'이 가장 많이 등장한 키워드이며, 사회 네트워크 분석이라는 용어로는 '사회연결망 분석'을 가장 많이 사용하는 것으로 나타났다. 43건의 키워드와 빈도수는 [표 1-5]와 같다.

표 1-5 5회 이상 등장한 한글키워드

키워드	빈도수	키워드	빈도수
공동연구	7	소셜네트워크분석	58
교우관계	7	소셜네트워크서비스	10
구조적공백	8	소셜미디어	8
근접중심성	6	시각화	7
내용분석	12	연결망	12
네트워크	22	연결망분석	12
네트워크구조	10	연결정도중심성	7
네트워크분석	36	연결중심성	9
데이터마이닝	13	이해관계자	5
또래관계	5	정책네트워크	16
매개중심성	8	중국	5
매개중앙성	9	중심성	39
블로그	6	중심성분석	7
빅데이터	11	중앙성	12
사회관계망분석	6	지식네트워크	10
사회네트워크	6	지적구조	9
사회네트워크분석	121	충청권	5
사회연결망	31	텍스트데이터	11
사회연결망분석	205	트위터	14
사회적자본	5	협력네트워크	8
상호작용	6	활동중앙성	5
소셜네트워크	22		

전체 등장하는 한글키워드 2,905개 중에서 네트워크 분석과 관련된 키워드들을 선별하여 1,303건을 선정하였다. 이들에 대한 분석결과는 다음과 같다.

(1) 네트워크 유형

간략하게 단어를 통제(예를 들어, 사회·사회적·소셜 네트워크를 모두 사회 네트워크로 통제)한 다음, 네트워크 유형에 해당되는 키워드들은 선별해보면, 전체 72가지 용어들이 등장하였다. 이 중에서 등장빈도수가 높은 네트워크의 유형은 사회(35회), 정책(17회), 협력(12회), 지식(11회), 공저(7회), 자아(5회), 키워드(5회), 커뮤니케이션(4회) 등이다. 연구대상의 네트워크 유형에서 사회 네트워크가 가장 많고, 그 다음 정책 네트워크, 협력 네트워크, 지식 네트워크 등의 순서로 나타난다.

(2) 네트워크 분석

네트워크 분석에 해당되는 키워드들을 선별해보면, 사회 네트워크 분석(121회)과 관련된 용어가 가장 많이 등장하고, 소셜 네트워크 분석(58회)과 사회적 네트워크 분석(3회)이라는 용어도 사용하고 있다. 모두 사회 네트워크 분석과 동일한 용어이다. 이들을 모두 합치면 182회가 된다. 그 다음으로 네트워크 텍스트 분석(3회), 언어 네트워크 분석(2회), 텍스트 네트워크 분석(1회) 등이며, 이 세 가지 모두 유사한 개념이므로, 언어 네트워크 분석은 전체 6회 등장한 셈이다. 사회 네트워크 분석의 수준에는 못 미치지만, 언어 네트워크 분석은 그 다음 순위의 용어이다. 그리고 네트워크라는 단어 대신 한글단어인 '연결망'을 사용하는 경우도 많다.

(3) 연결망 유형

연결망 유형의 경우 단어를 적절히 통제한 결과, 사회(33회), 키워드(8회), 커뮤니케이션(3회), 협력(3회), 공저(3회), 성경(2회) 등의 연결망이 나타났으며, 도시, 멘토링, 이사회 등의 연결망도 각 1회씩만 등장하였다. 앞에서 살펴본 네트워크 유형과 합쳐보면, 사회(68회) 네트워크가 단연 많이 등장한다. 그 다음으로는 협력(15회), 공저(10회)의 순이다.

(4) 연결망 분석

연결망 분석도 단어를 적절히 통제한 결과, 사회연결망 분석이라는 용어가 가장 많은 210회이며, 연결망 분석(12회), 키워드 연결망 분석(2회)을 제외하고는 거의 나타나지 않았다. 앞에서 살펴본 네트워크 분석의 용어와 합쳐보면, 사회 네트워크 분석(392회)이 가장 많이 등장하였다. 이처럼 사회 네트워크 분석이라는 키워드가 많이 사용되는 주요한 이유는 크게 두 가지일 것으로 판단된다. 첫째, 사회 네트워크가 분석대상으로서 가장 관심이 많다는 것이다. 둘째, 사회 네트워크뿐만 아니라 언어·지식 네트워크와 같이 어떠한 분석대상을 막론하고 네트워크 분석방법으로서 사회 네트워크 분석을 사용하였다는 이유이다.

(5) 관계

관계와 관련된 단어들 중에서 네트워크에서 링크(연결)를 나타내는 순수한 관계와 관련된 단어들은 교우관계(5회), 친구관계(2회), 또래관계(5회) 등 친구관계와 관련된 단어들이 가장 많이 등장하였다. 사회 네트워크 분석대상의 관계에 친구관계가 가장 많다는 의미이다. 그리고 사회적 관계(2회)와 소셜관계(1회), 상호관계(2회), 우호적 관계(1회), 이웃관계(1회), 조직 간 관계(1회) 등이다. 이처럼 논문 연구자들은 관계에 대한 개념을 논문의 키워드로 제시하지 않는 측면이 있어, 저자가 부여한 키워드를 통해 사회 네트워크 분석 관련 논문에서 사회적 관계의 전체적 유형을 파악하기는 어렵다.

(6) 네트워크 유형의 정리

앞서 키워드 분석에서 살펴보았듯이, 네트워크(연결망)의 유형은 매우 다양하게 나타났다. 이들을 정리해보면 [표 1-6]과 같다.

표 1-6 네트워크 유형

네트워크 유형	유사어	범주 1	범주 2
사회 네트워크	사회적 네트워크, 소셜 네트워크	사회	
개인 네트워크	개인적 네트워크, 고객 네트워크, 배우·감독 네트워크, 구매자·공급자 네트워크, 동료 네트워크, 조언 네트워크, 멘토링 네트워크, 패스 네트워크	사회	
커뮤니케이션 네트워크	의사소통 네트워크	사회	
공동체 네트워크	종족 네트워크, 커뮤니티 네트워크, 이사회 네트워크	사회	
조직 네트워크	조직 간 네트워크, 업무관계 네트워크	사회	
기관 네트워크		사회	
기업 네트워크	대기업 네트워크	사회	
지역 네트워크	지역 간 네트워크, 글로벌 네트워크, 관광객 이동 네트워크, 교통 네트워크, 도시 네트워크, 항로 네트워크, 항만 네트워크, 해운 네트워크	사회	지역
온라인 네트워크	링크 네트워크, 하이퍼링크 네트워크, 트위터 네트워크	사회	온라인
정책 네트워크		사회	사건
산업 네트워크	산업지원 네트워크	사회	사건
재난 네트워크	재난안전 네트워크, 재난안전협력 네트워크	사회	사건
언어 네트워크	키워드 네트워크, 개념 네트워크, 의미 네트워크, 핵심어 네트워크, 주제어 네트워크, 연구주제 네트워크	언어	
성경 네트워크		언어	
공저 네트워크	공저자 네트워크, 공동연구 네트워크, 연구자 네트워크	지식	
지식 네트워크		지식	
기타	상품 네트워크, 공식 네트워크, 비공식 네트워크, 복잡계 네트워크	기타	

이러한 구분은 학술논문의 키워드에서 나타난 단어들을 대상으로 구분한 것이다. 실제의 논문에서 본문을 살펴보면서 파악한다면, 더 다양한 유형과 유사어들을 확인할 수 있을 것이다.

그리고 870편의 논문에 나타난 네트워크의 주요 유형과 유사어에 대한 정리를 통해, 네트워크의 유형을 좀 더 상위의 개념으로 범주화하였다. 그 결과 가장 상위의 네트워크 범주는 사회 네트워크, 언어 네트워크, 지식 네트워크, 기타로 구분하였다. 사회 네트워크는 개인 네트워크, 공동체 네트워크, 조직 네트워크 등과 같이 개인이나 조직(공동체, 기관)과 같이 사람(인간)을 중심으로 하는 사회적 개체들 간의 네트워크가 주종을 이룬다. 이러한 개체들은 사회 네트워크의 핵심적인 개체들이다.

사람(인간)이 아닌 사회적 개체로는 지역이 많이 등장하고 있다. 주요한 지역 개체로는 도로, 항만, 공항 등과 같은 교통 또는 운송의 지점(출발지점과 도착지점)이며, 관광객들의 이동경로에 위치한 관광지도 해당된다. 데이터의 수집과 가공에 특별한 방법이 요구되므로 이것을 사회 네트워크에서 분리하여 이동 네트워크로 구분하였다. 지역 간 사람과 사물의 이동관계를 나타내는 네트워크를 의미한다. 웹사이트들 간의 링크 네트워크, 트위터와 같은 소셜미디어에서의 연결 네트워크는 사이트나 등록된 개인들 간의 연결을 토대로 구성되는 네트워크이며, 이것도 데이터의 수집과 가공에 있어 특별한 처리가 필요하므로 온라인 네트워크로 구분하였다. 한편, 사회 네트워크의 일종으로 사건 네트워크에는 사회적 사건을 의미하며, 사건 네트워크뿐만 아니라 정책 네트워크, 재난 네트워크, 사업・산업 네트워크 등을 포함시켜 놓았다.

언어 네트워크는 언어 텍스트의 의미적 개체인 단어(키워드, 핵심어, 주제어 등)들 간의 관계를 토대로 구성되는 네트워크이며, 사회 네트워크와는 아주 다른 개념적 정의와 방법, 데이터 수집과 가공 처리, 해석 등을 요구한다. 지식 네트워크는 문헌자료(학술논문, 보고서, 신문기사 등)를 대상으로 하며, 문헌들 간의 인용, 저자들 간의 협력, 주제어들 간의 연관성 등과 같이 문헌자료에 나타나는 지식개체(문헌, 저자, 주제어 등)들을 대상으로 하는 네트워크이다. 지식 네트워크는 문헌정보학의 세부 분야인 계량정보학 영역에서 오래전부터 다루어져온 것이기에 별도로 구분하였다. 기타 네트워크는 사회 네트워크, 언어 네트워크, 지식 네트워크 등의 범주에 속하지 않는 개체들의 네트워크들을 위한 범주이다.

사회 네트워크 분석은 제2장에서 다룰 것이다. 여기에는 사회 네트워크, 지역이동 네트워크, 온라인 네트워크 등의 분석에 대한 논의들을 포함할 것이다. 그리고 언어 네트워크 분석은 제3장, 사건 네트워크 분석은 제4장, 지식 네트워크 분석은 제5장, 마지막으로 모든 유형의 기타를 다 다루지 않고, 복잡계 네트워크 분석에 한정하여 제6장에서 다룰 것이다.

(7) 네트워크 분석지표 관련 키워드

네트워크 분석 관련 키워드(1,303건) 중에서 분석지표 관련 키워드는 220건 정도 등장한다. 이에 대한 분석결과는 다음과 같다. 첫째, 네트워크 기본적 특성에 대한 분석은 밀도, 연결강도, 네트워크 크기, 군집화, 군집화계수(군집계수, 클러스터링계수), 시각화 등이 사용되었다. 둘째, 중심성 분석 관련 키워드가 가장 많이 등장하였다. 이들에 대한 분석결과를 정리하면 [표 1-7]과 같다.

| 표 1-7 | 분석지표의 유형

구분	분석지표
중심성 용어	중심성(100회), 중앙성(46회), 네트워크 중심성(3회), 네트워크 중심도(1회) 등
중심성 분석	중심성(39회), 중심성 분석(8회), 중심성 지수(2회), 중심성 척도(2회), 중심성 지표, 중심성 측도, 중앙성(12회), 중앙성 분석(3회), 중앙성 지수, 중앙성 지표
연결정도 중심성	네트워크 연결도, 네트워크 연결정도, 연결도, 연결정도, 연결정도 중심성(7회), 연결 중심도, 연결 중심성(9회), 연결 중앙성(3회), 연결내향 중심성

근접 중심성	근접성, 근접 중심성(6회), 인접성, 인접중앙성
매개 중심성	매개성, 매개 중심도(2회), 매개 중심성(8회), 매개 중앙성(8회), 엣지 매개 중심성, 중개 중심성
아이겐벡터 중심성	고유벡터, 아이겐벡터, 아이겐벡터 중심성
위계 중심성	위계 중심성(2회), 위세 중심성(2회), 위세도
기타 중심성	내/외향 파워(2회), 내/외향 활동 중앙성(2회), 내향 중앙성(2회), 페이지랭크 중심성, 활동 중앙성(5회), 구조적 틈새

※ ( )는 등장빈도

셋째, 하위집단 분석은 군집분석, 응집구조, 응집그룹 분석, 컴포넌트, 클릭 분석, 파당, 구조적 등위성, 역할 등위성, 블록모델링 등의 분석지표들을 사용하였다.

6) 고빈도 피인용 논문

고빈도 피인용은 최다 피인용 횟수(20회 이상)로 구분하였으며, 이 기준에 해당하는 논문을 전체 24건 선정하였다. 이들에 대한 주제 영역은 행정학(6), 문헌정보학(4), 체육학(3), 지리학(2), 관광학(2), 신문방송학(2), 사회학(1), 공학일반(1), 산업공학(1), 교육학(1), 통계학(1)으로 구분되었다. 행정학과 문헌정보학 영역에서 발표한 네트워크 분석 관련 논문들이 인용을 많이 받는다는 것을 의미한다. 전체 24건 논문들의 서지정보는 다음과 같다.

표 1-8 고빈도 피인용 논문 서지정보

고길곤(2007), "정책네트워크 연구의 유용성과 사회연결망 이론 활용방법의 고찰," 행정논총, 45(1), pp.138-164, [행정학].

구양미(2008), "고령친화산업 행위주체 네트워크의 구조적·공간적 특성 : 사회 네트워크 분석을 중심으로," 대한지리학회지, 43(4), pp.526-543, [지리학].

김경식(2009), "축구 동호인의 신뢰연결망 구조와 사회적 자원교환에 대한 관계적 접근," 한국스포츠사회학회지, 22(2), pp.75-94, [체육].

김성희·장로사(2010), "사회연결망 분석 연구동향 및 정보학 분야에서의 활용가능성에 관한 연구," 정보관리학회지, 27(4), pp.71-87, [문헌정보학].

김용학 등(2007), "과학기술 공동연구의 연결망 구조 : 좁은 세상과 위치효과," 한국사회학, 41(4), pp.68-103, [사회학].

김준형(2009), "네트워크 효과에 관한 연구 : 지역자활센터를 중심으로," 한국행정학보, 43(4), pp.307-333, [행정학].

김혜진(2007), "사회연결망(social network analysis : SNA)을 이용한 스포츠경기 분석," 한국체육측정평가학회지, 9(1), pp.99-112, [체육측정평가].

박종학·조윤호·김재경(2009), "사회연결망 : 신규고객 추천문제의 새로운 접근법," 지능정보연구, 15(1), pp.123-140, [산업공학].

박치성(2006), "비영리-정부조직 간 공식계약관계에 대한 연구 : 미국 피츠버그시 사회서비스 공식계약 연결망을 중심으로," 행정논총, 44(4), pp.231-258, [행정학].

박치성(2006), "사회서비스 비영리조직들의 협력 패턴에 대한 탐색적 연구," 한국행정학보, 40(4), pp.353-376, [행정학].

박한우·Loet Leydesdorff(2004), "한국어의 내용분석을 위한 KrKwic 프로그램의 이해와 적용 : Daum.net에서 제공된 지역혁신에 관한 뉴스를 대상으로," *Journal of The Korean Data Analysis Society*, 6(5), pp.1377-1387, [통계학].

서희전·강명희(2005), "온라인 학습공동체에서 학습자 특성, 학습자 간 상호작용," 학습결과 간의 관계분석, 교육공학연구, 21(2), pp.1-28, [교육학].

심원섭·이연택(2008), "사회연결망 분석(Social Network Analysis)을 이용한 한국관광산업 이익집단의 정책네트워크 연구, 관광학연구, 32(3), pp.13-35, [관광학].

이수상(2010), "공저 네트워크 분석에 관한 기초연구 : 문헌정보학 분야 4개 학술지를 중심으로," 한국도서관·정보학회지, 41(2), pp.297-315, [문헌정보학].

이재윤(2006), "계량서지적 네트워크 분석을 위한 중심성 척도에 관한 연구," 한국문헌정보학회지, 40(3), pp.191-214, [문헌정보학].

이지선·강신겸(2010), "커뮤니티 관광개발에서의 이해관계자 간 협력관계 분석 : 사회연결망 분석을 중심으로," 관광연구논총, 22(2), pp.75-97, [기타관광학].

이희연·김홍주(2006), "네트워크 분석을 통한 수도권의 공간구조 변화," 1980-2000년, 국토계획, 41(1), pp.133-151, [공학일반].

이희연·김홍주(2006), "서울대도시권의 통근 네트워크 구조분석," 한국도시지리학회지, 9(1), pp.91-111, [지리학].

장덕진(2011), "트위터 공간의 한국 정치 : 정치인 네트워크와 유권자 네트워크," 언론정보연구, 48(2), pp.80-107, [신문방송학].

장덕진・김기훈(2011), "한국인 트위터 네트워크의 구조와 동학," 언론정보연구, 48(1), pp.59-86, [신문방송학].
조재인(2011), "네트워크 텍스트 분석을 통한 문헌정보학 최근 연구경향 분석," 정보관리학회지, 28(4), pp.65-83, [문헌정보학].
최경애・박창범・임수원(2004), "볼링동호인의 사회적 연결망 분석," 한국체육학회지, 43(3), pp.393-405, [체육].
최영출・최외출(2010), "사회적 기업 간 네트워크 작동에 관한 연구," 한국비교정부학보, 14(1), pp.63-76, [행정학].
최창현(2006), "조직의 비공식 연결망에 관한 연구 : 사회연결망 분석의 적용," 한국사회와 행정연구, 17(1), pp.1-23, [행정학].

3 분석결과의 요약

KCI 학술논문들(870건)에 나타난 지식구조를 간단히 살펴본 결과, 다음과 같은 특성을 파악하였다.

첫째, 주제 분야 및 수록학술지 영역이 아주 다양하게 나타나고 있다. 이러한 현상은 사회 네트워크 분석방법에 대한 관심이 특정한 주제 영역에 한정되지 않음을 나타낸다. 사회학에서 구조와 행위에 관련된 하나의 연구방법으로 시작되었지만, 현재는 인문학, 과학기술, 예체능 등 다양한 영역으로까지 확장된 연구방법으로서 자리를 잡고 있음을 의미한다.

둘째, 사회 네트워크 분석방법을 사용하는 연구자들이 매우 많다는 점이다 이것은 주제 영역의 다양화와 함께 연구자들에게 사회 네트워크 분석방법에 대한 관심도가 매우 높다는 것을 의미한다. 연구자들에게 있어 연구방법의 선택은 주요한 의사결정 영역이다. 사회 네트워크 분석방법이 여러 연구자들에 의해 선택되고 있다는 것은 그것이 연구방법으로 매력이 많다고 볼 수 있다. 향후 더 많은 연구자들에 의해 선택되고 발전될 가능성이 매우 높다고도 할 수 있다.

셋째, 현단계에서 사회 네트워크 분석 관련 용어들의 사용에 혼란이 너무 많다는 점이 아쉽다. 네트워크, 연결망, 사회 네트워크, 사회연결망, 소셜 네트워크, 사회망, 사회관계망 등 네트워크와 사회 네트워크를 표현하는 용어가 너무나 다양하기 때문이다. 그리고 네트워크 분석지표들에 관한 용어들도 다양하게 사용되고 있다. 사회 네트워크 분석방법이 외국에서 개발되어 한국으로 유입된 점을 고려하더라도, 연구자들이 너무 주관적으로 용어를 사용하는 것 같다. 조속히 용어들을 정리하는 작업이 수행되어야 할 것이다.

넷째, 분석대상 네트워크의 유형도 매우 다양하게 나타나고 있다. 기본적으로 사회 네트워크가 가장 많으며, 정책 네트워크, 협력 네트워크 등과 같은 유형도 있지만, 이들은 사회적 개체(정책, 사건)나 행위자들의 행위(협력) 등을 다루는 것이기에 사회 네트워크의 범주에 속한다고 볼 수 있다. 그리고 지식 네트워크, 키워드 네트워크 등과 같은 비사회적 개체들의 네트워크도 많이 등장하고 있다. 이것은 사회 네트워크 분석이 사회적 개체들에게만 한정되는 것이 아니라, 네트워크 구조로 모델링이 가능한 모든 개체들에 적용될 수 있으며, 그렇게 적용하고 있음을 나타낸다고 할 수 있다.

다섯째, 네트워크 분석지표는 중심성 분석과 관련된 지표들이 가장 많이 등장하고 있다. 중심성, 중앙성 등과 같이 용어사용에 혼란이 있지만, 네트워크 분석의 핵심은 중심성 분석임을 나타낸다고 할 수 있다. 그리고 군집분석, 클릭 분석, 구조적 등위성 분석, 블록모델링 등과 같은 네트워크의 하위집단을 분석하는 작업도 나타나지만, 아직은 관련된 논문들의 수가 그다지 많은 편이 아니다.

여섯째, 최다 피인용 논문들의 경우, 행정학, 문헌정보학, 체육학 등 주제분야가 다양하고, 다루는 네트워크나 분석방법 또한 다양함을 알 수 있다. 논문 중에는 이론적 내용을 다루는 논문들도 있고, 실제의 네트워크 분석사례들의 논문들도 포함하고 있다.

일곱째, 사회 네트워크 분석이 연구방법의 역할보다는 아직은 특정한 사회현상에 대한 분석방법으로서의 역할에 치중하고 있다. 그리고 많은 주제 영역에서 활용하고는 있지만, 문제의 설정, 분석기법의 적용, 분석결과의 설명 등은 유사한 형태를 나타내고 있다. 연구자들이 사회 네트워크 분석을 사회나 자연의 현상에 내재된 다양한 속성들을 깊이 있게 분석하는 수준까지 활용하고 있지 못하다는 것이다.

여덟째, 적용된 SNA의 분석기법에 의해 제공되는 분석결과들을 대체로 나열하고 설명하는 방식을 많이 사용하고 있다. 사회 네트워크 내에서 발현되는 다양한 특성들을 분석적으로 해석하는 수준이 되지 못하고 있다는 것이다.

정리하면, 사회 네트워크 분석방법은 다양한 유형의 사회 네트워크들을 대상으로 하지만, 고급 수준의 연구방법이기보다 특정한 분석방법의 차원에서 머물고 있으며, 일부의 분석기법에 한정하여 사용하고 있고, 분석결과의 해석 또한 제한적이다.

CHAPTER 2

사회 네트워크 분석

Chapter 02

사회 네트워크 분석

1 사회 네트워크

사회 네트워크(social network)는 개인이나 집단이 만들어내는 각종 사회적 현상에 대해 구조적으로 접근하려는 사회과학자들이 주로 사용하는 개념이다. 사회망, 사회연결망, 사회적 관계망, 소셜 네트워크 등의 용어로도 사용되고 있으며, 현대사회가 정보화의 영향으로 네트워크화가 가속되고 있는 상황에서 사회현상을 모델링하는 데 아주 유용한 개념이다. 정보화 사회가 도래함으로써 개인이나 집단의 네트워크에 대한 관심과 논의의 지형이 확장되었다. 사회는 개인이나 집단의 관계로부터 형성되는 것이며, 정보화 사회는 그러한 사회관계를 만들고 유지하는 것에 대한 요구와 필요성을 더 강화해왔다. 그리고 사회 네트워크는 인간관계에서부터 조직이나 집단의 관계, 지역 간 관계 등을 아우르는 범위로 확장되고 있다.

사회 네트워크는 1954년 반즈(J. A. Barnes)에 의해 처음으로 사용된 용어이다. 반즈는 부족 또는 가족과 같은 경계가 있는 집단이나 성, 민족 등과 같은 사회적 범주를 나타내는 개념들을 포함하며, 연결관계의 패턴을 나타내는 용어라고 하였다.[1] 사회 네트워크라는 용어를 사용한 것은 아니지만, 1930년대 모레노(J. L. Moreno)를 중심으로 하는 사회심리학자들은 소시오그램(sociogram)이라는 개념을 통해 집단 구성원들의 대인관계를 표현하였

1) Barnes, J. A.(1954), "Class and Committees in a Norwegian Island Parish," *Human Relations*, 7, pp.39-58. 위키피디아의 'social network' 참조.

다. 사회집단 내에서 한 개인은 '점'으로, 사회적 관계는 '선'으로 표현하였기에 개인 간에 형성되는 사회 네트워크인 것이다.

사회 네트워크는 물리적으로 구성되어 눈으로 식별이 되는 것이 아니다. 사회의 구성원(행위자)들이 상호작용을 해서 만들어낸, 그리고 앞으로 만들어가는 눈에 보이지 않는 사회적 관계의 구조이다. 즉 사회 네트워킹(social networking)이 이루어지는 구조이며 모델이다. 따라서 사회 네트워크는 해당 사회를 구성하는 행위자들을 파악하고, 그들 간에 내재되어 있는 사회적 관계를 식별하여, 그것을 구조적인 형태로 묘사해낸 모델에서 비로소 실체의 확인이 가능해진다.

요즈음 사람들은 페이스북, 트위터와 같은 소셜 네트워크 서비스(SNS), 블로그 등 각종 소셜미디어(social media)를 통해 개인의 생각이나 의견, 경험, 정보 등을 서로 공유하고 타인과의 관계를 생성 또는 확장시키는 네트워킹을 한다. 사회 네트워킹이 오프라인에서 온라인으로까지 확장되었다. 소셜미디어에 위한 사회 네트워킹을 수행하는 사람들은 스마트폰과 같은 모바일 미디어를 적극 활용하며, 이동성과 실시간성을 가지며, 다양한 사회적 의제를 확산하고 뉴스를 전달하는 역할을 수행하고 있다. 정보통신기술의 발달로 이루어진 이러한 사회 네트워킹은 사람들에게 네트워킹을 위한 시간과 공간의 제약을 극복하게 하였으며, 국제적 수준으로 네트워킹이 이루어질 경우, 지구촌 네트워크 사회를 형성하게 된다.[2)]

2) 마누엘 카스텔, 김묵한 등 역(2003), 네트워크 사회의 도래, 한울아카데미. 마누엘 카스텔, 박행웅 역(2009), 네트워크 사회: 비교문화 관점, 한울아카데미.

2 사회 네트워크 분석의 등장

사회 네트워크 분석의 방법은 현재 사회과학 영역의 주요 관심사를 넘어서고 있다. 네트워크 분석방법을 사용하는 영역은 사회과학(사회학, 행정학, 신문방송학, 교육학, 사회복지학, 정치학, 문헌정보학 등), 인문과학(언어학, 문학, 역사학, 지리학 등), 자연과학·공학 등(간호학, 생의학, 정보과학, 산업공학 등), 스포츠과학 등 다양하게 존재한다. 결국 범용의 통섭적 연구방법으로 자리매김하고 있다.

사회 네트워크 분석방법이 주목을 받게 된 가장 큰 계기는 프리만(L. C. Freeman)에 의한 중심성 측정 척도의 개발과 UCINET이라는 사회 네트워크 분석도구(S/W)의 개발이다. 우리나라의 상황까지 포함한다면, ㈜사이람에 의한 넷마이너의 개발이다. 이러한 사건은 지금의 사회 네트워크 분석을 있도록 하는 데 가장 큰 공헌을 하였다.

프리만은 1979년에 사회 네트워크에서 한 노드의 중심성을 측정하는 대표적인 세 가지 척도로 연결정도 중심성, 근접 중심성, 그리고 매개 중심성을 제시하였다.[3] 연결정도 중심성은 한 노드가 연결하고 있는 링크들의 수를 의미하는 지역 중심성 척도이다. 근접 중심성은 한 노드가 다른 노드들과 얼마나 가깝게 연결되어 있는가를 측정하는 전역 중심성 척도이다. 매개 중심성은 한 노드가 다른 노드들 사이에서 최단경로에 위치하는 정도를 나타내는 전역 중심성 척도이며, 서로 다른 집단들 간을 연결하는 노드일수록 매개 중심성이 높아지게 된다. 프리만이 개발한 중심성 측정 척도는 네트워크 분석에서 가장 많이 사용하는 척도의 하나이다. 중심성은 네트워크 내에서 특정한 노드가 가지는 영향력의 정도를 나타내는 것이기에, 주로 네트워크에서 중요한 노드들을 판별해내는 용도로 활용이 된다. 프리만의 세 가지 중심성의 개념과 척도

3) Freeman, L.(1979), "Centrality in Social Networks Conceptual Classification," *Social Networks*, 1, pp.215-239.

는 이후 다양한 유형의 중심성 개념과 척도를 개발하는 데 기여하게 된다.

지금의 UCINET은 1992년 보가티(S. P. Borgatti) 등에 의해 개발된 UCINET 4로부터 기능이 개선되고 확장된 네트워크 분석을 위한 종합 프로그램이며, Analytic Technologies라는 회사에서 기술적인 지원을 하고 있다. UCINET 4는 기존의 맥이보이(B. McEvoy)와 프리만이 1985년에 개발한 UCINET 3와 보가티가 개발한 NETPAC을 통합하여 개발된 것이다. UCINET은 다양한 유형의 네트워크 분석기법뿐만 아니라, 전통적인 통계분석 및 데이터 처리 기능을 제공하고 있다. UCINET이라는 강력한 분석도구가 등장함으로써 네트워크 분석과 연구 분야에 활기를 띠게 된다. UCINET은 대규모 네트워크 분석과 시각화 기능을 갖춘 Pajek(파이엑으로 발음), 그리고 강력한 시각화 기능을 제공하는 Netdraw 프로그램을 연동하여 고급의 분석 기능과 시각화 기능들을 제공하고 있다.

넷마이너는 2001년 12월 ㈜사이람의 직원들에 의해 세상에 공식적으로 모습을 드러내었다.[4] SNA 관련하여 한국에서 처음 개발한 프로그램이며, 기존의 외국 프로그램과는 확실히 차별화된 것으로 평가를 받았다. 이후 지속적인 버전업 작업을 통해, 현재 버전 4까지 확장되어 상용 프로그램으로서의 모양새를 갖추었다. 넷마이너 개발은 ㈜사이람을 창업하고 현재 R&D를 총괄하는 김기훈 대표이사가 주도하였다고 알려져 있다.

현재 분석방법 또는 연구방법으로 자리를 잡아가고 있는 사회 네트워크 분석은 분석대상에 나타나는 사회적 현상의 범위를 확대하는 것은 물론이고 다른 영역의 네트워크 분석과 통합하는 경향을 보이고 있다. 이론적 체계가 튼튼하고, 쉽게 사용이 가능한 분석도구들이 개발되어 있기 때문이다.

예를 들어, 첫째, 개인과 조직의 사회 네트워크뿐만 아니라 인간이 사회적 활동으로 만들어내는 다양한 현상들(이동, 정책실현, 재난관리 등)을 대상으로 사회 네트워크를 구성하여 분석하고 있다. 둘째, 문헌정보학 연구자들이

4) 사이람(2010), NetMiner를 이용한 소셜 네트워크 분석(SNA), 1편 : 프로그램 매뉴얼.

오래 전부터 관심을 가져왔던 인용문헌 네트워크, 공저 네트워크, 키워드 네트워크 등과 같은 지식 네트워크의 분석 영역이 사회 네트워크 분석방법을 활용하여 논의의 수준을 확장하고 있다. 지식 네트워크 분석 작업에 사회 네트워크 분석의 이론과 기법들을 적용하고 있다는 것이다. 셋째, 최근에 여러 전공 영역에서 관심을 받고 있으며, 독자적인 분석 영역으로 자리를 잡아가고 있는 언어 네트워크 분석도 사회 네트워크 분석방법을 활용하고 있다. 언어 텍스트에 사용된 단어들의 계량적 특성을 분석하는 수준을 넘어, 단어들 간의 개념적 관계에 나타나는 속성을 더하여, 언어 텍스트 속에 내재된 다양한 의미들을 파악하고 있다. 언어 텍스트의 수집과 가공작업, 의미적 개체인 단어들의 추출과 관계 설정과정을 제외하고는 실제적인 분석작업에 사회 네트워크 분석방법을 사용한다는 것이다. 넷째, 특수한 영역으로서 복잡계 네트워크 구조에 대한 복잡계 분석, 각종 시스템, 프로그램, 서비스, 상품 등에 대한 평가와 추천, 다양한 빅데이터 분석 등과 같은 응용 영역에서도 사회 네트워크 분석방법을 활용하고 있다. 이처럼 사회 네트워크 분석은 그 자체로도 변화하고 발전하고 있으며, 다른 영역의 네트워크 분석의 기반 역할을 하고 있다.

3 사회 네트워크 분석의 단계

사회 네트워크 분석의 단계는 [표 2-1]과 같이 크게 분석문제의 제기, 네트워크 데이터의 조사, 네트워크의 생성, 그리고 네트워크 분석의 실행의 네 가지 단계로 구분할 수 있다. 이와 같은 단계구분은 필자의 책 〈네트워크 분석방법론〉(이수상(2012), 논형)에서 소개된 내용이다. 각 단계의 구체적인 내용의 설명 부분은 일부 수정하고 보완하였다. 이 단계와 내용은 순수한 사회 네트워크 분석에 주로 초점을 맞춘 것이다. 다른 영역의 네트워크 분석에서는 이 단계를 적절하게 활용하여 응용하면 되고, 필요 시 별도의 특별한 과정과 기법을 추가적으로 적용할 수 있다.

분석문제는 사회 네트워크로 모델링할 수 있는 사회적 현상이면 무엇이든지 가능하다. 특정한 사회적 현상 그 자체를 해석하기 위해, 사회적 현상의 다양한 사회적 개체들 중에서 특정한 사회적 개체의 영향을 분석하기 위해, 특정한 사회적 문제를 해결하고 예측하기 위해 사회 네트워크 분석을 수행한다. 사회현상과 문제의 사회 네트워크로의 모델링은 적절한 수준의 사회적

| 표 2-1 | 네트워크 분석의 단계

단계	내용
분석문제의 제기	• 분석문제의 설정 – 특정한 사회적 현상의 해석 – 특정한 사회적 개체의 영향분석 – 특정한 사회적 문제의 해결 및 예측 • 분석대상의 설정 – 노드 데이터의 설정 – 관계 데이터의 설정
사회 네트워크 데이터의 조사	• 노드 데이터의 조사 – 인구통계학적 방법(전체 네트워크 방법) – 눈덩이 굴리기 방법(에고 중심 네트워크 방법) 등
	• 관계 데이터의 조사 – 사회조사방법 : 설문조사, 면담조사, 관찰조사 – 마이닝 조사방법 – 실험조사방법 등
사회 네트워크의 생성	• 데이터 코딩 • 데이터 변환(유사성 측정 포함) • 네트워크 시각화
사회 네트워크 분석의 실행	• 분석작업의 수행 – 네트워크 수준의 분석 – 노드 수준의 분석 – 네트워크의 내재적 속성분석 – 집단 수준의 분석 – 에고 네트워크 분석 • 분석결과의 해석(영향분석, 현상해석, 문제풀이 및 예측)

개체의 노드와 사회적 관계의 데이터들을 확보(수집)하면 가능하다.

사회적 문제의 사회 네트워크 모델링에서 네트워크 데이터의 조사단계는 매우 중요이다. 어떠한 네트워크 데이터가 조사되느냐에 따라 이후 전개되는 네트워크 구성과 분석에 지대한 영향을 미치기 때문이다. 네트워크 자체가 노드와 관계의 구성체이므로, 네트워크 데이터는 노드 데이터와 관계 데이터로 구분하여 조사하여야 한다. 네트워크 데이터의 조사과정에서 고려해야 할 사항은 다음과 같다.

첫째, 노드 데이터의 설정문제이다. 기본적으로 노드는 개체(object)로 정의된다. 사회 네트워크에서는 사회적 개체(사람, 조직, 지역 등)가 된다. 개체라는 용어를 사용한 것은 노드가 속성(메타데이터)에 의해 서로 구분되는 것이라는 점을 강조하기 위해서이다. 예를 들어, 부산에는 30여 개의 공공도서관이 있는데, 각 공공도서관은 명칭, 위치, 장서수 등의 속성으로 구분이 된다. 만일 부산지역 공공도서관들의 협력관계 네트워크를 구성한다면, 각 공공도서관들은 서로 구분이 되는 네트워크의 노드가 된다. 어느 대학 특정 학과 재학생들 간의 친교 네트워크인 경우, 노드들은 학생이라는 개체가 된다. 네트워크에서 노드는 범위를 설정하는 것이 아주 중요하다. 부산이라는 지역 내에서 공공도서관들, 어느 대학의 특정 학과에 등록된 학부생들과 같이 노드의 경계(boundary)를 의미한다. 분석대상의 사회적 현상(문제)에 따라 노드의 정의와 범위는 명확하게 설정되어야 한다. 노드 데이터는 공공도서관, 대학생과 같이 동일한 속성의 기준으로 구분되는 동일한 속성의 유형을 가지는 개체가 기본이지만, 복수 유형의 개체들도 조사될 수 있다. 전자의 경우 일원모드(1-mode) 개체라 한다. 코스닥 상장기업과 등재이사의 데이터와 같이 두 가지 유형의 개체들인 경우 이원모드(2-mode) 개체가 된다. 일원모드 개체와 이원모드 개체에 대한 상세한 설명은 네트워크의 모드변환(이원모드에서 일원모드로 변환)을 다루는 곳에서 한 번 더 할 것이다.

둘째, 관계 데이터의 설정문제이다. 사회 네트워크에서 관계는 협력, 친교, 자원의 수발신 등과 같이 사회적 행위를 나타내는 사회적 관계이다. 따라서

관계 데이터를 조사하기 전에 관계의 조작적 정의, 관계에 해당되는 사회적 행위의 구체적인 유형, 관계의 기간, 관계의 강도 등을 명확히 해야 한다. 부산지역 30여 개 공공도서관들의 협력관계 네트워크를 사례로 설명하면 다음과 같다. 특정한 지역 내 공공도서관들의 협력은 도서관들 간의 상호대차 행위, 공동사업 수행, 인사교류 등과 같이 분석하고자 하는 목적에 가장 잘 부합하도록 관계를 조작적으로 정의할 수 있다. 관계를 조작적으로 정의한 다음, 구체적인 사회적 행위의 유형이나 사례들을 제시하여 관계에 대한 정의를 더욱 명료하게 하는 것이 좋다. 예를 들어, 상호대차는 도서관들 간에 도서를 대출하고 반납하는 활동, 공동사업은 행사, 프로그램 등과 같이 공동으로 추진한 활동, 인사교류는 도서관들 간의 인사이동관계라고 제시하여야 한다. 그리고 관계의 기간은 정의되고 제시된 사회적 관계가 형성된 구체적인 기간(예를 들어, 조사 당시의 지난 6개월 동안), 관계의 강도(예를 들어, 5회 이상 공동사업 수행 등)도 주요한 조사대상 데이터이다.

이 두 가지 고려사항을 전제한 다음 사회 네트워크 데이터는 노드 데이터와 관계 데이터로 구분하여 두 가지 관점의 조사방법을 고민하여야 한다. 첫 번째 관점은 노드 데이터의 조사에 초점을 맞춘 것으로 인구통계학적 방법(전체 네트워크 방법)과 눈덩이 굴리기 방법(에고 중심 네트워크 방법) 등이 있다. 두 번째 관점은 관계 데이터의 조사에 초점을 맞춘 것으로 사회조사방법(설문조사, 면담조사, 관찰조사 등), 마이닝 조사방법(텍스트 마이닝, 데이터 마이닝), 실험조사방법 등이 해당된다.

여기서 주목해야 할 점은 노드 데이터의 조사가 관계 데이터의 조사에 항상 선행하는 것이 아니라는 것이다. 이 두 가지 데이터가 동시에 조사되는 경우도 있기 때문이다. 노드 데이터를 설정한 다음, 노드들 간의 관계 데이터를 수집하거나, 특정한 관계에 해당되는 노드들을 조사하는 등 다양한 방식으로 노드와 관계 데이터를 조사한다는 것이다. 결국 두 가지 관점은 별개의 것이 아니라 서로 연관되어 있다.

한편, 네트워크 데이터의 조사방법을 단순화시켜, 현단계에서 많이 사용하는 방법은 사회조사방법의 유형인 설문조사방법과 각종 텍스트 문헌들에서 노드와 관계를 추출하는 마이닝 조사방법이다. 사회조사방법에서 사용하는 관찰조사를 사용하는 경우도 더러 있다. 면담조사는 네트워크 데이터의 조사방법이기보다, 설문조사나 마이닝 조사의 보조적인 데이터의 확보를 위해 사용하고 있다. 현재까지는 네트워크 데이터의 조사는 주로 설문조사와 마이닝 조사방법을 많이 사용하고 있다. 앞으로 다양한 방법들이 개발될 것이지만, 이 책에서는 이 두 가지 방법을 중심으로 설명하면서 면담조사와 관찰조사방법의 사례들도 추가하도록 한다.

네트워크 데이터를 조사한 다음, 사회 네트워크를 생성하고 분석하게 된다. 사회 네트워크 생성은 조사한 데이터(노드와 관계)를 적절한 형식으로 코딩하고, 분석하고자 하는 네트워크로 구성하는 작업을 말한다. 사회 네트워크 분석작업의 실행은 구성된 네트워크를 대상으로 분석하고 해석하는 작업을 말한다. 이러한 작업들에 대한 개념과 관련된 기법들은 네트워크 분석 관련 단행본들에서 자세히 다루고 있다. 특히 사회 네트워크 분석작업의 실행방법과 개념들은 관련 단행본들에서 충분히 설명하고 있다. 그러나 사회 네트워크 생성과정에 대해서는 연구자(분석자)들이 어려워하거나 간과하는 작업들이 있기에, 이 책에서는 이 과정을 중심으로 정리해보기로 한다. 즉 사회 네트워크 데이터의 주요 조사방법과 사회 네트워크 생성과정을 중심으로 설명한다.

4 사회 네트워크 데이터 조사

1) 설문조사

설문조사는 설문을 통해 관계에 해당되는 개체들을 직접 지명하도록 요청하는 방식으로 조사하는 것을 말한다. 설정된 관계에 해당하는 노드들을 조사하는 것이다. 현재 사회 네트워크 분석에서 가장 많이 사용하는 네트워크 데이터 조사방법이다. 조사대상을 지명하는 것이기에, 지명조사법(指名調査法)이라는 명칭도 가능하다. 지명의 사전적 의미는 "여러 사람 가운데 누구의 이름을 지정하여 가리키다"이다. 이처럼 지명은 어떤 목적에 어울리는 사람의 이름을 가리키는 의미가 되므로, 네트워크 데이터의 조사에서는 어떤 관계에 해당되는 사람(노드)을 직접 그 이름을 거명하거나 대상자 리스트에서 해당되는 사람을 가리키는 행위이다. 관련된 유사용어는 지목(指目), 거명(擧名)이 있다.

사회 네트워크 데이터의 설문조사는 일반적인 사회조사에서 사용하는 설문조사와 유사하면서도 몇 가지 차이가 있다. 첫째, 설문대상자가 사전에 결정되기도 하고, 설문과정에서 결정되기도 한다. 사전에 결정하는 것을 표집(sampling)이라고 한다. 일반적인 사회조사에서는 대체로 표집을 통해 설문대상자를 선정하고 그들에게 필요한 항목을 설문하지만, 네트워크 데이터의 설문조사에서는 설문대상자를 표집으로 사전에 결정하는 방식과 설문과정에서 결정하는 방식의 두 가지를 사용한다는 것이다. 그리고 표집도 모집단에서 표본을 선정하는 개념과는 다소 다른, 그 자체가 분석하고자 하는 전체의 개체일 수가 있다. 예를 들어, A도시의 B라는 축구동아리 회원들 간의 친교 네트워크인 경우, 설문대상자는 B라는 축구동아리 회원들 모두가 된다. 만일 X도시의 Y분야 전문가(파워 엘리트) 네트워크를 설문조사하는 경우, 특정한 전문가들로부터 전문가들을 추천하도록 하여 설문대상자들을 사전에 표집한다. 후자의 경우, 소수의 특정 전문가집단으로부터 설문을 시작하여 그들 전문가집단에게 다른 전문가들을 추천하도록 하고, 추천된 전문가들에게 설문하는 방식으로 진행한다. 이것을 특별히 눈덩이 굴리기(snowballing) 표집이라고 한다.

둘째, 설문문항의 형식에서 차이가 있다. 일반적인 사회조사에서 설문문항은 응답자의 개인별 성향(특성, 생각, 태도 등)에 관한 질문(개방형 또는 선택형 질문)을 제시하고 그것에 적합한 답변을 선택하도록 하는 형식이다. 네트워크 데이터 조사에서 설문문항은 응답자와 특정한 관계에 있는 대상자들을 지명하도록 구성한다.

(1) 설문조사 설계

사회 네트워크 데이터의 설문조사에서 설문대상자를 결정하고, 설문문항을 작성하여야 한다. 설문대상자는 조사의 대상이며, 설문문항은 조사의 내용이다. 설문대상자는 사전에 결정될 수도 있고, 조사과정에서 결정될 수도 있다. 설문문항은 설문대상자와 특정한 관계에 해당되는 대상자를 지명하도록 설계된다. 그리고 설문조사 결과, 설문에 실제 응답한 응답자들과 그들이

그림 2-1 ▌설문조사 설계의 개념들

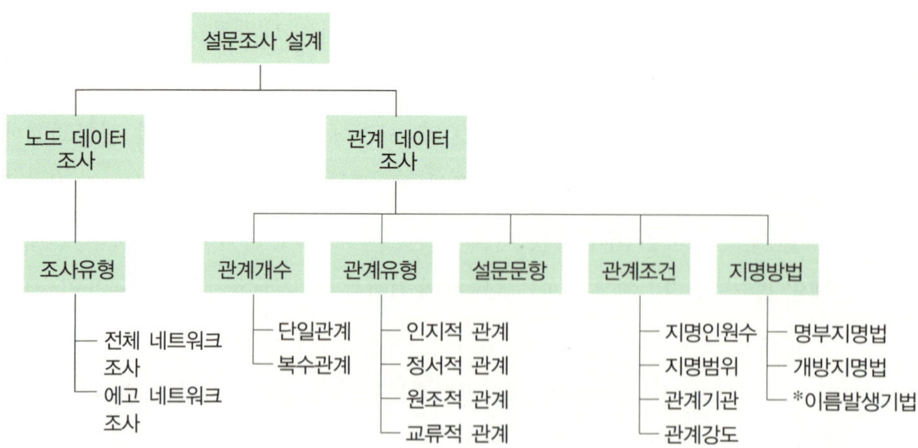

지명한 피지명자들 간에 사회 네트워크가 형성된다. 이러한 사회 네트워크 조사에서 설문조사 설계에 대한 개념들을 정리하면 [그림 2-1]과 같다. 기본적으로 사회 네트워크의 설문조사 설계는 노드 데이터 조사와 관계 데이터 조사의 과정으로 구분된다.

(2) 노드 데이터 조사

노드 데이터 조사는 네트워크 범위(경계)를 설정하고, 그것에 부합하는 네트워크의 노드들을 선정하는 것을 말한다. 조사의 유형으로는 전체 네트워크 조사와 에고 네트워크 조사방법으로 구분된다. 전체 네트워크 조사와 에고 네트워크 조사는 네트워크의 노드들을 결정하는 개념적 구분이고, 실제로는 설문과정에서 관계에 해당되는 개체들을 지명하는 방법으로 구분된다.

① 전체 네트워크 조사

전체 네트워크 조사는 미리 정한 범위(경계)에 있는 전체 노드들을 대상으로 조사하는 것을 말한다. 이러한 전체 노드들은 명부로 작성된다. 명부는 네트워크의 범위 또는 경계(network boundary)라고 한다. 네트워크의 범위(경계)는 조사대상자 명부로 한정되는 것이므로, 조사대상자 명부를 어떻게 결정할 것인가 하는 문제가 매우 중요하다.

사회 네트워크의 경우, 명부에 등재되어 있는 개체(사람, 조직)를 대상으로 지명한다. 경우에 따라서는 명부에 등재되지 않은 개체들을 지명할 수 있지만, 기본적으로 명부를 대상으로 지명하게 한다. 조사의 관점에서는 네트워크의 전체 노드가 사전에 결정된다는 의미에서 전체 네트워크 조사가 되며, 명부에 등재된 개체들을 지명한다는 관점에서는 명부지명법이 된다. 즉 명부지명법은 네트워크 경계에서 인구통계학적으로 선정된 특정 집단에 속하는 대상자들의 명부를 제시하고, 명부에 등재된 개체들만 선택하도록 하는 방법을 말한다.

전체 네트워크 조사에서는 명부를 작성하기 위한 별도의 작업이 요구된다. 이것을 명부의 표집 또는 네트워크의 범위 또는 경계 설정작업이다. 기존의 사회조사에서 사용하는 표집방법을 활용할 수도 있지만, 조사하고 분석하고자 하는 특정한 사회 네트워크에 포함되는 전체의 개체들을 선정한다. 네트워크 범위(경계)로 특정 집단을 대상으로 명부를 작성하였고, 그 집단을 조사대상자(응답자)가 잘 알고 있는 경우(예를 들어, A시 B중학교 3반 학생들 35명 집단)라면, 특별히 명부를 작성하지 않고 해당 집단을 제시하여, 그 집단 안에서 자유롭게 지명하도록 할 수도 있다. 아무튼 이 방법은 조사 이전에 네트워크 범위(경계)가 결정이 되는 것이 가장 큰 특징이다.

네트워크의 범위(경계)는 조사대상자 명부로 한정되는 것이므로, 조사대상자 명부를 어떻게 결정할 것인가 하는 문제가 매우 중요하다. 조사대상자는 조사명부에 등재된 사람들이며, 조사의 과정은 다음과 같다. 첫째, 조사명부를 작성한다. 조사명부는 사람이나 조직(부서, 기관, 단체 등 사람들의 집합)의 명부이다. 설문조사이므로 사람이면 직접 조사하지만, 조직인 경우 조직을 대표하는 조사대상자를 결정하여야 한다. 둘째, 조사명부에 등재된 모든 조사대상자들을 대상으로 설문을 한다. 이들은 설문응답자이며, 자신과 관계가 있는 대상자를 제시된 조사명부에서 선택한다. 그래서 객관식 지명(명부형 지명)이라 하는 것이다.

명부에 있는 모든 사람들에게 설문을 하지만, 그들 모두가 설문에 응하지 않아도 된다. 명부에 등재된 모든 사람들에게 설문을 의뢰하지만, 응답하지 않은 설문(미회수된 응답)이 있어도, 응답된 설문들만 대상으로 네트워크를 구성하고 분석할 수 있다는 것이다. 그래도 적정 수준의 응답률이 유지되도록 조사하는 것이 중요하다. 그리고 기본적으로 명부 내의 사람들만 지명하지만(고정지명법), 명부 이외의 사람들의 지명을 허용할 수도 있다(확장지명법).[5] 고정지명법을 사용한 경우, 설문대상자 모두 응답을 하지 않을 수 있

5) 곽기영은 고정리스트 선택법(fixed list selection)과 확장 선택법(expanding selection)으로 명명하고 있다. 곽기영(2014), 소셜 네트워크 분석, 도서출판 청람, p.89.

으므로 응답자의 수와 지명받은 사람의 수에는 차이가 발생한다. 지명받은 사람들 중에서 응답하지 않은 사람도 있다는 의미이다. 특정한 관계에 해당되는 설문문항의 조사결과를 바탕으로 네트워크를 구성할 경우, 해당 관계의 네트워크가 된다. 이때 설문응답자는 지명된 대상자들과 연결되고, 모든 응답자들과 대상자들의 연결이 모여서 전체 네트워크가 된다.

② 에고 네트워크 조사

에고 네트워크 조사는 응답자에게 관계가 있는 대상으로 미리 정해진 명부 내에서 제시하도록 하는 것이 아니라, 개방적으로 관계에 해당되는 개체를 지명하도록 한다. 그래서 개방지명법이라 한다. 개방지명법은 지명할 수 있는 개체를 제한하지 않고, 자유롭게 지명하도록 허용하는 방식을 말한다. 네트워크 범위(경계)를 사전에 결정하지 않고 조사과정에서 결정된다는 것이 중요한 특징이다.

이 방법은 네트워크의 경계가 명확하지 않을 때 주로 사용한다. 네트워크의 경계를 잘 모르거나, 미리 고정시켜 놓을 필요가 없는 경우에도 사용한다. 설문에 응답자가 지명한 대상자들을 확인하고, 그들에게 설문을 요청하는 방식이다. 이 방법은 설문의 진행과정에 설문대상자들을 결정하는 것이기에, 사람을 대상으로 하는 사회 네트워크(개인 네트워크)에 많이 사용한다. 조직(부서, 기관, 단체 등)을 대상으로 하기에는 각 조직을 대표하는 설문대상자들을 일일이 결정해야 하는 부담이 있기 때문이다.

설문대상자들을 동적으로 선정하는 것이기에 눈덩이 굴리기 방법이라고 한다. 눈덩이 굴리기 방법은 사회조사과정에서 사용하는 표집방법의 하나인 눈덩이 굴리기 표집을 말한다. 연구대상이 되는 특정 집단에 관하여 가장 핵심적이라고 판단되는 소규모의 응답자 사람들을 선정하고, 그들로 하여금 다른 후보자들을 제보하도록 하여, 표본을 늘려나가는 방법이다. 특정 분야의 전문가, 불법체류자 등 모집단에 속하는 연구대상을 찾기 어려울 때 활용한다.

사회 네트워크의 대상자들을 눈덩이 굴리기 방법으로 선정할 경우, 몇 가지 주요한 의사결정이 필요하다. 첫째, 초기단계의 대상자들을 선택하는 문제이다. 연구자가 가장 적절하다고 판단되는 소수의 특정한 개인들을 선택한다. 초기단계의 대상자들이 선택되고 나면 다음 단계는 쉽게 진행된다. 2차 단계는 초기단계에서 지명된 사람들에게 동일한 방식으로 관계에 해당되는 사람들을 지명하도록 요구(개방형 지명)한다. 이런 방식으로 단계(round)를 추가하면서, 사람들의 수를 증가시켜 나간다. 응답자들이 동적으로 생성되는 것이다. 둘째, 적절한 조건이 되면 단계를 중단해야 하는데, 중단조건을 결정하는 문제이다. 해당되는 관계의 네트워크로 적절한 규모라고 판단이 되고, 새로운 대상자들로 소수가 증가되는 상황이라면, 단계를 중단해도 된다. 충분한 수준의 노드들로 하여금 네트워크의 경계를 구성하여야 하므로, 눈덩이 굴리기는 여러 번 반복하여 진행하게 된다. 이것은 반복단계라 하며, 최소한의 기준은 2단계 이상 조사를 반복해야 한다.

(3) 관계 데이터 조사

네트워크의 관계 데이터 조사는 조사대상자들에게 특정한 사회적 관계에 해당되는 내용들을 조사하는 것을 말한다. 사회 네트워크를 형성하는 사회적 관계는 조사대상자들이 명확하게 인식할 수 있도록 구체적으로 정의하여야 한다. 응답자들은 요청된 사회적 관계에 대한 문항들에 응답하게 된다. 관계 데이터 조사에서는 관계개수, 관계유형, 관계조건, 그리고 지명방법과 관련된 설문문항들로 구성된다.

① 관계개수

사회 네트워크 조사에서 사회적 관계는 단일관계가 조사될 수 있고, 복수관계가 조사될 수 있다. 단일관계는 하나의 관계를 기준으로 네트워크를 조사하는 것이고, 복수관계는 여러 개의 관계유형에 대한 네트워크를 조사하는 것이다. 즉 관계의 개수만큼 사회 네트워크들이 구성되고 분석되므로 분석목적에 부합하도록 관계의 개수를 선택하여야 한다.

② 관계유형

설문조사로 파악하고자 하는 각각의 사회적 관계의 유형은 매우 다양하게 정의할 수 있다. 분석의 목적에 따라 적절한 사회적 관계를 제시하여야 하는데, 〈네트워크분석방법론〉에서는 사회적 관계의 유형을 다음과 같이 이론적으로 정리한 바가 있다.[6)]

- **정서적 관계**: 응답자가 감정을 전달하는 관계이며, 아주 주관적인 관계(좋아함, 싫어함, 친함(친구), 동질성, 함께 공연하고 싶음 등)에 해당된다.
- **인지적 관계**: 응답자 개인적으로 지각(판단)하는 감정(인기, 영향력, 신뢰 등)이다.
- **원조적 관계**: 응답자와 피지명자 사이에 어떤 원조가 이루어지며, 단방향관계(접촉, 도움받음, 도움제공, 지식 지원, 조언, 의논상대 등)를 형성한다.
- **교류적 관계**: 응답자와 피지명자 상호 간에 교류가 있는 관계, 양방향관계(의논상대-대화, 상호협력, 자원교환, 파트너 등)를 형성한다.

정서적·인지적 관계 모두는 개인적 감정(느낌)과 관련되며, 주관적인 관계이다. 원조적·교류적 관계는 사회적 행위와 경험과 관련되는 사회적 관계이며, 객관적인 관계이다. 이러한 관계유형은 사회적 관계의 범주를 나타내는 것이며, 설문지에서는 설문문항으로 구체적으로 정의된다.

③ 설문문항

응답자는 개인적 또는 사회적 관계에 해당되는 개체들을 잘 지명할 수 있

---

6) 이수상(2012), 네트워크 분석 방법론, 논형, p.78 참조.

도록 제시된 설문문항에 응답한다. 따라서 설문문항은 조사하고자 하는 사회적 관계에 대해 구체적으로 정의하고, 설문에 부합하는 개체들을 지명(명부지명 또는 개방지명)할 수 있도록 설문문항의 내용이 구성되어야 한다.

④ 관계조건

사회적 관계의 개수와 각각의 유형을 결정하고, 설문문항도 정의한 다음, 필요시 관계조건을 제시하여야 한다. 관계조건은 관계에 해당되는 사람들의 수를 나타내는 지명인원수, 응답자가 지명할 수 있는 사람의 범위를 나타내는 지명범위(명부에 있는 개체만 지명, 명부에 없는 개체도 지명가능, 명부없이 지명), 관계의 형성기간을 나타내는 관계기간, 그리고 지명되는 개체들과 응답자 간에 나타나는 관계의 강도를 파악할 수 있도록 하는 관계순위에 대한 질문내용들도 추가할 수 있다. 대체로 관계의 강도는 우선순위를 확인하는 질문으로 조사한다.

⑤ 지명방법

사회적 관계조사의 설문문항을 구성하는 마지막 요소는 관계에 해당되는 사람들을 지명하는 방법에 관한 것이다. 크게 명부지명법, 개방지명법, 그리고 이름발생기법의 세 가지 방법이 사용된다. 명부지명법과 개방지명법은 네트워크 노드의 조사에서 언급된 전체 네트워크 조사와 에고 네트워크 조사방법에 해당된다. 이름발생기법은 특별한 형태의 지명방법이다.

(4) 이름발생기법

이름발생기법(name generation method)은 네트워크 노드의 조사(특정한 사회적 관계에 해당되는 개체들을 지명하는 방법)에서 많이 사용하는 방법이다. 원칙적으로는 에고 네트워크 조사(개방지명법)의 한 측정도구(측정기법)라 할 수 있다. 그러나 이름발생기가 해당되는 이름을 거명하라는 의미이므로, 전체 네트워크 조사(명부지명법)에서 명부를 제시하면서 관계에 해당되는 개체들을 지명하라고 요구하는 것도 이름발생기라고 할 수 있다. 두 가지 조사방법에서 혼용되고 있다.

사실 이름발생기법은 버트(Ronald Burt)에 의해 고안된 방법을 응용하여 만든 조사도구(기법)를 말한다. 버트는 미국의 일반사회조사(General Social Survey : GSS)에서 응답자에게 중요한 문제를 상의하는 사람들이 누구인지 지명토록 하고, 그들은 어떻게 연결되어 있는지를 조사하기 위해 설문문항을 개발하였으며, 그것을 이름발생기법이라 하였다. 통계분석을 위한 사회조사 질문의 특수한 형태이다. 통계적으로 표집된 설문대상자들에게 관계에 해당되는 사람들을 지명하도록 질문을 구성하고 있다. 지명된 사람들의 이름은 약자 등과 같이 쉽게 식별이 가능할 정도로 표시하도록 요청하고, 지명된 사람들 간의 관계 등도 요청하지만, 지명된 사람에게 추가적으로 설문을 하지 않는다. 응답결과를 취합하면, 응답자(에고)를 중심으로 만들어지는 사회 네트워크의 대략적인 구조(유형)만을 파악할 수 있다.

사회 네트워크 분석에서 이름발생기법은 개방지명법의 설문형태로 활용하고 있다. 자세히 보면 각 응답자들의 에고 네트워크이지만, 모든 응답자들이 지명한 사람들을 묶어 하나의 사회 네트워크로 구성하여 파악하려는 목적으로 사용된다. 그런 의미에서 이름발생기법은 에고 네트워크 조사를 위한 특수한 조사도구(조사기법)가 되는 것이다. 개방지명법이나 이름발생기법 모두 에고 중심 네트워크(ego-centric network)를 구성하게 된다.

사회 네트워크의 데이터 조사에 활용되고 있는 이름발생기는 이름발생기 설문(Name Generator Question : NGQ)과 이름해석기 설문(Name Interpreter Question : NIQ)과 같이 특정한 명칭으로 구분하는 측정도구로 설문문항을 구성하기도 한다. 전자는 관계에 해당되는 개인들의 이름을 응답하도록 하는 측정도구(설문문항)를 의미하며, 후자는 그 응답자와 응답된 사람들 간의 관계속성(강도, 빈도 등)을 조사하는 측정도구(설문문항)를 의미한다. 이름해석기 설문에서는 응답자와 응답된 사람들 간의 관계속성의 조사 이외에도 응답된 사람들의 개체속성을 조사하는 질문도 추가할 수 있다.

(5) 설문조사의 사례 : 전체 네트워크 조사방법의 사용

① 사례-1 : 명부사용

현영섭 등(2011), "다문화 학습동아리의 구조적 공백에서 신뢰와 결혼이주 구성원 브로커의 역할," 평생교육학연구, 17(2), pp.1-31.

이 연구의 목적은 구조적 공백의 관점에서 학습동아리의 결혼이주 구성원이 경험하는 사회적 네트워크 유형과 현상을 실증적으로 분석하는 것이다. 분석대상은 D시의 평생학습도시에 소속된 K학습동아리이며, 조사 당시의 구성원은 23명이다.

설문조사는 6개월 동안 2차례 실시하였다. 1차 조사는 정기적으로 모임에 참석하는 14명 구성원이 응답하였고, 2차 조사는 총 15명이 응답하였다. 조사명부는 학습동아리 구성원 전원으로 구성하였다. 결국 1차와 2차의 두 가지 사회 네트워크가 구성되고 분석되고 있다. 설문내용은 명부에 제시된 각 구성원에 대한 교류의 수준을 리커트(Likert) 5점 척도로 응답하도록 요구하고 있다.

질문사례

지난 6개월 동안 귀하는 아래에 열거된 각 사람들과 만난다든지, 이야기를 나눈다든지, 동아리 일과 관련하여 의견을 나눈다든지, 다른 필요한 도움을 받거나 주기 위하여 교류를 얼마나 하셨습니까?

구분	전혀 교류하지 않는다	거의 교류하지 않는다	보통이다	교류한다	매우 많이 교류한다
응옥타잉**					
현**					
표**					

② **사례-2 :** 에고 네트워크 조사방법, 눈덩이 굴리기 표집 사용

노연희 등(2012), "결혼이주여성의 사회적 연결망 특성에 대한 연구," 한국사회복지학, 64(2), pp.159-183.

이 연구의 목적은 결혼이주여성의 사회적 연결망이 어떤 구조적 특성을 지니며, 이런 특성에 따라 사회적 연결망에서 제공하는 사회적 지지의 유형이 어떻게 다르게 나타나는지를 분석하려는 것이다. 다문화가정의 결혼이주여성들을 눈덩이 표집방식을 통해 표집한다. 다문화가정과 관련된 서비스기관의 전문가와의 접촉을 통해 결혼이주여성을 연결시켜줄 수 있는 핵심적 인물을 소개받았는데, 이들은 주로 이주여성들의 자조모임이나 다문화 관련 서비스 제공기관을 중심으로 한 모임의 대표역할을 수행하는 사람들이었다. 핵심 인물들이 알고 지내는 결혼이주여성을 소개받고, 이들 중 현재 결혼생활을 유지하고 있으며, 한국어로 일정 정도 의사소통이 가능한 연구참여자 53명을 대상으로 선정하였다. 설문은 이름발생기법(NGQ와 NIQ)을 사용하고 있으며, 지난 6개월 동안이라는 시간상의 제약을 두고 자료를 수집하고 있다. 관계는 비공식적 관계와 공식적 관계로 구분하였다. 비공식적 관계에는 시댁식구, 친정식구, 친구, 이웃, 직장동료, 다문화모임 관련자, 기타모임 관련자를 포함하였으며, 공식적 관계에는 사회서비스 관련자, 행정기관 관계자, 종교기관 관계자 등을 포함하였다. 또한 관계를 맺고 있는 타자의 국적은 한국사람, 같은 나라 출신, 다른 나라 출신으로 측정하였다.

③ **사례-3 :** 통계적으로 표집된 집단을 대상으로 하며, 전체 네트워크 조사 형식이며, 이름발생기를 사용하는 경우

김경식 · 김정련(2012), "무용학과 대학생의 공식적 · 비공식적 교우관계연결망과 자원교환: 관계적 연결망이론 검증," 한국스포츠사회학회지, 25(4), pp.127-147.

이 연구의 목적은 무용학과 대학생을 대상으로 사회연결망 분석방법과 이론을 적용하여 연결망에서의 교우관계를 분석하기 위한 것이다. 연구대상은 2011년 11월 서울 소재 4년제 대학의 무용학과에 재학 중인 대학생들을 연구대상으로 선정하고, 유의표집법을 이용하여 표본을 추출하였다. 구체적으로는 2011년 10월 서울 소재 세 개 무용학과를 선정하였으며, A대학에서 1학년 33명, B대학에서 2학년 26명, C대학에서 3학년 27명을 선정하였으며, 총 86명을 표집하였다. 세 개 대학에서 학년을 상이하게 표집한 이유는 연구대상의 대표성과 연구결과의 일반화를 고려하였기 때문이다.

설문은 이름생성기 질문(NGQ)을 사용하였다. 우선순위대로 최대 3명까지 지명토록 하며, 조사 시에는 실명으로 응답하도록 하였다. 설문에 사용된 관계는 교우관계 두 가지, 자원교환관계 세 가지로 전체 다섯 가지이다. 첫 번째 교우관계(비공식적 연결망)는 좋아하는 교우(친구)(3명 우선순위 지목)를 의미한다. 두 번째 교우관계(공식적 연결망)는 함께 공연하고 싶은 교우(3명 우선순위 지목)를 의미한다. 자원교환관계(정보자원)의 첫 번째 관계는 무용지식, 무용공연소식, 취업, 학자금 대출, 아르바이트, 무용용품 구매, 교수·선후배 정보, 작품발표회 노하우, 학교생활, 기타의 관계에 해당하는 교우를 의미한다. 두 번째 자원교환관계(사교자원)는 동반여가, 동반여행 및 휴가, 동반쇼핑 등의 관계에 해당하는 교우를 의미한다. 마지막으로 세 번째 자원교환관계(물질자원)는 선물, 무용용품, 금전, 생활용품, 무용공연초대, 기타의 관계에 해당하는 교우를 의미한다. 결과적으로 세 개 대학마다 전체 다섯 가지의 관계를 나타내는 사회 네트워크가 구성된다.

④ 사례-4 : 사회연결망 유형의 파악을 위한 이름발생기 사용

배윤조(2013), "치매노인의 사회연결망과 삶의 질," 박사학위논문, 경북대학교 대학원 보건학과.

이 연구는 치매노인의 사회연결망 구조의 특성을 파악하는 내용을 포함하고 있다. 주로 미국 시카고대학의 전국리서치센터(National Opinion Research Center : NORC)가 정기적으로 실시하는 일반사회조사(General Social Survey)에서 사용한 것을 활용하며, 조사는 응답자들이 지난 1년 사이에 '중요한 문제들'에 관하여 의논한 사람들의 이름을 5명까지 말하도록 하였다.

사회 연결망 특성은 구조적 특성과 상호작용적 특성으로 구분한다. 구조적 특성은 연결망의 크기, 구성, 밀도, 동질성을 말한다. 상호작용적 특성은 접촉빈도, 지속성, 지리적 근접성, 방향성으로 측정한다. 연결망 크기(network size)는 응답자의 연결망 구성원, 즉 응답자가 접촉한 사람의 수를 의미한다. 구성(composition)은 응답자의 연결망 구성원이 누구인지를 파악하는 것으로, 가족(배우자, 형제자매, 자식 등)과 비가족(친구, 이웃 등)으로 구분한다. 밀도(density)는 응답자의 연결망 구성원들 사이의 연결비율을 의미한다. 밀도를 계산하는 공식을 적용하여 파악한다. 동질성(homogeneity)은 응답자와 사회연결망 구성원의 개인적 특성, 사회경제적 지위, 가치관 등이 서로 비슷하거나 다른 정도 또는 응답자의 대인적 환경 내에서 접촉할 수 있는 사람들의 다양성을 의미한다. 지속성(duration)은 응답자와 사회연결망 구성원 사이에 관계가 지속되어 온 기간을 의미한다. '1년 미만'(1점), '1~3년 미만'(2점), '3~5년 미만'(3점), '5년 이상'(4점)의 4점 리커트 척도로 조사한다. 지리적 근접성(geographic proximity)은 응답자와 사회연결망 구성원이 살고 있는 곳의 지리적으로 떨어져 있는 정도이다.

접촉빈도(frequency of contact)는 주어진 시간 동안에 응답자와 연결망 구성원이 접촉하는 정도를 나타낸다. 응답자가 언급한 사회연결망 구성원과 접촉하는 빈도가 '거의 매일'(5점), '일주일에 한두 번'(4점), '한 달에 한번'(3점), '몇 달에 한 번'(2점), '일 년에 한두 번'(1점) 등과 같은 리커트 척도로 조사한다. 방향성(directedness)은 응답자와 사회연결망 구성원과의 주고받는 관계의 방향이 일방적인가 혹은 호혜적인가를 나타낸다. 관계의 방향은 '항상 내가 더 준다'(5점). '대체로 내가 준다'(4점), '비슷하게 주고받는다'(3

점), '대체로 내가 받는다'(2점), '항상 내가 더 받는다'(1점)와 같은 리커트 척도로 조사한다.

질문사례

※ 사회연결망에 대한 질문입니다.
지난 1년 동안 어르신이 몸이 많이 아프시거나 중요한 문제가 생겼을 때 마음을 터놓고 의논하여 도움을 청한 분이 있습니까? 가족을 포함한 가까운 주위 사람들 중에서 중요한 순서대로 5명까지 그 이름을 말씀해주십시오. 아무도 없는 분은 아무도 없다고 말씀해주십시오. 이름을 밝히기 곤란하시면, 성만 쓰셔도 되나 구별해주세요. (예 홍길동, 이갑분, 김씨 1, 김씨 2)

그리고 관련된 추가적인 질문들은 다음과 같다.

- 이 분은 어르신과 어떤 관계입니까? 해당 번호를 골라 주세요. (1. 배우자, 2. 자녀와 그 배우자, 3. 형제자매, 4. 손자녀, 5. 친척, 6. 친구, 7. 이웃, 8. 기타(건강관계자))
- 이 분과 얼마나 자주 접촉하십니까? (1. 거의 매일, 2. 일주일에 한두 번 정도, 3. 한 달에 한 번 정도, 4. 몇 달에 한 번 정도, 5. 일 년에 한두 번 정도)
- 이 분과 알고 계신지는 얼마나 되었습니까? (1. 1년 미만, 2. 1~3년 미만, 3. 3~5년 미만, 4. 5년 이상)

2) 마이닝 조사

마이닝(mining)은 채굴 또는 채광의 의미를 가지는 광업(鑛業) 영역의 용어이다. 마이닝 그 자체보다 텍스트 마이닝, 데이터 마이닝, 웹 마이닝, 지식 마이닝 등과 같이 구체적인 행위에 적용되어 사용되고 있다. 이 중에서 가장 많이 사용되는 용어는 텍스트 마이닝과 데이터 마이닝이다. 요즘 들어 오피니언 마이닝이라는 용어도 많이 사용되고 있다.

텍스트 마이닝(text mining)은 일반적으로 비정형의 텍스트 데이터에서 유용한 정보를 찾아내는 과정 또는 기술을 말한다. 여기서 비정형(unstructured)이라는 것은 일정한 규격이나 형식을 가지는 데이터가 아니라 그림, 영상, 문서 등과 같이 형태가 불규칙하여 의미를 파악하기 힘들다는 것을 의미이다. 가장 대표적인 비정형 데이터는 한글, 영문 등과 같은 언어 형식으로 된 문서 텍스트이며, 자연어 형태로 존재한다. 이러한 비정형의 텍스트 데이터를 분석하여 유용한 정보를 탐색하기 위해서는 마이닝과 같은 동작이 필요하다. 유용한 정보는 비정형 데이터(텍스트)로부터 키워드를 추출하여, 키워드의 빈도분석, 시각화, 고급통계분석, 기계학습, 네트워크 분석 등을 수행한 결과로 얻어진다. 이처럼 텍스트 마이닝은 텍스트 분석이라고도 하며, 분석의 목적으로 텍스트로부터 유용한 정보를 발굴한다는 것이 강조된다.

텍스트 데이터의 규모가 작으면 수작업으로 마이닝을 할 수 있지만, 대규모의 텍스트인 경우 컴퓨터 시스템의 도움을 받을 수밖에 없다. 이처럼 대규모 텍스트를 컴퓨터 시스템으로 마이닝하는 것을 텍스트 마이닝이라 한다. 텍스트 마이닝은 자연어 형식의 언어 텍스트를 기계적으로 처리(분해, 특성 도출, 의미 있는 정보 발견 등)하는 행위이며, 자연어 처리 기반 텍스트 마이닝이라고 한다. 자연어 처리는 형태소의 분석, 품사의 식별, 구문구조의 이해 등과 같이 텍스트의 의미적 특성 파악, 인간이 발화하는 언어현상을 기계적으로 분석해서 컴퓨터가 이해할 수 있는 형태로 만드는 자연언어 이해 혹은 그러한 형태를 다시 인간이 이해할 수 있는 언어로 표현하는 제반 기술을 의미한다(위키백과사전). 색인작성, 언어번역, 자동분류 등과 같은 언어 텍스트를 대상으로 하는 응용 영역에 필수적으로 사용하는 기술이다.

데이터 마이닝(data mining)은 텍스트 마이닝과 달리 정형 데이터를 대상으로 하는 마이닝작업을 의미한다. 정형 데이터는 말 그대로 규격이나 형식을 갖춘 데이터, 정제 또는 가공되어 분석하기 용이한 데이터를 말한다. 상품 판매 데이터, 고객 데이터 등과 같이 DB나 엑셀과 같은 도구에 저장되어 있어 각종 분석작업들을 위한 사전 처리가 거의 필요하지 않은 데이터이다. 이미 정제되어 정형화된 데이터의 형태로 존재하는 데이터를 대상으로 고급통계분석과 모델링 기법을 적용하여 데이터 자체에 내재되어 있는 다양한 특성들을 파악하고, 추천 등과 같은 응용행위들을 가능하게 하는 방법이다.

텍스트 마이닝과 데이터 마이닝은 데이터의 형태가 비정형 또는 정형인가에 따라 구분되는 분석방법이다. 반면, 오피니언 마이닝(opinion mining)은 오피니언을 분석하는 방법이다. 오피니언(opinion)은 어떤 대상에 대한 의견, 평판 등을 의미한다. 의견이나 평판에 관한 데이터의 분석인 셈이다. 의견이나 평판의 데이터는 특정한 상품, 정책, 인물, 장소 등을 기술한 데이터이다. 구체적으로 설명하면, 오피니언 표명자(opinion holder, 고객, 화자 등)가 어떤 대상(opinion target)에 대해 표현한 주관적인 의견이나 평판(감정, 느낌, 관점, 성향, 믿음 등과 같은 주관성을 나타내는 표현)을 메시지 집합을 분석하여, 해당되는 대상에 대한 전체적인 의견, 평판을 파악하는 분석방법이다. 오피니언은 대체로 텍스트 형태로 표현되며, 오피니언에 해당되는 텍스트 내용을 분석하는 것이기에, 텍스트 마이닝의 한 영역이라 할 수 있다. 그리고 감성분석 또는 감정분석(sentiment analysis)이라는 용어로도 사용되고 있다.

마이닝 조사방법은 텍스트, 통계, DB 등의 문헌으로부터 네트워크 분석에 필요한 노드와 관계의 데이터를 추출하는 것을 강조해서 사용한 것이다. 텍스트 데이터에 나타난 사회적 개체(사람, 조직, 장소 등)를 추출하고, 개체 간에 형성되는 사회적 관계를 파악하여, 사회 네트워크를 구성하고 분석하는 작업을 말한다. 즉 사회 네트워크의 데이터(노드와 링크)를 텍스트 데이터에서 추출하게 된다. 아무튼 비정형의 텍스트나 정형의 데이터로부터 사회 네트워크의 노드와 관계를 파악하는 의미에서 마이닝 조사방법이라고 한 것이다.

마이닝 조사방법은 뒤에 소개할 언어 네트워크나 사건 네트워크에서도 중요한 데이터 조사방법이 된다. 문헌 텍스트에서 언어 네트워크나 사건 네트워크를 구성하는 키워드를 추출하고 그들 간의 관계를 파악하기 때문이다. 여기서는 텍스트로부터 다양한 유형의 사회적 개체들을 추출하고 관계를 파악하는 사례들을 중심으로 마이닝 조사방법들의 특성을 파악하고자 한다. 마이닝 대상의 텍스트는 트위터, 신문기사, 온라인 사이트(아고라, 다음카페, 온라인 토론글 등), 성경, 소설 등 다양하다.

마이닝 조사방법에 의한 네트워크 구성과 분석의 백미는 발디스 크렙스(Valdis Krebs)라는 학자가 구성한 미국 9·11 테러리스트 네트워크 사례이다. 9·11 테러의 비행기 납치범들 사이의 관계를 시각적인 네트워크로 볼 수 있게 재구성하였다. 사건발생 일주일 이후 범죄에 대한 정보가 공개되기 시작하였으며, 모하메드 아타 등 19명의 납치범들(hijackers)이 밝혀졌다. 4편의 비행기(American Airlines 11, United Airlines 175, American Airlines 77, United Airlines 93)에 탑승한 이들은 전부 알 카에다 조직원들이었다.

크렙스는 이들의 과거행적을 추적하여 납치범 네트워크를 구성하였다. 각 납치범 쌍에 대해 함께 행동한 횟수를 추적하는 방식으로 관계를 구성한 것이다. 동행의 유형은 세 가지로 나누었으며, 각각에 대한 강도를 달리하였다. 첫째, 함께 생활하였거나 동일한 학교 또는 교실, 훈련을 경험한 경우이며, 가장 강한 관계로 규정하였다. 둘째, 함께 여행하거나 회의에 참여한 경우이며, 중간 수준의 관계를 부여하였다. 셋째, 단순한 업무거래, 우연한 만남 등의 경우 약한 관계를 부여하였다. 이러한 동행관계의 파악은 웹사이트에 공개된 자료들을 활용하였다. 호주의 '*Sydney Morning Herald*'를 시작으로 납치범들의 네트워크를 구성하기 시작하여, '*Washington Post*' 등의 신문, 구글검색 등을 토대로 네트워크 구성을 확장시켰다. 이렇게 구성한 납치범 네트워크는 [그림 2-2]와 같다.[7] 노드는 테러리스트이고, 링크는 테러리스트 간의 연결(연락관계)이다. 행동대장들은 대체로 연결정도값이 높게 나타난다.

---

7) Valdis E. Krebs(2002), "Uncloaking Terrorist Networks," *First Monday*, 7(4). online journal. http://firstmonday.org/ojs/index.php/fm/article/view/941/863. Date accessed: 04 Oct. 2016. doi:10.5210/fm.v7i4.941. Valdis E. Krebs(2002), "Mapping Networks of Terrorist Cells," *Connections*, 24(3), pp.43-52. 재인용: 정하웅·김동섭·이해웅(2014), 구글 신은 모든 것을 알고 있다(카이스트 명강 1), 사이언스북스.

그림 2-2 9·11 테러의 비행기 납치범 네트워크

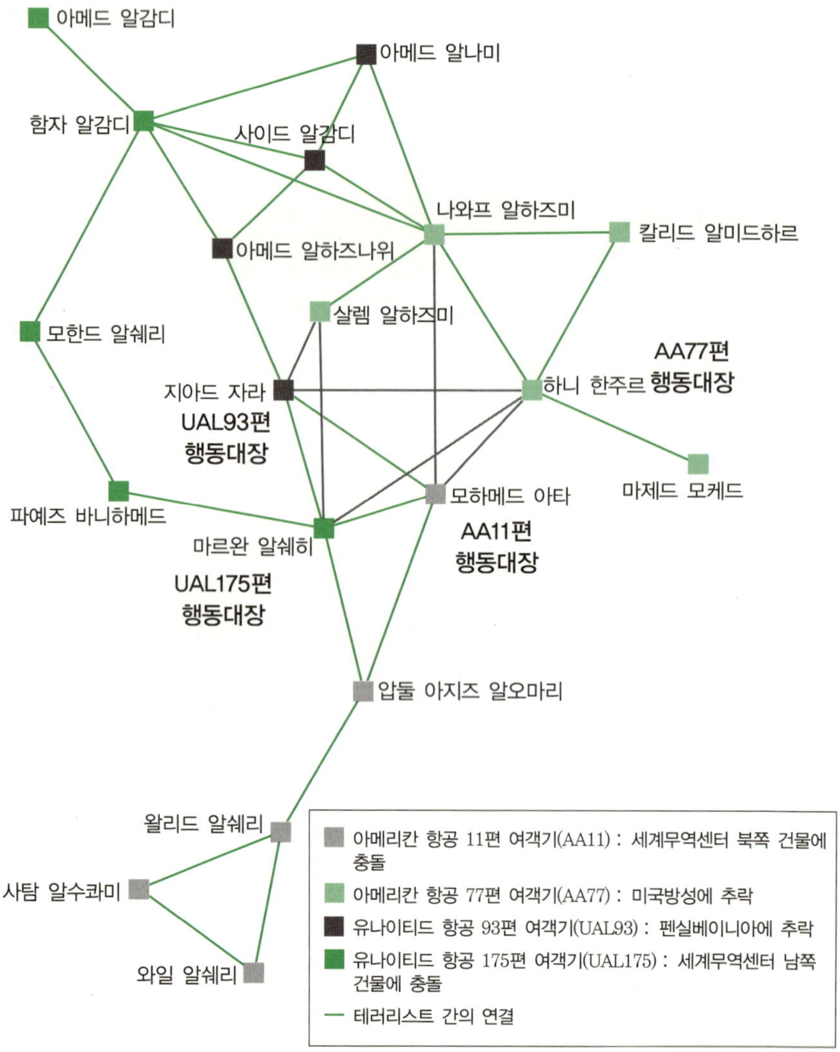

사용한 다양한 사례들을 통해 마이닝 조사방법의 유형과 기법들을 확인할 수 있다. 언어 텍스트로부터의 마이닝 조사방법은 제3장과 제4장의 언어 네트워크 분석과 사건 네트워크 분석 영역에서 상세하게 다룰 것이며, 여기서

는 트위터, 온라인 커뮤니티 등의 사례들만 살펴볼 것이다.

(1) 트위터 분석

김효동(2013), "18대 대선후보의 리트윗 네트워크 분석," 정치커뮤니케이션연구, 31, pp.91-125.
김형아 · 배광민 · 최봉(2011), "서울시 트위터 네트워크의 구조분석과 정책적 함의," 한국정책연구, 11(2), pp.95-114.

트위터의 메시지 텍스트를 대상으로 구성하는 트위터 네트워크를 이해하기 위해서는 트위터와 관련된 몇 가지 용어에 대한 이해가 우선한다.[8)]

- **팔로잉(following, 구독하기)** : 어떤 사용자를 친구로 지정하여 그 친구의 이야기를 듣겠다는 의미로 다른 사람의 트위터 글을 받아보겠다고 하는 구독신청을 말한다.
- **팔로워(follower, 구독자)** : 나를 친구로 지명한 사용자들이며, 내 이야기를 듣겠다는 의미로 나의 트위터를 구독신청한 사람을 말한다.
- **팔로위(followee, 배포자)** : 내가 친구(구독자)로 지정한 사람들(트위터들)이며, 내가 그들의 게시글을 구독하겠다는 의미이다.
- **맞팔** : 양방향적인 팔로잉이 이루어지는 관계를 말한다.
- **트윗(tweet)** : 트위터에 글을 올리는 것으로 140자 이내의 단문으로 하고 싶은 말을 글로 작성하여 게시(포스팅)하는 메시지이며, 이 게시글은 팔로워들이 구독하게 된다. 트윗의 글은 트위터 개설자가 신규로 작성한 일반트윗, 필로잉의 트윗을 팔로워에게 재배포하는 리트윗, 그리고 계정의 타임라인에 게시되는 트윗에 보내는 리플라이로 구성된다.
- **리트윗(retweet, RT)** : 글이 좋거나 맘에 들어 내 친구들에게 권하고자 할

8) 장덕진 · 김기훈(2011), "한국인 트위터 네트워크의 구조와 동학," 언론정보연구, 48(1), pp.59-86.

때 재전송하는 행위로 좋은 정보나 긴급한 사항이 타임라인에 뜨면 리트윗 하여 재배포하게 된다. 트윗의 작성자로부터 그 팔로워로 다시 그 팔로워의 팔로워로 트윗이 전달가능하다.

트위터 네트워크는 대체로 구독 네트워크와 리트윗 네트워크의 두 가지 유형으로 생성이 가능하다. 구독 네트워크는 트위터에 등록된 계정 간 팔로잉(팔로위, 팔로워) 관계를 나타낸다. 화살표는 구독의 방향을 나타내며, 트위터 사용자 B의 입장에서 사용자 A는 팔로위이고, 사용자 C는 팔로워이다. 구독 네트워크는 기본적으로 단방향의 네트워크이지만, 상호 간에 관계가 존재할 경우 양방향이 된다. 팔로잉 관계의 구독 네트워크는 팔로워의 수에 따라 복잡계 네트워크의 구조를 나타낼 수도 있다. 트위터에서 사용자가 갖는 팔로워수의 분포가 멱함수분포의 특성을 나타내는 경우에 한한다. 트위터가 소셜 네트워크이고, 복잡계 구조를 가진다는 것은 곽해운 등(2011)의 논문에서 밝히고 있다.

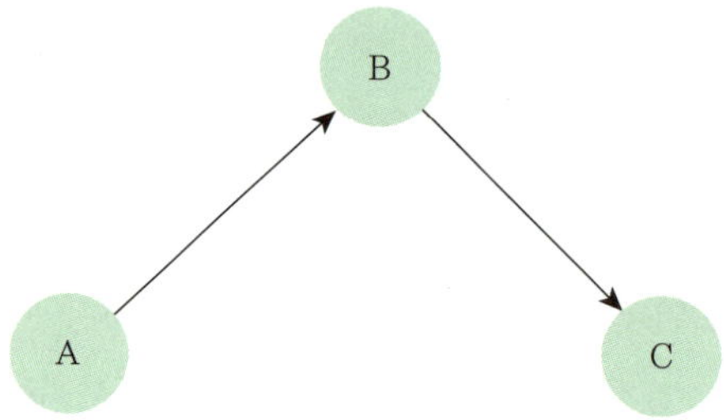

트위터의 구독 네트워크에서 사용자 X와 Y가 사용자 E를 구독하는 공통의 팔로워들일 경우, 이들은 E의 입장에서 공통 팔로워 관계의 네트워크를 구성할 수 있다. 그리고 사용자 R이 사용자 X와 Y를 구독할 경우, R의 입장에서 X와 Y는 공통의 팔로위이므로 공통 팔로위 관계의 네트워크를 구성할 수도 있다. 공통의 팔로워 또는 팔로위의 수는 해당 네트워크의 강도가 되며, 방향의 관계가 존재한다.

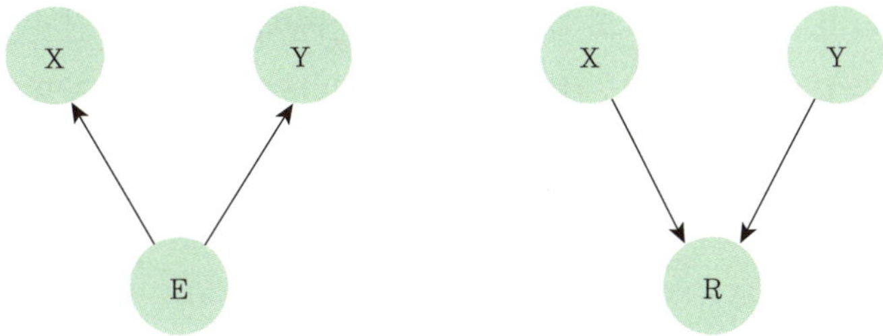

리트윗 네트워크는 팔로위의 트윗을 팔로워가 재배포하는 관계를 나타낸다. 특정한 트윗(사용자 A)은 사용자 B에게 리트윗되고(1단계), 그것이 사용자 C에게 리트윗되고(2단계), 또 그것이 사용자 D에게 리트윗되고(3단계), 이런 방식으로 리트윗이 계속 진행될 수 있다. 이러한 리트윗의 체인을 리트윗 네트워크라 하며, 방향의 관계를 가진다.

트위터의 구독 네트워크이든 리트윗 네트워크이든 간에 트위터에서 해당되는 네트워크의 데이터를 수집하여야 한다. 트위터 네트워크를 위해서는 다음이 필요하다. 첫째, 분석대상이 있어야 한다. 사례의 논문처럼, 특정 정치인 3인의 트위터 계정, 서울시의 12개 트위터 계정이 분석대상이 된다. 둘째, 분석하고자 하는 네트워크의 유형을 선택하여야 한다. 구독 네트워크 또는 리트윗 네트워크를 결정하여야 한다는 것이다. 두 편의 사례 논문은 리트윗 네트워크에 대한 것이다. 셋째, 네트워크 데이터를 수집하여야 한다. 트위터에서는 API를 통해 수집할 수 있다. 넷째, 트위터의 네트워크의 경계설정을 위해, 데이터 수집범위를 결정하여야 한다. 사례-1에서는 분석대상에서 3단계까지 리트윗되는 범위를, 사례-2에서는 60일간 올린 트윗 글을 범위로 삼고 있다.

두 가지 트위터 네트워크에서 데이터 수집방법을 정리하면 다음과 같다. 먼저, 구독 네트워크에서는 분석대상의 트위터 계정을 시작점으로 하여, 결정된 단계에까지 눈덩이 굴리기 방식으로 연결되는 팔로위나 팔로워의 계정을 확장시켜 나간다. 그리고 리트윗 네트워크에서는 분석대상 트위터의 트윗 글에서 수집범위까지 눈덩이 굴리기 방식으로 리트윗을 추적하게 된다.

(2) 온라인 커뮤니티 분석

김병석 등(2012), "사회 네트워크 분석기법을 이용한 온라인 공동체의 네트워크 구조 탐색," *Entrue Journal of Information Technology*, 11(1), pp.59-72.

이 네트워크는 온라인 공동체의 상호교류 네트워크이며, 네트워크의 상호교류 패턴을 파악하기 위해 구성하였다. 분석과정을 정리하면 다음과 같다. 첫째, 온라인 공동체인 다음 아고라(http://agora.media.daum.net)를 선택하였다. 둘째, 특정 이슈에 대한 게시글을 선택하였다. '쥐머리 새우깡' 사건, '광우병' 사건을 키워드로 검색한 개별 이슈 글과 각 글에 대한 조회자수, 댓글수 등을 수집하였다. 각 글에 대한 참여자들 간의 인접 행렬(adjacency matrix)을 구성하였다. 셋째, 해당 게시글에 대한 인터넷 게시판에 남겨진 댓글(토론글, 답글) 데이터를 수집하였다. 넷째, 각 게시글에 대한 참여자들 간의 인접 행렬을 구성하였다. 토론글에 답글이 달려 있으면 두 명의 참여자가 서로 의견교류가 있었다고 가정하고 인접 행렬에 '1'로 표시하고, 토론글에 아무런 댓글도 달려 있지 않으면 참여자들 간에 아무런 교류가 일어나지 않았다고 가정하고 인접 행렬에 '0'으로 표시하게 된다. 이러한 과정을 거쳐 온라인 커뮤니티 내에서 구성원의 응답 패턴으로 사회연결망 분석을 실시하여, 시간에 따른 온라인 커뮤니티의 변화 양상을 탐색적으로 살펴보고 있다.

배순한 등(2009), "온라인 커뮤니티의 중심성 변화에 대한 탐색적 연구: 사회연결망 분석을 이용하여," 지식경영연구, 11(2), pp.17-35.

이 연구는 소프트웨어 개발 커뮤니티 사이트인 다음 인터넷 카페 Linuxjoa (http://cafe.daum.net/joalinux) 회원 간의 상호작용을 댓글을 통해 분석하고 있다. 댓글을 통한 상호작용 행렬은 다음과 같은 기준에 의해 작성하고 있다. 게시판에서 ID 'A'라는 사람의 글에 ID 'B'라는 사람이 댓글을 달 경우 'B'가 'A'에 관계를 맺었다고 할 수 있다. 여기서 관계가 있는 경우 '1', 관계가 없는 경우를 '0'으로 하여 행렬 테이블을 작성한다. 5개월간 76명의 구성원이 총 1,034개의 상호작용을 한 사회 네트워크를 구성하였다.

서원석 · 신원석(2012), "온라인 토론의 참여환경과 토론집단 크기에 따른 사회연결망 분석(Social Network Analysis)," 교육공학연구, 28(4), pp.757-779.

이 연구는 온라인상에서 학생들이 어떻게 상호작용을 진행하는지를 분석하는 것으로, 토론에 참가한 학습자와 교수자 및 학습자 간의 상호작용이나 협력형태를 파악하여 온라인 토론 네트워크를 구성하였다. 토론 주제와 관련된 메시지들을 추출하여 토론 참여자 간에 메시지를 송신하고 수신하는 관계에 따른 상호작용관계를 도출하는데, 토론 그룹 구성원 간의 대화에 근거한 방향성을 파악하는 내용분석을 통하여 인접 행렬을 작성하고, 이것을 토대로 네트워크를 구성하였다.

(3) 기타

강병욱 등(2015), "사회 네트워크 분석과 텍스트 마이닝을 이용한 배구 경기력 분석," 한국데이터정보과학회지, 26(3), pp.619-630.

본 연구의 목적은 2011~2012 V-리그 국내 남자 프로배구 경기의 문자중계 데이터인 텍스트 데이터를 '사회 네트워크 분석'과 '텍스트 마이닝' 기법을 이용하여 공격, 패스 등의 패턴을 찾아내고, 배구 경기력과 관련된 핵심 키워드를 추출하여 이를 토대로 경기력을 평가하는 데 있다. 본 연구에서 사용되는 분석 데이터는 국내 남자 프로배구 '2011~2012 V-리그' 경기의 문자중계 데이터로서 총 6개 구단 중에서 하나의 A구단을 선정하여 '2011~2012 V-리그' 정규리그에서 총 35경기에 대한 문자중계 데이터를 추출하였다. 문자중계 데이터에서 A구단 내에 소속된 선수들의 이름은 익명을 보장하기 위하여 'A, B, C'와 같이 알파벳으로 대체하였고, 구단이 승리한 경기와 패한 경기를 구분하여 분석 데이터를 구축하였다.

정민수(2008), "한국시민사회단체의 연대활동에 대한 네트워크적 접근," 시민사회와 NGO, 6(2), pp.135-174.

이 연구는 2005년 한 해 동안 자발적 결사체들이 수행한 연대활동에 대한 데이터를 〈시민의 신문(*NGO Times*)〉 DB에서 추출하여 단체, 사건, 연대강도라는 (i, j, d)의 행렬로 정리한 일종의 참여 네트워크이다. 연대의 강도란 연합조직 결성, 공동집회, 시위를 함께한 경우에는 '강한 연대'로, 토론회, 심포지엄, 입법청원의 경우에는 '중간 연대'로, 기자회견, 성명서 발표는 '약한 연대'로 정의되었다. 수집된 원자료는 모두 7,982(단체)×586(사건)의 행렬로 구성되었다. 전체 7,982개의 단체들이 586건의 공동행동을 수행한 데이터이다. 연구를 위하여 이 자료에서 사건참여의 강도가 제일 크고 분명한 강한 연대자료만을 추출하였고 그 결과 796(단체)×52(사건)의 행렬이 분석에 이용되었다.

이것은 단체와 사건의 이원모드 행렬이며, 단체의 일원모드 행렬로 변환하여야 한다. 변환의 방법은 각 단체들이 특정한 사건에 공동참여한 경우 링크를 부여하는 방식을 사용하였다. 즉 각 단체들은 공동참여빈도를 가지는 행렬을 구성하고, 대칭화(symmetrized)와 이분화(dichotomized)를 거쳐 단체 행렬(796×796)을 구성하였다.

> 이관률·도묘연(2012), "비영리 민간단체의 협력 네트워크 구조분석: 충청남도를 사례로, 한국지방자치학회보, 24(4), pp.135-159.

이 연구는 먼저, 충남지역 3대 일간지(대전일보, 중도일보, 충청투데이) 웹사이트에 게재된 신문기사를 이용하여, 충청남도 비영리 민간단체 등록대장(2010년 기준)에 등록된 343개 단체의 활동에 관한 기사들을 검색하여(2009~2011, 2년간) 331건의 기사를 확보하였다. 그 다음, 기사의 내용을 분석하여 파악된 충남지역 비영리 민간단체 153개의 협력활동을 한 기관 519개(비영리 민간단체는 41개, 비영리 민간단체가 아닌 다른 기관은 478개)를 파악하고, 각 기관들 간의 협력활동 내용(전체 906개)을 6개 영역으로 구분하여 파악하였다.

협력활동을 비영리 민간단체가 다른 단체와 함께, 공동, 연대 등으로 수행한 경우로 한정하였다. 즉 신문기사에서 함께, 공동 연대 등의 협력적 단어가 있는 경우를 비영리 민간단체의 협력활동으로 구분한 것이다. 그 결과, 7개의 협력 네트워크(전체, 6개 협력활동 영역)를 구성하여 분석하고 있다.

> 김재경 등(2009), "사회 네트워크 분석을 이용한 충성고객과 이탈고객의 구매 특성 비교연구," 경영과학, 26(1), pp.183-196.

이 연구는 국내 화장품회사 F사의 고객구매 데이터를 대상으로 하는 데이터 마이닝의 일종이다. 먼저, 2006년 1월부터 12월까지 1년간 F사의 화장품

구매경험이 있는 사용자를 대상으로 충성고객과 이탈고객으로 구분하였다. 충성고객은 2006년 1월부터 12월까지 매월 구매한 고객으로 정의하였으며, 이탈고객은 1월에서 6월까지 매월 구매하고 7월 이후부터는 구매하지 않은 고객으로 정의하였다. 그리고 충성고객과 이탈고객의 제품구매 선호도를 효과적으로 파악하기 위하여 제품 카테고리 1개 중 최소 8개 이상을 구매한 고객 중 1월부터 6월까지 총구매금액이 178,000원 이상인 고객을 대상으로 충성고객 50명(L1~L50), 이탈고객 50명(D1~D50)을 무작위로 선정하였다.

고객 네트워크(충성고객 네트워크와 이탈고객 네트워크)는 고객 사이의 관계를 나타낸 네트워크로, 제품을 구매한 고객들 사이에 직접적인 상호작용이 없어도 동일한 제품을 구매한 고객들은 제품에 대한 구매 성향이 유사한 경우를 연결한 네트워크로 구성하였다. 동일한 제품을 구매한 모든 고객들을 연결하지 않고, 고객 선호 프로파일을 구성하여, 제품에 대한 선호가 유사한 고객을 이웃고객으로 형성한 후, 이웃고객 중 유사도가 특정한 임계치(threshold : ρ) 이상인 고객들만 관계가 있다고 가정하여 고객들을 연결하는 방식을 취하였다. 고객들 사이의 유사도(similarity)는 피어슨 상관계수를 이용하여 측정하였다. 그리고 임계치(ρ)는 0.25와 0.45의 두 가지를 설정하여, 두 가지의 충성고객과 이탈고객 네트워크들을 구성하여 비교하였다.

3) 면담조사방법

사회 네트워크 구성을 위한 면담조사방법은 설문조사방법만큼 많이 사용되지도 않고, 아직은 관련된 기법들도 거의 없다고 해도 무방하다. 설문으로 파악하기 어려운 대상(개인, 기관 등)들의 사회 네트워크를 구성하고자 할 경우 면담조사를 할 수밖에 없다. 몇 가지 연구사례들을 중심으로 면담조사방법의 사례들을 살펴보고자 한다.

이덕로(2012), "기초노령연금정책결정에 관한 사회연결망 분석: 정책옹호연합모형을 중심으로," 한국정책과학학회보, 16(3), pp.109-135.

이 연구에서 면담자료는 2011년 3월 7일부터 6월 22일의 기간 동안 당시 기초노령보험정책의 결정과정에 참여한 정당당료, 정부관료, 이익단체, 국회관료, 의원보좌관, 의원 및 장관 등 총 11명과 8회에 걸쳐 수행된 심층면접을 통하여 수집되었다. 면접이 종결된 후 면접과정에서 거론된 주요 행위자의 행위강도와 빈도를 수집된 면접자료에서 추출하여, 수치화와 조작화작업을 거쳐 사회 네트워크를 구성하고 분석하고 있다. 기초노령연금정책 결정과정에서 활발한 역할을 수행한 이해관계자집단들과의 심층면접과정에서 수집된 자료에 의하여 식별된 행위자들은 대통령, 보건복지부장관 등의 개인과 열린우리당 등을 포함한 다양한 단체 등 16개 정책참여자들이며, 이들을 중심으로 정책연결망(기초노령연금정책의 연결망)을 구성하고, 정책연결망 내에서의 정책행위자들 간의 상호작용을 분석하고 있다. 노드들 간의 관계를 나타내는 링크는 면접결과의 텍스트에 나타난 일종의 동시출현관계로 파악하고 있다.

최우익(2009), "러시아 경제엘리트의 사회연결망 분석: 전문가 인터뷰를 통한 사례연구," 동북아문화연구, 18, pp.559-577.

이 연구의 조사대상은 2007년 시점의 러시아 재계 순위 50위까지의 기업가들(50인의 경제엘리트)이다. 이들에 대한 정보는 러시아 학자, 언론관계자, 경제전문가 등 선정된 권위자(전문가) 12인의 심층면접조사를 통해 확보하고 있다. 전문가 인터뷰는 레바다센터가 2008년 10월에 시행하였으며, 50인의 경제엘리트들 사이의 관계와 그 외에도 이들과 주요 정치인 및 경제인과의 관계에 대한 내용을 A4 50쪽짜리 보고서로 작성하여 필자에게 제공하였다. 그리고 사회연결망 구성은 전문가 12명과의 인터뷰를 통해 얻은 정보를 중심으로 경제엘리트 50인 사이의 과거 혹은 현재의 주요 협력관계를 연결망으로 구성하여 시각화하고 있다.

채종헌(2009), "사회 네트워크 분석을 활용한 공공갈등의 구조분석: 울진 신원전 건설과 관련된 공공갈등 사례연구," 한국행정학보, 43(2), pp.147-176.

이 연구는 갈등영향 분석과 갈등의 이해관계자들을 대상으로 하는 사회 네트워크 분석을 위한 논문이다. 갈등영향 분석은 신원전 건설을 둘러싼 갈등의 주요 이해관계자와 주요 쟁점을 도출하고 각 이해관계자들의 각 쟁점에 대한 입장을 파악하는 작업이다. 그리고 사회 네트워크 분석은 갈등영향 분석을 통해 파악된 각 이해관계자별 호불호(好不好)에 대한 정보를 가지고 사회 네트워크를 구성하고, 그 구조를 분석하여 갈등의 해소가능성을 파악하고자 한다.

연구자료는 크게 문헌자료, 인터뷰자료의 두 가지로 구분된다. 문헌자료는 크게 1차 자료와 2차 자료로 구분되는데, 1차 자료는 분쟁사례에 있어 각 이해관계자들의 선언문, 내부회의록, 다양한 조직활동(대중집회, 시위, 조직결성, 공청회, 심포지엄, 정규・비정규 간행물, 기자회견 및 성명서, 정책 관련 보고서)자료, 백서, 재판자료 등이 포함되고, 2차 자료는 원자력발전소 건설과 관련된 갈등에 관한 중앙 일간지의 기사와 지역신문 등이 포함된다. 인터뷰자료는 1차 자료를 통해 정확하게 확인할 수 없는 내용을 중심으로 수집되었다. 한국수력원자력(이하 '한수원')과 울진군청을 포함한 갈등의 핵심주체라고 파악되는 모든 단체를 대상으로 모두 37명의 면담자를 선정하여 심층인터뷰를 실시하였다. 인터뷰를 통하여 신원전 건설과 관련된 쟁점들을 찾아내어 분류하고 각 이해관계자들의 입장(position)과 이해관계(interest)를 파악, 갈등의 핵심쟁점과 기타쟁점을 구분하였다.

각 이해관계자 간 소속망을 통하여 울진지역에서 신원전 건설을 둘러싸고 벌어지고 있는 협업 혹은 갈등의 전체적인 네트워크 구조를 살펴보았다. 소속망은 37(이해관계자수)×23(쟁점수)의 매트릭스(affiliation matrix)로 구성된다. 각 이해관계자들 간의 유사성(similarity)을 통해 이해관계자 네트워크(GT>4)를 구성하였다.

몇 가지 사례들을 통해 파악한 면담조사방법을 정리하면, 아직은 사회 네트워크 분석을 위한 면담조사의 이론과 방법적 체계가 갖추어진 상황은 아닌 것 같다. 그리고 연구자가 연구목적에 따라 주관적으로 심층면담을 설계하고 있으며, 사례들 모두 제각기 다른 조사방법을 사용하고 있다. 사회 네트워크에서 면담조사의 핵심은 노드(행위자)를 선정하는 것과 링크(연결관계)를 파악하는 것이다. 네트워크에서 포괄성이 갖는 적절한 수준의 면담대상자들을 선정하여야 하며, 이들에서 노드를 추출하고 관계를 설정하는 과정에서도 보다 합리적인 방법과 기준이 적용되어야 할 것이다.

4) 관찰조사방법

관찰조사는 질문과 답변을 통하여 정보를 수집하는 것이 아니라, 응답자의 행동과 태도를 조사자가 관찰하고 기록함으로써 정보를 수집하는 방법이다.[9)] 관찰조사방법은 응답자 또는 대상자의 행동으로 나타내는 태도나 의견 등을 조사하고 분석하는 자료수집방법으로, 문화인류학의 민족지(ethnography) 연구, 마케팅의 소비자 구매행동 관찰 등 일부 영역에서 사용한다. 또한 비언어적 행동에 관한 기록 데이터이며, 설문조사나 면담조사에 비해 정확한 정보를 얻을 수 있다. 그러나 시간과 경비가 소요되고, 대상자의 겉으로 드러나지 않는 특성의 관찰이 쉽지 않다.

9) 이훈영(2012), 이훈영 교수의 연구조사방법론, 도서출판 청람, p.114.

이처럼 사회적 데이터의 조사방법으로서 관찰조사의 적용 영역이 제한적이고, 관찰하고 기록하는 행위가 관찰자의 주관이나 편견이 개입될 수 있어 주도적인 조사방법보다는 보완적인 조사방법으로 활용되는 경우가 많다. 아무튼 관찰조사는 관찰대상에게 관찰사실의 공개여부에 따라 공개적 관찰과 비공개적 관찰, 관찰표와 같이 미리 정해진 형식을 준수하는지 여부에 따라 체계적 관찰과 비체계적 관찰, 관찰하는 상황이 인위적인지 자연적인지에 따라 자연적 관찰과 인위적 관찰, 관찰대상의 행동이 일어나는 시점에서 직접 관찰하는 직접관찰과 사후에 그 흔적을 관찰하는 간접관찰, 사람에 의한 관찰과 기계를 이용한 관찰 등으로 구분된다고 한다.10)

사회 네트워크 데이터의 수집에서 관찰조사를 활용하는 사례들은 아직은 찾기가 쉽지 않다. 그래도 관련된다고 판단할 수 있는 사례라면 스포츠 경기 참가선수들의 행동을 분석하는 논문들이 될 수 있다. 스포츠 기록에서 선수들 간의 주요 행동들을 관찰하여 그들 간의 패스 행위에 나타나는 연결관계를 파악하는 것이다. 이러한 스포츠 행위의 관찰에 관한 주요 논문의 사례들을 소개하면 다음과 같다.

조장식(2013), "패스에 기초한 경기력 분석," *Journal of the Korean Data Analysis Society*, 15(3), pp.1381-1389.

이 연구는 2010년도 남아공 월드컵에서 아르헨티나 대표팀과 한국 대표팀의 축구경기를 선수들 간의 패스를 중심으로 축구경기력을 분석하는 논문이다. 상대팀의 패스연결망은 제외하고, 한국 대표팀의 선수들 간에 주고받은 패스 데이터를 토대로 패스연결망을 구성하고 분석하였다. 패스는 미스패스를 제외한 순수패스, 드로잉패스, 코너킥 등을 의미하며, 자료수집을 위해 해당 축구경기 동영상을 40회 이상 돌려보기를 반복하면서 선수들 간의 패스를

10) 이훈영, 앞의 책, pp.115-116.

기록하였다. 이 기록을 토대로 선수는 노드로 패스는 링크로, 패스의 횟수는 링크의 강도로 구성되는 패스 네트워크를 구성하였다.

> 김선덕 등(2016). "사회연결망 이론에 근거한 아시안컵 축구 결승전 네트워크 분석." 한국콘텐츠학회논문지, 16(5). pp.205-216.

이 연구는 2015년 1월에 있었던 아시안컵 결승전, 한국과 호주의 전반전과 후반전 그리고 연장전 전·후반 경기를 포함한 축구시합에서 우리나라 선수들 상호 패스관계를 통해 형성된 패스 네트워크를 분석의 대상으로 한다. 전반전 패스 네트워크, 후반전 패스 네트워크, 연장전 전반과 후반 패스 네트워크, 그리고 포지션별 패스 네트워크의 네 가지 패스 네트워크를 구성하여 분석하고 있다. 이를 통해 네트워크 내에서 가장 영향력 있는 선수를 발굴하였으며, 각 개인이 네트워크 내에서 얼마만큼의 정량적 가치를 갖는지를 살펴보고 선수들 포지션 간의 관계 네트워크가 감독의 전술에 부합하는지를 설명하고 있다.

5 › 이동 네트워크 분석

이동 네트워크(geographic flow network)는 특정한 지역단위(도시, 관광지 등)에서 사람이나 사물이 이동하는 관계를 토대로 구성한 네트워크를 말한다. 주로 사람들이 지역 간에 이동하는 것을 포착하여 네트워크를 구성한 것과 사물의 이동에 의해 형성되는 네트워크가 해당된다. 이러한 네트워크를 편의상 이동 네트워크라 칭한 것이다. 현재 특정한 용어가 만들어져 있는 상황이 아니며, 지역 간 이동이라는 행위관계를 강조해서 필자가 만든 용어이다. 한편, 사물(물품)의 이동을 물류(physical distribution)라고 하는데, 이 경우는 물류 네트워크가 된다. 그리고 지역이라는 사회적 개체를 강조하는 경우 지역 네트워크라 할 수 있다. 아무튼 이동 네트워크에서 노드는 단위지역이며, 링크는 단위지역 간 사람과 사물이 이동한 관계로 형성된다. 사회적 개체인 지역을 단위로 연결되는 사회 네트워크의 일종이지만, 노드와 관계의 선정에서 나름 특성을 가지고 있기에, 별도로 분리해서 설명하려는 것이다.

사람을 대상으로 하는 이동 네트워크는 다양한 관계들로 형성되는 국가 또는 지역 간 네트워크이며, 이동의 목적에 따라 통행(통근) 네트워크, 관광지 이동 네트워크 등으로 특화된다. 이외에도 인사이동, 기술・정보 이전 등의 행위들에 대한 데이터로도 구성이 가능하다. 인사에 의한 지역 간 사람의 이동은 인사교류라 하는데, 이때 지역은 조직(기관)이 된다. 이러한 이동관계는 교류 네트워크라 할 수 있다. 사물을 대상으로 하는 경우는 물류(무역) 네트워크, 도서관의 상호대차(interlibrary loan)나 문헌복사(document delivery) 서비스와 같은 도서관 협력 네트워크 등이 교류 네트워크의 사례이다.

이동 네트워크의 가장 큰 특징은 '지역' 또는 '조직(기관)'이라는 사회적 개체가 노드가 되고, 이들 간에 '사람이나 사물의 이동'이라는 관계가 존재한다는 것이다. 그리고 지역 간의 이동관계에는 방향성이 있어 이동 네트워크는 기본적으로 방향성이 있는(directed) 사회 네트워크가 된다. 그리고 이동하는 사람・사물의 크기(양)에 따라 관계에 가중치를 부여하는 가중 네트워크를 구성할 수 있다.

이동 네트워크 분석을 위한 노드와 관계에 대한 데이터는 설문조사, 관찰조사 등과 같은 사회조사방법을 사용할 수 있다. 그러나 이동 데이터가 실제로 드러나는 데이터를 대상으로 하며, 대용량일 수 있어 관련된 기관에서 발행하는 자료들을 수집하여 마이닝하는 경우가 많다. 무역통행(통근) 네트워크, 관광지이동 네트워크, 물류 네트워크, 무역 네트워크, 도서관 상호대차 네트워크, 인사교류 네트워크 등에 대한 데이터는 관련된 기관에서 발행하는 실제의 데이터(현황·통계 데이터)를 통해 확보할 수 있기 때문이다. 이들 각각에 대해 노드 설정, 관계 형성, 그리고 네트워크 구성에 대한 방법들을 살펴본다.

1) 통행 네트워크

통행 네트워크는 지역 간 통행자료를 바탕으로 구성하는 네트워크이다. 통행을 목적으로 하는 지역 간 사람들의 이동이기에 통행 네트워크라 하였지만, 많은 통행이 주로 출퇴근을 위해 수행되므로 통근 네트워크, 교통시설을 이용한 통행 데이터를 이용하므로 교통 네트워크라는 표현을 사용할 수 있다. 통행은 주로 사람의 이동과 관련된 데이터를 바탕으로 하지만, 철도, 항만, 항공 등과 같이 물류이동의 네트워크인 물류 네트워크도 통행 네트워크의 사례가 된다. 물류 네트워크는 무역의 관점에서 보면 무역 네트워크이며, 이동의 관점에서는 통행 네트워크가 된다.

사람에게 통행은 어떤 목적에 따라 이동하는 것을 말하며, 출발지점과 도착지점이 있다. 통행 네트워크는 이러한 출발지점과 도착지점을 연결하는 네트워크이며, 통행 네트워크 구성에서 가장 많이 사용하는 사회적 데이터는 O-D 데이터이다. O-D 데이터는 교통이나 통행에 있어 출발지점(O, origin, 통행유출, 기점)과 도착지점(D, destination, 통행유입, 종점)에 대한 데이터이다. 출근을 위해 통행을 사례로 할 경우, 주택지역이 출발지점이 되고 회사지역이 도착지점이 된다.

통행 네트워크에서 O-D 데이터는 이동의 대상이나 규모에 따라 난이도가 다르지만 직접적인 관찰조사를 통해 수집하여 구축할 수 있다. 그러나 시민들이 도시 간 또는 도시 내 출퇴근하는 것과 같은 대규모 인원들을 대상으로 하는 경우, 관찰은 불가능하므로 공식적인 O-D 데이터를 확보하여 사용하여야 한다.

국내의 공식적인 O-D 데이터는 국가교통데이터베이스센터(KTDB)에서 얻을 수 있다. 교통수단(승용차, 택시, 철도, 지하철 등)의 유형별, 특정 지역별 각종 O-D 데이터를 수집하여 제공하고 있다. O-D 데이터는 기종점통행량 자료라고도 한다. 인구구조 및 사회경제적 여건변화, 교통체계의 물리적 변화로 인한 국민통행행태의 변화를 파악하고, 우리나라 각종 교통계획의 효과적인 수립, 시행, 평가의 기초자료로 활용된다. 1998년 공공근로사업으로 전국 여객 O-D조사가 실시되었으며, 이후 「국가통합교통체계효율화법」에 근거해 5년마다 정기 국가교통조사를 실시(1차 : 1998, 2차 : 2005, 3차 : 2010, 4차 : 2016(진행 중))한다고 한다(국가교통DB, 여객통행실태조사 항목 참조). 통행 네트워크 분석과 관련된 주요 연구사례들을 살펴보면 다음과 같다.

이희연·김홍주(2006), "서울대도시권 통근 네트워크 구조분석," 한국도시지리학회지, 9(1), pp.91-111.

이 연구는 통행 네트워크 관련 국내의 초기 논문이며, 사회 네트워크 분석방법을 적용하여 1990~2000년 동안 서울대도시권의 통근통행의 네트워크 구조가 어떻게 변화되어 왔으며, 어느 지점(논문에서는 '결절점'이라고 함)이 통근 네트워크에서 지배적이고 중심적인 역할을 하고 있는가를 분석하고 있다. 1990~2000년 동안 서울대도시권 내에서 각 지역별 통근통행량 데이터를 이용하여 지역 간 통행량에 대한 O-D 행렬을 구축하여, 1990년, 1995년, 2000년 세 시점의 유입-유출 통근 네트워크인 서울대도시권의 유입 통근 네트워크(1990년, 1995년, 2000년)와 서울대도시권의 유출 통근 네트워크(1990년, 1995년, 2000년)를 구성하였다. 지점 간의 임계치(트립수)를 1,000트립/3,000트립 이상인 경우를 선정하였다.

김효진(2008), "사회 네트워크 분석을 이용한 통근연구: 서울대도시권의 시간대별 통근," 지리교육논집, 52, pp.25-43.

이 연구는 광역적으로 발생하고 있는 통근통행의 공간적 특성을 확인하고, 이를 위해 통근통행을 잘 반영할 수 있는 네트워크적인 분석방법의 활용가능성을 확인할 목적으로 서울특별시와 인천광역시, 경기도를 포함하는 서울대도시권의 동읍면을 대상으로 수행하였다. 통행량은 2002년의 '가구통행실태조사' 자료를 활용하였다. 자료는 목적통행과 수단통행에 대해 전체 통행량, 시간대별 통행량으로 구성된 자료이다. 각 동읍면 간의 O-D 통행량이 제시되어 있다. 특히 시간대별 자료는 0~4시, 5~6시, 6~7시, 8~9시, 10~11시, 11~13시, 13~18시, 18~19시, 19~20시, 20~22시, 22~24시로 구분하여 조사되었다. 각 시간대별 자료를 활용하는 것이 너무 경우의 수가 많고 공간적인 패턴을 비교분석하는 데 적절하지 않다는 점을 고려하여 14개의 시간대를 오전(5~11시), 오후(11~18시), 저녁(18~22시), 심야(22~5시)의 4개로 조정하여 분석을 수행하였다.

박시현 · 이원도 · 조창현(2012), "수도권 가구통행조사를 바탕으로 한 서울시 교통 네트워크 분석," 국토지리학회지, 46(2), pp.189-200.

이 연구에서는 수도권 가구통행조사 자료(2006)를 활용해 사회 네트워크 이론을 바탕으로, 서울시 구(區) 간의 통근 네트워크를 구성하여 분석하고 있다. 수도권 가구통행조사 자료를 활용하여, 복잡한 지역별 인구의 유입, 유출 통행 패턴을 단순화하기 위해 지역 간 목적통행의 O-D를 추출하였다. 추출된 교통수단을 이용한 개별적인 목적통행을 각 지역별 간 하나의 연결(link)로 정의하였다. 따라서 각 지역 간의 통근 네트워크는 각 연결의 출발지와 목적지에 해당하는 구(區)를 노드로 정의하였으며, 수도권 가구통행조사 자료에서 도출된 통행량은 노드들 간의 상호작용으로 파악하였다.

2) 관광지 이동 네트워크

관광객들은 특정한 관광지역을 오가면서 관광을 즐긴다. 이러한 관광객들의 관광지 이동의 특성을 네트워크로 모델링하여 분석하는 작업은 최근 관광 분야에서 새로운 연구주제로 관심을 받고 있는 듯하다. 관광은 관광객이 방문하는 여러 관광목적지 사이의 상호작용으로 이루어지며, 본질적으로 공간을 대상으로 하여 나타나는 공간적 현상이다. 관광객의 이동과 관광목적지 사이의 상호작용에 의해 파생된 공간적 현상은 그 작용의 정도와 깊이에 따라서 관광 중심성과 그 중심성의 계층성을 형성하는 공간적 관계와 구조를 만들어간다.[11] 관광지 이동 네트워크 분석의 주요 사례들은 다음과 같다.

김영래 · 박창규(2012), "지역관광의 공간 네트워크 구조와 특성분석," 관광연구저널, 26(1), pp.285-300.

이 연구는 우리나라 16개 시도를 대상으로 1999년과 2008년을 비교분석하여 지난 10년 동안의 우리나라 지역관광의 네트워크 구조가 어떻게 변화했는지, 관광결절지역으로 16개 시도의 관광 중심성과 계층성이 어떻게 변화했는지를 분석하고자 한다. 이런 연구목적을 달성하기 위해서는 한국관광공사에서 발표하는 '전국민 여행실태조사'를 사용하였다. 여행실태조사에서는 매년 16개 시도 간 관광이동총량을 조사하는데, 관광이동총량은 숙박관광과 당일관광을 포함하는 개념으로 인구를 기준으로 1년간 관광에 참여한 비율을 가지고 구하는 관광객수총량과 관광객수에 참여일수를 곱하는 관광일수총량

11) 김영래 · 박창규(2012)의 논문, p.286.

등이 있다. 여기에서는 관광량의 변화를 보다 명확하게 보여주는 관광일수기준의 총량을 사용하였다.

16개 시도의 지역관광의 네트워크 구조를 파악하기 위하여 관광객 흐름의 지역 간 O–D를 구축하였다(16×16). 그리고 전체 관광객 이동총량에 대해서 각 지역 간 이동량이 차지하는 비중을 이동량과 연결선의 수를 고려하여 0.1%와 0.2% 임계치를 설정하여 사용하고 있다.

김영래 · 구본기(2012), "외래관광객 이동 네트워크의 공간적 특성분석: 일본인 최초–재방문 관광객의 특성을 중심으로," 관광연구, 27(1), pp.37–53.

이 연구는 한국을 방문하는 일본인 관광객 이동의 공간적 특성을 파악하고자 하였다. 이를 위해서 '2010 외래관광객실태조사' 자료를 활용하여, 일본인 관광객이 방문하는 목적지 사이의 연계성으로 인해 발현되고 있는 공간의 구조적 특성과 각 목적지의 중심성과 이동의 패턴을 살펴보았다. 이 조사에서는 국적별 입국자수를 고려하여 매달 1,000명씩 1년 동안 주요 공항(인천국제공항, 김포국제공항, 제주국제공항, 김해국제공항)과 여객항(인천항, 부산항)에서 표본이 이루어졌다. 전체 표본 11,995명에 일본인 관광객 표본수는 1,563명이다.

일본인 관광객이 체류하는 동안 방문한 장소와 장소 간 상호작용의 흐름을 보여주는 관광객 이동의 장소 간 O–D자료를 구축하였다. O–D자료의 구축과정은 다음과 같다. 첫째, 사전에 제시한 21개의 방문장소에 대해 자신이 방문한 장소를 순서대로 코딩하도록 하였다. 둘째, [행위자(1,563명)×방문장소(21개소)]를 방문장소를 중심으로 하는 준연계망(quasi–network) 자료로 변환하였다. 셋째, 행 또는 열을 기준으로 치환하여 완전연계망 자료를 구축하였다. 본 연구에서는 X의 전치 행렬 [21(방문지)×1,563(행위자)]에 X 행렬 [1,563(행위자)×21(방문지)]를 곱하여, 21개 방문장소에 대한 [21(방문장소

×21(방문장소)]로 재구성하였다.

이렇게 구축된 자료를 연구목적에 맞게 최초방문자와 재방문자를 구분하여 재구성하였으며, 공간이동패턴을 살펴보기 위하여 방문장소수(1~2개소, 3~5개소, 6개소 이상)를 세 가지로 분류하여 자료를 활용하였다. 그 결과 21개 지역을 노드로 하는 일본인 관광객 이동 네트워크(최초방문자, 재방문자)를 구성하였다.

유근준 · 이승곤(2013), "지오투어리즘 활성화를 위한 탐색연구 : 사회 네트워크 중심성 분석을 이용한 제주 지오파크를 중심으로," 한국사진지리학회지, 23(2), pp.49-64.

지오투어리즘(geotourism)은 지역의 지형 및 지질 자원과 역사, 문화, 전통, 생태자원을 연계한 지속가능한 관광산업이며, 안내와 해설을 통하여 관광객에게 만족감을 주고, 지역에는 사회 · 경제적 발전에 도움을 주는 관광" 이라고 정의하고 있다.12) 지구의 자연유산을 경험하고 학습하고 즐길 수 있는 지속가능한 관광산업 영역이며, 지역의 지형지질 자원을 활용하는 관광을 말한다. 이러한 관점에서 만들어진 것이 지오파크(geoparks)라는 개념이다.

이 연구는 중심성 분석기법을 이용하여 관광객들의 여행루트에 따른 일반 관광지와 지오사이트의 중심성 및 연결성을 규명하는 것이다. 제주도 지오파크를 연구대상지역으로 선정하였으며, 자료수집을 위하여 다양한 제주도지도를 검토하여 그 중에서 지오투어리즘에 가장 적합한 국내 여행업계 1위, H여행사가 제작한 제주관광지도를 사용하였다. 그리고 경희대학교 호텔관광학부 학생 52명을 대상으로 연구목적을 설명해주고 자료조사에 참여하도록 요청하였다. 조사는 자기기입방식으로 지도에 직접 기입하게 하였다. 조사내용은 본인이 계획하거나 가고자 하는 제주도 관광지의 패턴을 세 가지로 지도

12) 윤경호 · 김남조(2015), "국가지질공원 지정으로 본 지오투어리즘(Geotourism)의 의미와 역할," 관광연구논총, 27(2), p.59.

에 표시하라는 것이다. 설문의 특성상 첫 번째 루트는 1, 두 번째는 2, 세 번째 표시는 3의 숫자로 체크하고 패턴에 따라 다른 색으로 표시하게 하였다. 조사에 의해 표기된 관광지는 총 130곳이며 수거된 52부의 설문지 중 불성실하게 작성된 3부를 제외하고 총 49부가 본 연구에 사용되었다. 본 조사는 2012년 4월 10일에 실시하였다.

구성하고자 하는 네트워크는 관광지 선택에 따른 네트워크이며, 관광지와 지오사이트(geosite, 지질명소)를 노드로 설정하였다. 제주도의 대표적인 지오사이트는 만장굴, 산방산, 서귀포 패류화석층, 성산일출봉, 수월봉, 용머리해안, 중문대포해안 주상절리, 천지연폭포, 한라산 등 9개로 선정하였으며, 그 결과 총 130개의 노드와 478개 링크를 가지는 유동 네트워크를 구성하였다.

박득희 · 이계희(2014), "패키지 관광상품에 포함된 관광목적지들 간의 사회 네트워크 분석," 한국산학기술학회논문지, 15(3), pp.1414-1423.

이 연구는 패키지 관광상품 안에 포함된 관광목적지들의 구성 패턴과 POI(Point Of Interests)를 도출하고 관광 패키지상품으로 구성된 관광목적지별 특징을 알아보고자 하였다. 이를 위해 코스닥에 여행사 및 기타 여행보조 서비스업의 업종으로 상장되어 있는 여행사 중 관광상품을 판매하고 있는 4곳의 여행업체(L사, M사, H사, R사)의 싱가포르 패키지 관광상품을 조사하여 얻어진 데이터를 활용하여 네트워크를 구성하였다.

박득희 등(2015), "사회 네트워크 분석(Social Network Analysis)을 이용한 방한 외래 관광객의 관광목적지 선택연구," 관광연구저널, 29(9), pp.5-19.

이 연구는 사회 네트워크 분석을 활용하여 방한 중국 및 미국 관광객의 문화적 배경에 의한 관광목적지 선택행동의 상이함을 파악하고 행동패턴을 분석하기 위하여 수행되었다. 이를 위해 서울과 경인지역을 중심으로 이들 관광객들의 한국 체류기간 동안 방문한 세부목적지를 대상으로 하며, '2013 외래관광객 실태조사'의 원자료를 활용하여 상이한 문화를 가진 방한 중국·미국 관광객을 대상으로 두 가지 관광객 이동 네트워크를 구성하여, 중국인들과 미국인의 문화에 따른 패턴과 특징적 차이점을 도출하여 비교분석하고 있다.

3) 물류 네트워크

물류 네트워크(logistics network)는 기본적으로 원재료의 조달과 가공제품의 최종소비자 전달과 같은 산업목적에 부합하는 네트워크이다. 이러한 물류 네트워크는 물류거점(지역)과 운송노선으로 구성되며, 운송수단에 따라 항만물류 네트워크, 철도물류 네트워크, 도로물류 네트워크 등으로 명칭을 달리할 수 있다. 기업의 입장에서 보면, 공급체인 네트워크(supply-chain network)이다. 물류 네트워크의 범위를 확장하면, 사물이 교류하는 관계의 네트워크이며, 이 경우 사물의 유형은 매우 다양할 것이다. 대표적인 물류 네트워크 분석의 사례들을 살펴보면 다음과 같다.

(1) 항만 네트워크

임병학(2011), "컨테이너항만 네트워크가 항만 생산성에 미치는 영향에 대한 연구 : 사회 네트워크 분석을 중심으로," 로지스틱스연구, 19(3), pp.19-35.

이 연구는 그래프 분석기법에 기반을 둔 새로운 개념인 사회 네트워크 분석기법을 Low 등(2009)이 제시하고 있는 연결지수(connectivity index)를 기반으로 하여 사회 네트워크를 구성하고, 사회 네트워크 분석의 속성에 대한 지표들을 측정한 후, 각 항만의 생산성과 이 지표들 간 상관관계 및 네트워크 지표의 영향 정도를 분석하는 것이다. 아시아의 11개 주요 항만들을 대상으로 하며, 네트워크 분석을 위한 데이터는 Low, Lam, and Tang(2009)이 사례 연구를 위해 수집한 2008년도 Alpha 선사들에 대해 식 (7)에 의해 구해진 항만 연결지수(connectivity index)를 이용하였다. 연결지수는 두 항만 간의 접근성을 의미하며, 항만 i의 연결지수는 항만 네트워크에서 항만 i와 항만 j가 함께 서비스하는 총출발지와 도착지 간 쌍의 비율을 말한다.

항만 네트워크를 구축하기 위해서 항만과 항만 간 연결지수를 기반으로 1 모드 행렬 데이터(11×11 행렬)를 넷마이너 4.0의 입력자료로 하여 네트워크를 구축한다. 이 네트워크는 가중치를 갖는 쌍방향 네트워크이다. 그 결과로 구성된 유동 네트워크는 항만 간 연결지수에 의한 항만 네트워크이다.

(2) 무역 네트워크

무역 네트워크는 주로 국가 간에 구성되는 네트워크이며, 수출과 수입 물량들의 이동에 관한 통계 데이터를 기반으로 구성한다. 무역 네트워크를 구성하고 분석하면 국가 간 무역형태, 중심국과 주변국, 특정 국가의 무역경제 구조 등 무역에 나타난 국가 간의 네트워크 구조를 파악할 수 있다.

박지문・김성국・김한호(2015), "사회연결망을 이용한 굴 무역 네트워크에 관한 연구," 무역학회지, 40(2), pp.51-70.

이 연구는 무역거래의 첫출발인 시장조사를 위하여, 수산물 수출전략 및 해외수산개발을 위한 해외진출 계획 수립 시의 기초자료를 제공하기 위한 기초적 연구로 진행하였다. 수산물 무역의 세계적인 네트워크 구조를 밝히고자 한 것으로, UN Comtrade에서 제공하는 1996년, 1997년, 2011년, 2012년의 수출입 무역통계를 이용하고 있다. 이 연구에서 사용한 구체적인 통계는 HS Code 제1부 산동물 및 동물성 생산품의 제3류인 어류, 갑각류 및 기타 가운데 HS030710 굴(oyster)에 대한 것이다. 유럽연합(28개국), 아시아(15개국), 북미(3개국)에 속하는 주요 국가들 46개 국가를 노드로 선정하였다. 링크는 수출액(USD)을 사용하였으며 일만 달러 미만은 '1', 일만 달러 이상 십만 달러 미만은 '2', 십만 달러 이상 백만 달러 미만은 '3' 그리고 백만 달러 이상은 '4'로 하는 가중치를 부여하였다.

임병학(2012), "유럽 국가들 간 무역 네트워크 영향력과 핵심-주변 분석을 통한 국가 충격의 전염효과에 대한 연구," 유라시아연구, 9(1), pp.93-117.

이 연구에서는 유럽 국가들의 수입과 수출을 기반으로 방향과 가중치가 있는 무역 네트워크를 구축하여 분석하고 있다. 세계무역 네트워크에 대한 연구이며, UN Comtrade에서 유럽 42개 국가들의 2009년도 수출과 수입자료를 활용하여, 국가 간 무역 매트릭스를 구축하고, 이 무역 매트릭스 데이터를 기반으로 수출과 수입 무역 네트워크들을 구축하였다. 이 네트워크에서 노드는 유럽 내 국가들을, 선은 국가들 간 무역흐름을 나타낸다.

심승진(2011), "동북아지역의 국제무역단위구조와 지역 간 네트워크 분석," 동북아경제연구, 23(3), pp.1-30.

이 연구는 지역 간 무역 네트워크에 관한 것으로, 동북아지역의 역내무역에 따른 국제지역 간 무역의 네트워크를 분석하고 있다. 동북아, 동남아, 북미, 유럽지역 및 기타지역인 ROW(Rest of the World)의 5개 지역 간 무역 매트릭스를 구축하여 네트워크를 구축하였다. 지역 간 무역 매트릭스란 지역

사이의 무역흐름을 매트릭스 형태로 나타낸 것으로 각 행은 수출지역을, 각 열은 수입지역을 나타낸다.

(3) 도서관 상호대차 네트워크

유종덕(2013). "경기도 공공도서관 상호대차 네트워크 분석," 정보관리학회지, 30(2), pp.83-99.

이 연구는 경기지역의 공공도서관 상호대차 데이터를 이용하여 지역 간 상호대차 네트워크의 특성을 분석하고 있다. 2006년부터 2012년 10월까지의 상호대차 데이터에서 요청도서관, 제공도서관, 도서타이틀, 청구번호, 대출일, 반납일, 성별, 연령 등의 항목을 분석하여 상호대차에 대한 현황과 네트워크를 구성하고 있다. 상호대차 네트워크는 상호대차의 요청과 제공관계를 토대로, 경기도를 31개 지역으로 나누어 네트워크를 구성하였다. 네트워크는 상호대차의 요청관계를 토대로 구성하였으며, 이것을 지역 간 상호대차 의존 네트워크라라고 하였다.

이지원 · 오정선(2014), "트랜잭션 데이터를 이용한 문헌복사 서비스 참여기관 분석," 정보관리학회지, 31(3), pp.89-110.

도서관의 문헌복사 서비스는 해당 도서관에 소장되어 있지 않은 자료를 타 도서관에 복사를 의뢰하여 이용자에게 제공하는 서비스를 말하며, 상호대차와 함께 도서관 간 협력의 대표적인 사례이다. 이 연구는 2004년에서 2012년까지 9년간의 KERIS 문헌복사 트랜잭션 데이터를 대상으로 문헌복사 서비스 참여기관에 대한 통계분석과 네트워크 분석을 수행하였다. 이 연구에서는 국외 문헌복사와 국내 단행본 대출 서비스를 제외한 9년간의 국내 577기관의 문헌복사 데이터를 분석대상으로 선정하였다. 전체 문헌복사 신청 데이터 629,276건 중에서 국내 기관 간의 신청은 603,081건이었다. 문헌복사 서비스의 참여기관을 보다 심층적으로 살펴보고, 주제별로 참여기관들의 네트워크 유형을 알아보기 위하여 가장 많은 비중을 차지하고 있는 학술지를 대상으로 네트워크 분석을 수행하였다. 대상기관도 문헌복사 서비스의 대부분을 차지하고 있는 4년제 대학도서관 217개와 9개 FRIC기관으로 제한하였다. 문헌복사 서비스 초창기와 최근의 참여기관 현황을 비교하기 위하여 4년제 대학도서관 학술지 데이터인 2004년 18,569건, 2012년 29,331건을 대상으로 하였다. 주제별 네트워크 유형분석을 위해서는 2012년 데이터를 대상으로 분석을 수행하였다. 문헌복사에 실질적으로 기여하는 기관들 간의 관계를 심층적으로 확인하기 위하여 연간 각 기관과 12회 이상 학술지 트랜잭션이 존재하는 기관들만을 대상으로 그 관계를 네트워크로 구성하였다. 그 결과 2004년 학술지 문헌복사 참여기관 간 네트워크와 2012년 학술지 문헌복사 참여기관 간 네트워크의 두 가지 전체 네트워크와 10개 학술주제 분야(심리학, 화학, 교육학, 사회과학 일반, 물리학, 의학·보건학, 공학, 생명과학, 경제학, 화학공학)의 네트워크를 구성하였다.

이지원(2015), "학술정보 상호대차 서비스 현황 및 변화분석: 2004년~2014년 KERIS 데이터를 중심으로," 정보관리학회지, 32(3), pp.199-219.

이 연구는 2004년에서 2014년까지 11년간의 KERIS 상호대차 트랜잭션 데이터를 대상으로 각종 현황을 분석하고 있으며, 간략한 상호대차 네트워크 분석작업도 포함하고 있다. 상호대차 네트워크에서 노드는 참여기관이고, 링크는 상호대차를 신청하여 제공이 성립되었을 경우에 한하여 관계를 성립시키고 있다. 링크에 있어 화살표를 받은 쪽이 상호대차 신청을 받았음을 나타낸 것이며, 선의 굵기는 신청·제공한 건수에 비례하여 나타낸 것이다. 이런 방식으로 두 종류(1기, 2기)의 상호대차 참여기관 네트워크를 구성하여 분석하고 있다.

4) 기타의 이동 네트워크

지역 간에 사람이나 사물이 이동하는 관계에 대한 네트워크들은 다양하게 존재한다. 앞서 살펴본 유형사례 이외에도 공무원들의 인사이동, 인구의 지역 간 이동, 상호대차에 의한 도서관 간 도서의 이동 등이 해당된다.

정주용·남태우·한승주(2013), "농촌형 지방자치단체 공무원들의 이동과 그 영향에 관한 연구: 충청북도 사례를 중심으로," 지방행정연구, 27(4), pp.67-92.

이 연구는 충청북도 공무원들의 전출·전입 통계를 바탕으로 지방자치단체 공무원들의 이동 네트워크를 구성하여 지방공무원들의 이동경향을 탐색하고, 이것이 농촌형 자치단체에 어떠한 영향을 미치는지를 확인하는 것으로, 네트워크 분석을 통해 충청북도 12개 시·군 공무원들이 어디로 이동하고 있는지를 분석하였다. 충청북도를 사례지역으로 선정하여, 충청북도와 관내 기초자치단체(3개 시, 9개 군)를 연구대상으로 최근 3년간(2010년부터 2012년까지) 충북도청이나 기초자치단체로 전입하거나 전출한 공무원의 현황자료를 분석하여, 충북지역 전출입 네트워크(2012년, 2011년, 2010년)를 구성하였다.

이진희·김동명·이만형(2011), "충청권과 비충청권 기초자치단체 사이의 인구이동 특성분석," 지역연구, 27(3), pp.101-120.

이 연구는 지역 내 상호협력을 증진하기 위한 실천적인 대안을 모색하는 데 도움을 얻기 위하여 충청권과 비충청권 기초자치단체 사이의 인구이동 네트워크를 통해 인구이동 특성을 고찰하고 있다. 통계청의 2001년, 2005년, 2009년의 마이크로 데이터 서비스 시스템(Micro Data Service System : MDSS)에 따른 국내 인구이동 통계자료를 사용하여 인구이동의 기원지와 목적지에 따른 다양한 상호작용을 분석한 것이다. 구성된 네트워크는 비충청권에서 충청권으로 유입 측면의 네트워크(2001년, 2005년, 2009년)와 비충청권에서 충청권으로 유출 측면의 네트워크(2001년, 2005년, 2009년)의 두 가지이다.

김선덕 · 성태영 · 이만형(2015). "세종특별자치시 출범이 인접지역 인구이동 네트워크에 미치는 영향: 충청권 인구이동을 중심으로," 한국지역개발학회지, 27(5), pp. 283-301.

이 연구는 세종시 출범이 충청권 내부 인구이동 네트워크에 어떠한 영향을 미치는지 확인하기 위하여 세종시 출범 전인 2008년, 2010년과 세종시 출범 이후인 2012년과 2014년의 충청권 내부 인구이동 네트워크를 살펴보았다. 연구에 활용된 데이터는 각 연도별 국내인구이동통계의 인구이동 유입 · 유출 총량을 분석대상으로 하였다. 구성한 네트워크는 세종시 출범 이전 충청권 내부 인구이동 네트워크, 세종시 출범 이후 충청권 내부 인구이동 네트워크, 그리고 세종시 출범 전후의 충청권 내부 인구이동 네트워크이다.

김형민(2009). "네트워크 분석방법의 국제정치학적 적용: 군사무기 이전의 사회연결망 분석," 한국정치학회보, 43(1), pp.301-357.

이 연구는 1950년부터 2002년까지의 국제체제에 존재하는 모든 국가 간에 이루어진 군사무기이전의 자료(SIPRI Arms Transfers Database)를 사용하여

50여 년간의 군사무기 네트워크를 분석한 것이다. SIPRI 무기이전 데이터베이스는 국가들의 모든 무기이전(일곱 가지 종류의 주요 전통무기) 기록을 포함하고 있는데, 무기의 판매(생산 라이선스의 판매를 포함하여)와 더불어 선물·원조와 같은 형식의 무기제공도 포함하고 있다.

사용된 군사무기이전의 자료는 기존의 전형적인 국가 쌍 형식(국가 1, 국가 2, 연도)에서 SAS 프로그램을 사용하여 사회연결망 분석 프로그램에 사용될 수 있는 형식인 n×n(n=국가의 수) 행렬 형식으로 변형되었다. 예를 들어, 무기수출국, 무기수입국, 무기이전량의 자료에서 무기수출국은 열(row), 무기수입국은 행(column)으로, 무기이전량은 셀의 값으로 변형하였다. 이런 방식으로 군사무기이전의 네트워크(국제체제)와 군사무기이전의 네트워크(아시아지역)의 두 가지 무기이전 네트워크를 구성하였다. 그리고 각각의 네트워크는 시기별(1950년, 1960년, 1970년, 1980년, 1990년, 2000년)로 나누어 세분화된 네트워크들도 구성하였다.

CHAPTER 3

언어 네트워크 분석방법

1. 시작하며
2. 언어 텍스트의 분석방법
3. 언어 네트워크 분석의 이해
4. 언어 네트워크 분석의 유용성
5. 언어 네트워크 분석의 과정
6. 언어 네트워크 분석사례
7. 텍스트 마이닝

Chapter 03

언어 네트워크 분석방법

1 시작하며

언어로 된 텍스트들을 네트워크 분석대상으로 하여, 개별 텍스트를 구성하는 다양한 개체들의 관계적 특성을 분석하는 방법을 언어 네트워크 분석(language network analysis)이라고 한다. 언어 텍스트로 표현된 메시지에서 어떤 특성(feature)을 나타내는 개념들을 추출하고, 그들 간에 형성되는 의미적 관계의 속성들을 파악하고자 할 때 언어 네트워크 분석방법은 매우 유용하다. 일반적으로 언어 텍스트의 의미적 특성을 나타내는 개념은 키워드(keyword)로 표현되며, 명사 형태의 단어, 특정한 범주에 속하는 단어, 장소나 인물에 해당되는 단어, 심리나 감성을 나타내는 단어 등 다양한 단어들을 사용한다.

방법론으로 보면, 언어 네트워크 분석은 내용분석(content analysis)방법의 범주에 해당된다고 볼 수 있다. 전통적인 내용분석은 연구논문, 언론기사, 인터뷰자료, 기록자료 등과 같은 언어 텍스트 집합에서 특정한 의미를 나타내는 개념들(저자, 연도, 주제 등의 특성을 나타내는 항목)이 등장하는 경향을 빈도와 같은 통계적 데이터로 파악하는 방법이다. 반면에, 언어 네트워크 분석은 언어 텍스트 집합으로부터 특정한 개념들의 관계를 파악하고, 이것을 네트워크로 구성하여, 네트워크 분석지표들을 활용하여 분석하는 것까지 확대된 텍스트 내용분석방법이다. 여기서 개념들 간의 관계를 표현한 것을 언어 네트워크(language network)라 한다.

그동안 언어 네트워크 분석방법은 문헌정보학에서 계량정보 분석방법의 한 영역인 동시단어 분석, 언어학이나 심리학에서 언어의 의미적 특성을 분석하는 방법, 인터뷰 내용의 질적 자료를 분석하는 연구방법, 텍스트 마이닝에서 네트워크 시각화 등에서 사용하여 왔다. 서로 다른 목적과 관점에서 사용하고 있지만, 언어 네트워크 분석을 수행하는 구체적인 절차는 매우 유사한 형태를 나타내고 있다. 그러나 사용하는 용어에 있어서는 서로 간에 차이를 나타내기도 한다. 즉 언어 네트워크를 의미(semantic) 네트워크, 개념(concept) 네트워크, 단어(word) 네트워크, 키워드(keyword) 네트워크, 네트워크 텍스트(network text) 등으로도 표현하고 있지만(정지원·박치성, 2013), 이 네트워크들을 분석하는 과정에서 유사성이 아주 많다.

국내에서는 언어 네트워크라는 용어를 가장 많이 사용하고 있지만, 내용적으로는 의미 네트워크가 더 잘 어울린다고 할 수 있다. 대체로 영어로는 'semantic network'라 표기하며, 한글로는 '언어 네트워크'라 부르고 있다. 굳이 구분한다면, 언어 네트워크는 분석대상인 언어 텍스트를 강조하는 표현이고, 의미 네트워크는 언어 텍스트에 내재된 의미론적 특성의 분석을 강조하는 표현이라 할 수 있다. 아무튼 둘 다 언어 텍스트를 구성하는 키워드들이 만들어내는 의미적 관계를 분석하는 데 사용된다.

최근 들어 다양한 주제 영역에서 언어 네트워크 분석방법을 적용한 학술논문들이 많이 등장하고 있다. 절차적 유사성에도 불구하고, 주제 영역들마다 조금씩 차이가 나는 개념들과 기법들을 사용하고 있다. 따라서 언어 네트워크 분석 관련 학술논문들을 수집하고, 하나의 방법론적인 체계로서 그 방법론적인 특징의 내용을 세밀하게 분석하여, 그것의 유사점과 차이점을 확인하고, 그것들을 포괄하는 언어 네트워크 분석의 새로운 절차를 정리할 필요가 있다. 이 작업은 특정한 학문 영역에서 사용하는 개별적인 분석방법이 아니라, 언어 텍스트의 내용을 분석하고자 하는 모든 주제 영역을 포괄하는, 보다 다학문적 관점의 연구방법으로서 언어 네트워크 분석방법론의 역할을 정립하는 데 기초가 될 수 있기 때문이다.

2 언어 텍스트의 분석방법

우리 주변에는 다양한 유형의 언어 텍스트가 존재한다. 그동안 각종 연구 논문이나 언론기사 등에서 분석의 주요한 대상이 되어 왔던 언어 텍스트는 크게 심층면담, 회의나 토론 현장에서 녹취한 정성적 텍스트자료(면담자료, 토론자론 등)이거나 이미 형식적인 체계를 갖추어 발표된 문헌적 텍스트자료(언론기사, 연구문헌, 기록자료 등)로 구분된다. 이러한 텍스트를 다루는 여러 영역에서 텍스트를 문헌 또는 문서(documents)라 부르는 경우가 많다. 어떠한 유형의 텍스트이든지 이를 분석하기 위해 사용할 수 있는 주요 방법은 크게 정성분석방법, 내용분석방법, 언어분석방법, 언어 네트워크 분석방법으로 구분할 수 있다.

1) 전통적인 정성분석

전통적인 정성분석은 대부분 응답자의 인터뷰 또는 집단토론에서 얻어진 것, 관찰결과, 역사기록이나 문서 등을 분석자가 스크립트화된 텍스트로 변환하고, 그것의 내용 중에서 특정한 범주에 해당되는 내용들만을 취합하여 해석하는 방식으로 진행한다. 연구방법의 관점에서 보면, 전통적인 질적 연구(또는 질적 분석)방법에 해당된다.

정성자료의 단순한 기술이 아니라 해석에 집중하기 때문에, 이 방법은 분석자의 주관이나 가치관에 좌우될 수 있고, 동일한 텍스트를 사용하더라도 분석자마다 다른 결과를 나타낼 수 있으므로. 신뢰성과 객관성이 부족하다는 비판을 받는 경우가 많다. 그래도 특정한 사람(또는 복수)의 일생을 기술한 텍스트에서 그 사람의 인생에 걸쳐 있는 여러 가지 맥락과 상황을 파악하는 생애사연구, 어떤 특정한 집단이 형성하는 문화를 참여와 관찰이라는 행위로 파악하여 기술한 것을 분석하는 문화기술적 연구 등에서 그 영향을 어느 정도 인정받고 있다.

2) 자동화된 정성분석

자동화된 정성분석은 전통적인 정성분석을 S/W 도구를 사용하여 수행하는 방법이다. 대표적인 S/W 도구는 NVivo이다. NVivo는 정성분석의 이론적 기반이 되는 근거이론을 바탕으로 개발된 프로그램으로, 화자의 관점에 의거하여 자료의 범주화 및 조직화를 컴퓨터 S/W의 도움으로 처리할 수 있다. 근거이론을 바탕으로 한다는 의미는 연구자의 관점이 아닌 원자료에 의해 실제현상을 설명할 수 있도록, 원자료로부터 상위범주로 가는 개방코딩(open-coding)을 사용한다는 뜻이다. 전통적인 정성분석방법과 비교해보면, 수집된 자료를 대상으로 S/W를 이용하여 범주를 코딩하고 단계적으로 조직하여 분석함으로써 연구자의 주관적 판단을 가능한 줄여서 연구의 타당성과 신뢰성을 높일 수 있다는 장점이 있다.

NVivo를 활용한 정성분석의 연구의 한 사례[1] 내용을 살펴보면 다음과 같다. 언어 텍스트의 집합은 최근 10년간(2001~2010년) 결혼이주여성과 관련한 신문사설 133건이며, 신문사설 텍스트에서 단어, 구, 문장 단위로 개념을 추출하여 코딩을 하고 있다. 코딩 완료 후 공통적인 속성을 가지는 노드를 묶는 작업을 통해 전체 763개의 노드를 형성하였다. 다시 이들 각 노드를 의미에 따라 범주화한 결과, [표 3-1]과 같이 2개의 상위범주, 9개의 중범주, 13개의 하위범주를 생성하였다. 이러한 결과를 토대로 신문사설에 나타난 결혼이주여성에 대한 인식을 분석하게 된다.

1) 이연옥 · 박병현 · 장덕현(2012), "결혼이주여성에 대한 미디어의 인식에 관한 연구," 여성학연구, 22(2), pp.33-69.

표 3-1 결혼이주여성에 대한 신문사설 보도와 범주 구분

상위범주	중범주	하위범주
문제와 쟁점 (534)	결혼이주여성의 애환(127)	가정 내 폭력 및 인권침해(74)
		사회문화적 부적응(30)
		경제적 빈곤(13)
		신분상의 문제(10)
	사회적 편견(110)	사회적 편견(110)
	결혼중개업체 불법적 행태(179)	불법중개 및 인권침해(100)
		국가이미지 손상(79)
	국제결혼가정 자녀문제(43)	국제결혼가정 자녀문제(43)
	정부 대응부재와 정책의 허점(75)	정부 대응부재와 정책의 허점(75)
처방과 해결책 (229)	사회적 인식전환(57)	사회적 인식전환(57)
	법적·제도적 개선(71)	법적·제도적 개선(71)
	정부의 지원 강화(97)	정부의 지원 강화(97)
	기타(4)	기타(4)

3) 내용분석

내용분석(content analysis)은 정성분석(질적 분석)의 오류에 대한 대안적인 분석방법이며, 메시지의 내용을 일정한 분류범주에 따라 코딩한 다음, 그 결과를 계량적으로 분석하는 기법이다. 커뮤니케이션 미디어의 메시지들에 나타난 의미 혹은 아이디어를 조사하는 연구방법으로 가장 많이 활용되고 있다. 분석대상의 언어 텍스트 집합에서 각 메시지의 주요 특성을 파악하여 전체의 관점에서 정리하는 메타분석(meta analysis)의 일종이다.

언어 텍스트 집합과 같은 정성 데이터의 계량분석(양적 분석)에 해당되며, 계량화를 위한 메타지표(건수, 주제, 크기, 연도 등의 항목)를 설정하여, 언어 텍스트 집합에서 메타데이터를 계량적으로 측정하고, 측정된 계량 데이터는 빈도분석, 상관분석 등과 같은 적절한 수준의 통계분석을 거쳐 해석하는 방식으로 진행한다. 코더(coder)의 수준에 따라 코딩의 결과가 다를 수 있는 주관성의 문제, 대용량의 데이터인 경우 시간과 비용이 소요될 수 있는 노동집약적 비효율의 문제가 단점이라 할 수 있다.

아무튼 전통적인 내용분석방법은 분석대상의 언어 텍스트 집합에서 각 메시지의 주요 특성을 파악하여, 전체의 관점에서 언어 텍스트 집합의 내용을 요약하고 정리하는 메타분석이다. 그래서 전체 메시지(언어 텍스트 집합)에 나타난 추세, 경향, 핵심논제 등을 파악하는 데 유용하다. 그리고 특정 메시지의 의미분석이나 시간적 추이분석, 매체 간 메시지의 차이분석 등도 가능하다.

전통적인 내용분석과정을 정리하면 다음과 같다 : ① 분석목적과 연구문제의 설정, 분석대상 메시지 선택, ② 글(문헌, 기사), 단락, 문장, 단어, 주장 등 분석단위 선정, ③ 건수, 날짜, 크기, 위치, 표현 등 분석지표(분석항목) 선정, ④ 분석지표의 측정방법의 결정과 분석지표의 측정, ⑤ 분석단위를 분석지표에 따라 측정한 점수를 부여하는 코딩작업 수행, ⑥ 코딩결과를 토대로 통계분석, ⑦ 분석결과의 해석.

최근의 내용분석은 언어 텍스트 집합에서 분석지표를 측정하고, 그것을 분석하는 과정 대부분을 자동으로 수행하는 방향으로 변화하고 있다. 이것은 텍스트 마이닝(text mining)을 의미한다. 빅데이터의 언어 텍스트 집합을 대상으로 텍스트 마이닝기법을 사용하여, 의미적 관점의 내용(주제, 감정, 의견 등)을 분석하는 것을 말한다.

4) 언어분석

우리 주변에는 다양한 유형의 언어 텍스트가 존재한다. 그동안 각종 연구논문이나 언론기사 등에서 분석의 주요한 대상이 되어왔던 언어 텍스트는 크게 심층면담, 회의나 토론 현장에서 녹취한 정성적 텍스트자료(면담자료, 토론자론 등)이거나 이미 형식적인 체계를 갖추어 발표된 문헌적 텍스트자료(언론기사, 연구문헌, 기록자료 등)로 구분된다. 그리고 언어 텍스트는 소설, 시, 수필 등과 같은 문학작품(픽션)과 논문, 보고서, 신문기사, 소셜미디어 게시글 등과 같은 비문학작품(논픽션)으로 구분할 수 있다. 어떠한 유형의 텍스트이든지 이를 분석하는 데는 다양한 방법을 사용할 수 있다. 이러한 언어 텍스트를 분석하는 것을 언어분석방법이라 한다.

언어분석(linguistic analysis)은 텍스트로 된 메시지에서 특정한 의미를 가지는 단어들을 추출하여 그들이 출현하는 특성을 분석하는 방법을 통칭하여 표현하는 용어이다. 언어분석은 자연어 형태의 언어 텍스트 뭉치(코퍼스)를 대상으로 하며, 그것의 복잡한 언어 상태를 인식하기 위한 방법이다(국어국문학자료사전, 1998 참조). 언어분석에는 분석목적에 따라 다양한 세부 유형으로 구분된다. 언어 사용의 구조나 형태를 통계적 변인들로 분석하는 경우 계량언어학 분석,[2] 텍스트를 구성하는 핵심적인 키워드들 간의 관계를 대상으로 하는 키워드 네트워크 분석,[3] 주제나 쟁점을 분석하는 경우 주제분석 또는 쟁점분석,[4] 텍스트에 나타난 심리적 특성을 파악하고자 하는 경우 언어심리분석,[5] 감성(감정, 의견 등)단어들을 분석하는 경우 감성분석[6] 등으로 특성화가 된다.

언어학에서는 주로 문학작품 텍스트를 대상으로 다양한 분석작업을 수행하고 있다. 이 중에서 통계적 방법에 의존하여 언어를 연구하는 영역을 계량언어

2) 안의정(2015), "계량적 접근에 의한 1930~40년대 대중가요 어휘연구," 어문논총, 63, pp.41-62.

3) 김동래 · 권기석 · 정석봉(2015), "키워드 네트워크 분석을 통한 경영학연구의 지식구조 분석," 의사결정학연구, 23(1), pp.111-125.

4) 이재연(2016), 키워드와 네트워크: 토픽모델링으로 본 『개벽』의 주제지도 분석, 상허학보, 46, pp.277-334.

5) 박종민 · 이창환(2011), "한국어분석 프로그램(KLIWC)을 이용한 남북한 방송극의 언어문화 구조 차이분석," 방송과 커뮤니케이션, 12(3), pp.5-30.

6) 이상훈 · 최정 · 김종우(2016), "영역별 맞춤형 감성사전 구축을 통한 영화리뷰 감성분석," 지능정보연구, 22(2), pp.97-113.

학(quantitative linguistics)이라고 한다. 이는 텍스트에서 어휘(단어)의 출현 빈도를 기본으로 하고, 품사별 단어의 사용빈도 등을 바탕으로 텍스트를 구성하는 단어들의 내적 구조를 파악하여, 텍스트의 특성을 해석하는 영역이며, 통계언어학이라고도 한다.

이러한 계량언어학은 주로 언어 코퍼스 분석을 통해 접근한다. 코퍼스(corpus)는 대량의 텍스트를 모은 언어자료, 즉 언어 텍스트 집합(말뭉치)이다. 컴퓨터 S/W를 통해 분석하기 위해 구축되므로, 코퍼스는 대체로 컴퓨터로 처리할 수 있는 전자화된 텍스트의 집합을 의미한다. 코퍼스 분석은 코퍼스를 구성하는 단어들의 행태나 의미 등과 같은 언어현상을 통계적으로 분석하는 것을 말한다. 언어현상에 대한 계량적인 수치를 제공할 뿐만 아니라 관찰된 자료에 근거하여 언어현상들에 대한 추론이나 판단을 내리는 데에도 사용된다.[7] 이러한 코퍼스를 연구하는 영역을 코퍼스 언어학(corpus linguistics)이라 한다.

코퍼스 언어학은 직관적인 판단이 어려운 텍스트의 의미를 파악하고 구조적인 특징을 밝히는 데 유용하다.[8] 한편, 코퍼스 언어학은 코퍼스를 대상으로 계량적·비계량적 분석을 모두 포함하는 방법이므로 계량정보학보다 분석범위가 더 넓다.

한국의 언론(신문, TV)에서 자살 보도 텍스트에 대한 코퍼스 언어학적 분석을 수행한 연구[9]에서는 세 가지 분석방법, 즉 빈도(frequency)분석, 핵심어(key word) 분석, 연어(collocation)분석을 통해 한국 언론의 자살 보도 실태를 규명하고 있다. 2006년 1월 1일부터 12월 31일까지 1년을 분석기간으로 설정해서 '자살', '죽음', '사망' 등의 검색어를 입력한 다음 이 단어가 포

7) 신효필(2005), "언어자료의 통계분석과 관련된 몇 가지 고려사항들," 어학연구, 41(3), pp.655–682.
8) 하명정(2013), "코퍼스에 기반한 문학텍스트 분석," 한국콘텐츠학회논문지, 13(9), pp.440–447.
9) 김병철(2007), "한국 언론의 자살 보도에 관한 코퍼스 언어학적 분석: 신문과 텔레비전 방송을 중심으로," 스피치와 커뮤니케이션, 8, pp.252–275.

함된 기사 중 자살과 직접적으로 관련이 있는 기사들을 추출해 데이터를 수집한 뒤 원시 코퍼스를 구축하고, 신문기사 코퍼스와 방송기사 코퍼스를 각기 따로 구축하였다. 그리고 1차적으로 국내 언론의 월별 자살 보도량 등 기술적 통계분석을 한 뒤 2차적으로 이들 코퍼스를 제목과 본문으로 나누어 각각 어휘 빈도분석, 핵심어 분석, 연어분석 등 세 가지 코퍼스 언어학적 분석방법을 통해 자살이라는 어휘가 자살 관련 기사의 제목과 본문에서 얼마나 자주 사용되고 있는지, 그리고 자살 관련 기사에 자주 등장하는 핵심어 및 이들 핵심어의 출현빈도는 어떠한지, 핵심어의 앞뒤에 자주 따라붙는 연어는 어떠한 것들이 있는지 등에 대해 분석을 실시했다.

전은진의 연구사례[10]에서 사용한 계량언어학 분석은 분석대상 작품을 컴퓨터 파일로 텍스트화하고, 이를 대상으로 형태소 분석으로 단어들을 추출하며, 단어들의 품사를 분류하는 과정으로 나누어져 있다. 이 중에서 단어의 품사분류는 [표 3-2]와 같은 분류 프레임을 사용하고 있다. 두 시인의 문학작품을 대상으로 형태소 분석결과의 단어들에 품사를 태깅하고, 각 품사의 사용빈도(출현빈도), 사용비율을 계산하여 비교하고 있다.

그리고 작품 텍스트 내에서 하나의 단어가 주변의 단어들과 공기관계를 파악하여, 단어(어휘) 네트워크를 구성하고 있다. 공기의 관계는 문맥을 기준으로 파악하였는데, 시(詩)작품이기에 문맥은 시행을 선택하였다. 시행은 시인의 의식을 가장 잘 드러내주는 언어 단위라고 할 수 있기에, 시행을 중심으로 공기어를 추출한 것이다. 두 시인의 작품에 나타난 단어의 사용 양상을 품사를 기준으로 분석하고, 주요 단어를 선택하여 공기관계의 단어들과 단어 네트워크를 구성하고 분석하고 있다.

10) 전은진(2015), "김수영 시와 신동문 시의 어휘 사용 양상과 네트워크 연구," 우리말연구, 41, pp.95-123.

표 3-2 한글 텍스트의 품사분류 프레임

대분류	소분류	세분류
체언	명사	일반명사, 고유명사, 의존명사
	대명사	
	수사	
용언	동사	
	형용사	
	보조용언	
수식언	관형사	
	부사	일반부사, 접속부사
독립언	감탄사	
관계언	격조사	주격조사, 보격조사, 관형격조사, 목적격조사, 부사격조사, 호격조사, 인용격조사
	보조사	
	접속조사	

정리하면, 언어 텍스트의 계량언어학 분석은 형태소 분석을 통해 구분한 단어들의 사용형태 분석과 단어 네트워크 분석으로 나눌 수 있다. 전자는 가장 기초적인 분석의 유형이며, 언어 텍스트의 의미적 개체(형태소 또는 단어)에 대한 빈도 중심의 계량적 분석이다. 그리고 후자는 의미적 개체에 대한 네트워크 중심의 계량적 분석이며, 언어 네트워크 분석의 영역에 해당된다.

언어분석은 주로 자동화된 도구를 사용하므로 내용분석방법의 주관성문제와 노동집약적 비효율문제를 어느 정도 극복할 수 있다. 대체로 사람들이 쓴 글을 분석하여 임상, 사회, 성격, 건강, 심리와 관련된 개인차 변인, 다른 인지과정과의 관계 등을 연구한다. 개인이 작성한 언어 텍스트에서 개인의 언어학적·심리학적 특성을 분석하는 경우 언어에 나타난 심리분석이 된다.

한편, 언어 텍스트에 나타난 감성적 특성을 분석하는 감성분석도 언어분석의 한 사례이다. 감성분석(sentiment analysis)은 어떤 대상을 설명하는 텍스트 집합에서 개인의 주관적인 감성을 나타내는 의미(감정, 의견 등)에 해당되는 단어(감성단어)들을 추출하여 그 특성을 파악하는 방법이다.

기존의 언어분석(심리분석, 감성분석)은 단어구성 비율에 근거하는 통계적 분석을 위주로 하고 있다. 텍스트 내에서 언어학적 구조와 심리적·감성적 키워드를 유형별로 분류하고, 빈도수를 계산하는 것이다. 사전에 정의된 범주(변인)에 해당하는 단어의 출현 비율만 제시하며, 그 외 단어의 특성들에 대한 분석은 불가능하다. 그리고 형태소 단위의 개별 단어에 대한 출현 비율만을 제시하므로 이 단어들이 궁극적으로 어떠한 내용을 구성하고 있는지는 알 수 없는 것이 단점이 된다.

5) 언어 네트워크 분석

언어 네트워크 분석은 기존 언어 텍스트의 분석방법들을 통합하면서, 개념들 간의 의미적 관계에 나타나는 새로운 특성을 파악하는 방법이 추가된, 보다 복합적인 방법으로서 자리매김할 수 있다. 그래서 이 방법은 미시적 관점뿐만 아니라 거시적 관점에서 텍스트에 내재된 다양한 의미를 계량적으로 파악하고 분석하는 방법이 된다.

언어 네트워크 분석을 제외한 모든 분석방법은 주로 빈도 중심의 분석을 중요시한다. 분석대상 텍스트 집합의 규모가 아주 큰 경우 빅데이터 분석이 된다. 즉 방대한 규모의 텍스트 집합에서 의미를 가지는 개체들을 자동으로 추출하여 그들의 빈도를 통해 텍스트에 내재된 의미적 맥락을 파악하는 것이다. 빅데이터 분석에서 이러한 작업을 텍스트 마이닝(text mining)이라 한다. 지금까지 논의된 방법들을 정리하면 다음과 같다. 이 부분은 이후 언어 네트워크 분석에서 다시 설명할 것이다.

그림 3-1 | 언어 텍스트 분석방법의 갈래

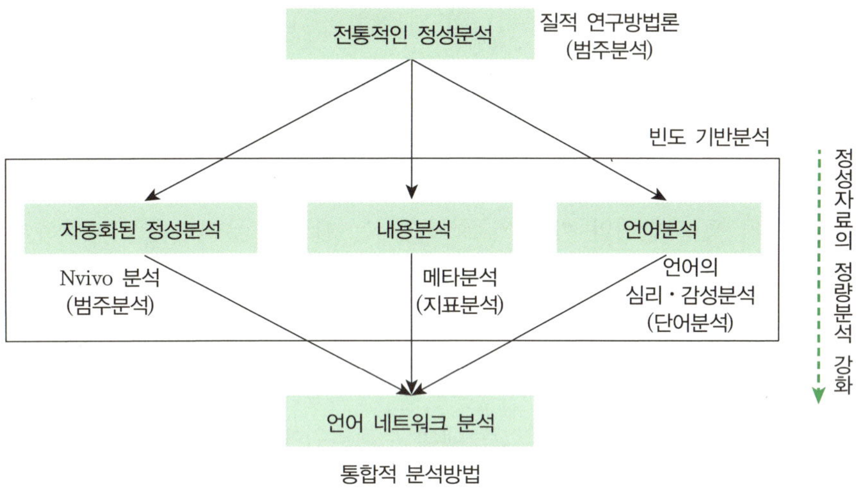

3 언어 네트워크 분석의 이해[11)]

언어 네트워크 분석은 언어로 된 메시지(텍스트)에서 의미(개념)를 가지는 단어들을 추출하고, 그 중에서도 텍스트의 의미를 보다 잘 나타내는 단어인 키워드들을 선정하며, 그들 간에 구성되는 의미적 연결관계를 토대로 키워드 네트워크를 구성하여, 네트워크의 분석지표들을 활용하여 언어 메시지의 다양한 의미적 특성을 분석하는 작업을 말한다. 먼저, 언어 네트워크 분석을 정의한 다양한 견해를 정리하면 다음과 같다.

첫째, 텍스트의 의미적 연관관계를 강조하는 견해이다. 텍스트로 표현된 메시지의 내용에 나타난 주요한 개념 사이의 의미론적 연관(semantic association)

11) 이 절의 내용은 필자가 발표한 다음 논문에서 재구성한 것이다. 이수상(2014), "언어 네트워크 분석방법을 활용한 학술논문의 내용분석," 정보관리학회지, 31(4), pp.49-68.

관계를 파악하여 텍스트에 내재된 다양한 특징을 파악한다는 입장이다. 구체적으로 설명하면, 문장과 같은 하나의 경계(범위) 내에서 함께 사용된 단어(키워드)의 빈도를 파악하고, 각 단어에 대한 적절한 분석지표가 계산되고, 이를 통해 전체 네트워크에서 특정한 단어가 가지는 의미를 알아보는 것이다. 단어가 사용된 빈도만을 고려하여 의미를 찾고자 했던 전통적인 내용분석과는 달리 특정 단어와 함께 자주 사용되는 단어가 무엇인지를 파악하여 단어 사이의 구조적 관계를 파악할 수 있는 차이가 있다는 견해이다.[12)]

둘째, 내용분석방법이 보다 강조되는 견해이다. 기존의 내용분석방법의 빈도분석뿐만 아니라 보다 다양한 관계분석지표들을 사용하여 내용분석의 수준을 높인다는 의미이다. 즉 텍스트 내의 주제범위에 따라 개념 간의 관계를 확인하기 위해 자주 함께 출현하는 단어의 쌍을 살펴보는 내용분석기술이며, 의미있는 단어들의 출현을 파악하여 텍스트 주제 파악을 용이하게 하고, 개념의 유사성이나 근접성을 바탕으로 자주 함께 출현하는 단어들을 군집화하거나 네트워크로 연결하는 방법인 것이다.[13)]

셋째, 네트워크 분석방법을 강조하는 견해이다. 언어 텍스트의 의미분석에 사회 네트워크 분석방법을 활용한다는 점을 강조한다. 언어 네트워크 분석은 텍스트 내의 단어들 간의 관계를 부호화하고(encoding) 연계된 단어들 간의 네트워크를 구성하는 기법이다.[14)] 단어 사이의 연결양식을 분석하여 가시화함으로써 추상적인 의미구조를 구체화하는 데 용이하다. 또한 단어들 사이의 관계를 시각적인 네트워크로 묘사하여 중심적 단어와 주변 단어들 사이의 관계가 어떠하며, 어느 정도의 강도로 연결되어 있는지 한눈에 알아볼 수 있는

---

12) 정덕호 등(2013), "언어 네트워크 분석을 이용한 교육과정 목표와 교과서 학습 목표와의 일치성 분석—2009 개정 교육과정의 지구과학 Ⅰ을 중심으로—," *Jour. Korean Earth Science Society*, 34(7), pp.711-726.

13) 김혜영·이도길·강범모(2011), "사건명사의 공기어 네트워크 구성과 분석," 언어와 언어학, 50, pp.81-106.

14) 김유호(2012), "의료민영화 논의에 따른 이슈용어의 연결 중심성 분석," 한국콘텐츠학회논문지, 12(8), pp.207-214. http://dx.doi.org/10.5392/JACA.2012.12.08.207

장점을 가지고 있다.15) 기존의 사회 네트워크 분석방법을 활용하여 언어 텍스트의 의미를 네트워크로 모델링하여 분석하고자 하는 견해이다.

마지막으로 언어의 인지적 구조분석과 관련된 견해이다. 언어 네트워크 분석은 인간이 사용한 언어에 대한 인지시스템의 구조와 작동원리를 파악하여 모델화하는 것이라는 주장이다.16) 그리고 인간의 언어에 나타난 단어들 간의 네트워크 구조를 분석함으로써 인간들 간의 인지구조(cognitive structure)의 차이를 확인할 수 있다는 것이다.17)

종합하면, 언어 네트워크 분석(또는 의미 네트워크 분석)은 언어로 된 텍스트로부터 의미를 나타낼만한 개념을 단어(키워드)의 형태로 추출하고, 그들 간의 동시출현과 같은 연관관계를 파악하여, 이를 토대로 네트워크를 구성한 다음, 텍스트의 의미적 내용을 분석하는 네트워크 기반의 내용분석방법이다. 기존의 내용분석에 의미적 특성의 분석이 추가되고, 네트워크 분석이 결합된 것이다.

어떤 언어 텍스트가 나타내는 의미(개념)는 그 텍스트에 등장하는 단어들로 설명이 되고, 한 텍스트에 등장하는 주요한 단어(키워드)들은 그 텍스트의 전체적인 의미를 설명하기 위해 함께 등장하며, 이러한 의미적인 결합관계(함께 등장하는 관계)를 네트워크로 모델링하면 다양한 특성들이 분석된다. 따라서 언어 네트워크는 언어 텍스트를 의미지도(semantic map)로 재구성한 것이 된다. 여기서 의미 또는 개념을 나타내는 단어는 텍스트에서 추출한 여러 단어들 중에서 선정하는 것이기에 키워드(keyword) 또는 핵심어라고 한다. 함께 등장한다는 동시출현(co-occurrence)은 두 키워드가 어떤 기준의 범위(문

15) 이혜준 · 이동일 · 이주현(2010), "의미 네트워크 분석을 통한 프랜차이즈 교육 프로그램 개발," 경영교육연구, 14(2), pp.105-128.

16) 정석환(2013), "국정최고의사결정자의 정책신념에 관한 연구(Ⅲ) : 제16대 노무현 대통령의 부동산정책을 중심으로," 한국콘텐츠학회논문지, 13(6), pp.202-211.http://dx.doi.org/10.5392/JKCA.2013.13.06.202

17) 심준섭(2012), "제주 해군기지 건설을 둘러싼 지역주민과 공무원의 갈등 프레임 비교분석," 행정논총, 50(4), pp.221-249.

장, 문단, 소절, 문자열, 문헌 전체 등) 내에서 함께 등장하는 것을 의미한다.

이 두 가지 개념은 언어 네트워크 분석에서 매우 중요하다. 즉 언어 텍스트에서 의미를 나타내는 키워드들을 어떻게 선정할 것인가? 하는 문제(키워드 선정)와 두 단어가 동시출현하는 관계는 어떤 기준으로 파악할 것인가? 하는 문제(동시출현관계 파악)에 대한 적절한 기법을 적용하여야 한다는 것이다. 전자는 언어 네트워크에서 노드를 선정하는 문제이며, 후자는 링크를 선정하는 문제이기 때문이다.

부연하면, 분석대상의 언어 텍스트 집합에서 키워드들을 선정하고, 선정된 키워드들의 동시출현관계를 파악하는 것이 중요하다. 그렇게 선정된 키워드(노드)와 키워드들 간의 연결관계(링크)로 구성되는 것이 언어 네트워크이며, 기존의 사회 네트워크 분석(Social Network Analysis : SNA)을 위해 개발된 각종 분석기법들을 활용하여 언어 텍스트에 내재된 구체적인 특성들을 분석하게 된다. 그동안 이러한 언어 네트워크 분석은 의미 네트워크 분석이라는 표현 이외에도 단어 네트워크 분석, 키워드 네트워크 분석, 언어연결망 분석, 의미망 분석, 개념연결망 분석, 네트워크 텍스트 분석, 동시단어 분석 등의 이름으로 사용되어 왔으며, 다양한 영역에서 활용되어 왔다.

언어 네트워크 분석의 주요 활용 영역을 살펴보면 다음과 같다. 첫째, 전문적인 텍스트(논문, 기사 등) 집합에서 주제를 나타내는 키워드 네트워크 분석작업이다. 언어 네트워크 분석 영역에서 가장 많이 사용한 작업에 해당된다. 주로 특정 주제 영역의 연구동향 분석, 지식지도 파악, 유망주제 도출 등을 목적으로 한다. 둘째, 기존 내용분석방법을 심화한 것으로 커뮤니케이션 영역에의 담론분석·담화분석(discourse analysis)을 의미하며, 정성적 자료(인터뷰자료 등)에 나타나는 의미단어들을 추출하여 계량적 분석뿐만 아니라 관계적 분석을 수행한다. 셋째, 언어학 영역에서의 어휘사용 양상을 분석(언어 코퍼스 분석)하는 것으로 주로 공기어(co-occurrence word)관계, 연어(collocation word)관계를 파악한다.

어떤 언어 텍스트가 나타내는 의미(개념)는 그 텍스트에 등장하는 단어들로 설명이 되고, 한 텍스트에 등장하는 주요한 단어(키워드)들은 그 텍스트의 전체적인 의미를 설명하기 위해 함께 등장하며, 이러한 의미적인 결합관계(함께 등장하는 관계)를 통해 언어 텍스트 집합의 다양한 특성들을 분석할 수 있다. 함께 등장한다는 것은 동시출현(co-occurrence)을 의미한다. 이것은 두 키워드가 어떤 기준의 범위(문장, 문단, 소절, 문자열, 문헌 전체 등) 내에서 함께 등장하는 것을 말한다. 두 키워드가 동시출현하는 경우 동시출현관계 또는 공기관계라 하며, 한 키워드의 입장에서 보면, 동시출현하는 다른 키워드들을 공기어라 할 수 있다.

4 언어 네트워크 분석의 유용성

언어 네트워크 분석은 언어 텍스트의 내용에 포함된 단어들을 그대로 분석에 활용하는 정성적 분석이나 내용분석에서 발생하는 코딩 오류를 예방함과 동시에 사전에 정의된 단어들에 대한 빈도분석에 머무르는 언어분석의 한계점도 극복이 가능하다. 또한 메시지를 구성하고 있는 단어와 그들이 연결되는 패턴의 분석을 통해 메시지가 가지고 있는 본연의 내용구조를 도출할 수 있으며, 이 과정에서 연구자의 주관적 오류를 어느 정도 배제할 수 있다는 장점이 있다. 아울러 언어 네트워크 분석은 단어와 단어를 연결하는 관계를 통해 네트워크를 형성하므로 단어 간 관계에 따른 개별 단어들의 상대적 위치를 정량적인 네트워크 지표로 산출할 수 있다. 이러한 단어 네트워크 분석의 유용성을 정리하면 다음과 같다.[18]

첫째, 언어 네트워크 분석의 가장 큰 장점은 텍스트를 해체한 후, 이를 다

18) 박치성・정지원(2013), "텍스트 네트워크 분석: 사회적 인식 네트워크 분석을 통한 정책이해관계자 간 공유된 의미 파악 사례," 정부학연구, 19(2), pp.73-108.

시 조합하여 텍스트가 전달하고자 하는 행간의 의미를 파악함으로써, 그 텍스트가 전달하고자 하지만 명백히 드러나지 않는 주요 의미를 파악하는 데 유용한 방법이다.

둘째, 네트워크 분석을 적용하는 경우 가장 큰 장점은 언어구조를 공간적으로 표시함에 따라, 텍스트에 나타난 주요 개념과 다른 개념들과의 관계를 시각적으로 파악할 수 있다.

셋째, 네트워크 분석을 통하여 여러 종류의 네트워크 중심성(network centrality)이 높게 나타난 개념을 찾아냄으로써, 전체 텍스트가 전달하고자 하는 의도 및 의미를 이해할 수 있다.

넷째, 네트워크 분석을 통하여 단순히 특정 개념이 얼마나 많이 등장하였는지에 그치지 않고, 그 개념이 다른 개념들과의 관계에서 어떤 역할을 하는지, 또는 단어들이 특정 패턴으로 배열되어 있는가에 대한 구조적 분석을 통하여, 특정한 의미의 순환구조, 특정 개념들 간의 공동의미 구성 등을 파악할 수 있다.

다섯째, 질적 방법과 양적 방법을 동시에 적용할 수 있다는 장점이 있다.

5 언어 네트워크 분석의 과정

언어 텍스트 집단을 대상으로 하는 의미분석, 그 중에서 텍스트의 의미를 나타내는 개념인 키워드의 관계를 기반으로 분석하는 것을 언어 네트워크 분석이라 한다. 언어 네트워크 분석은 다양한 분석과정으로 구성되며, 각 과정별로 이해하고 처리해야 하는 개념과 기법들을 포함하고 있다.

언어 텍스트의 다양한 의미들을 나타내는 단어(키워드)는 언어 네트워크의 노드(node)가 되고, 단어(키워드)들 간의 관계는 언어 네트워크의 링크(link)

가 된다. 이렇게 구성된 언어 네트워크는 사회 네트워크 분석에서 개발된 각종 분석기법을 적용하여 분석되고 해석이 된다. 언어 네트워크 분석은 언어 텍스트에서 선정한 키워드들을 이용하여 언어 네트워크를 구성하는 과정과 언어 네트워크의 특성을 분석하고 해석하는 과정으로 크게 구분된다. 이러한 전체적인 분석과정을 도식화하면 [그림 3-2]와 같다.

그림 3-2 | 언어 네트워크 분석과정

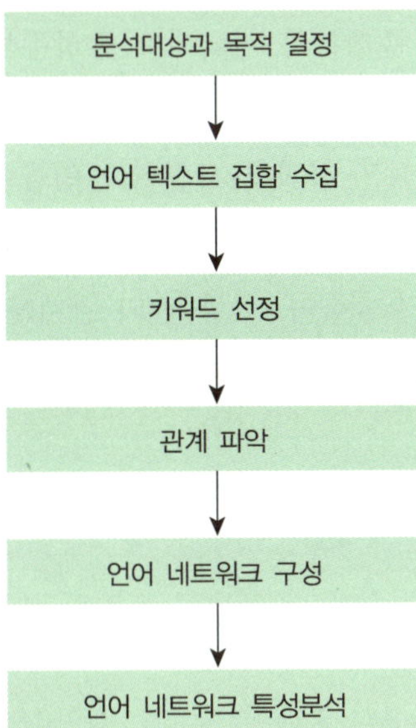

1) 분석대상과 목적 결정

언어 네트워크 분석은 다양한 대상을 하며, 분석의 목적 또한 다양하다. 가장 먼저 살펴볼 수 있는 영역은 특정 주제 분야에서 발표된 학술논문들을 대상으로 하는 연구동향 분석, 유망주제 분석 등이다. 해당 주제 분야에서 중심이 되고 관심이 많은 주제(topic)를 분석하는 작업이다. 이 작업을 편의상 주제분석이라 할 수 있다. 언어 네트워크 분석에서 주제분석은 가장 광범위하게 활용되고 있다. 특정 주제 영역의 학술논문 주제분석, 특정 작가의 작품에 대한 주제분석 등이 해당된다. 한편, 사회적 사건(정책, 재난, 사업 등)을 다루는 문헌(보고서, 신문기사, 소셜미디어 게시글 등)에서는 쟁점(issue, agenda)이 된다. 이 경우는 쟁점분석의 역할을 한다. 사회적 인물(정치인, 기업가 등)도 마찬가지로 특정 쟁점에 대한 분석이 가능하다. 제품(또는 상품)에서는 제품을 구성하는 속성[19]이 중심적인 주제가 된다. 이 경우는 속성분석이 된다.

언어 네트워크 분석은 주제분석 이외에도 감성분석이나 심리분석에도 활용이 가능하다. 감성이나 심리를 나타내는 개념들도 주제라 할 수 있지만, 여기서는 구분한다. 감성분석은 사회적 사건이나 인물이 특정 쟁점에 대한 의견을 네트워크 모델로 분석하는 것을 말한다. 심리분석은 언어 텍스트에 나타난 심리적 키워드들을 추출하여, 그들 간의 관계를 분석하는 경우를 말한다. 감성분석과 심리분석은 별도의 장에서 설명할 것이다.

2) 언어 텍스트 집합 수집

분석의 목적에 따라 다양한 유형의 텍스트들이 수집된다. 이때 텍스트는 단일의 문헌이 아니라, 복수의 방대한 텍스트 집합(text collection)을 말한다. 물론 그 집합이 아주 방대할 경우 빅데이터(big data)라 한다. 동일한(유사한) 유형의 텍스트 집합이거나, 다양한 유형이 포함되는 복합 유형의 텍스트 집합이 수집될 수 있다.

분석의 목적에 따라 수집되는 언어 텍스트의 주요한 유형을 구분하면 다음

19) 자동차의 속성은 내재적 속성으로 색깔, 크기, 스타일, 연료효율, 그 외 여러 가지 기능들이 있으며, 외재적 속성으로 브랜드명, 원산지명, 품질보증기간, 제품이 팔리는 소매점명, 광고수준, 광고모델, 가격수준 등이 있다. 다음 논문을 참조하라. 김동균·고인곤(2010), "브랜드 이미지 및 제품속성이 구매의도에 미치는 영향에 관한 연구: 대형승용차를 중심으로," 기업경영연구, 17(4), pp.215-231.

과 같다. 첫째, 문헌에 나타나는 내용적 특성을 분석하는 경우 주로 문헌 텍스트(학술논문, 특허, 보고서, 문학작품 등)를 대상으로 한다. 둘째, 사회적 특성을 분석하는 경우 주로 사회적 메시지의 텍스트(언론기사, 소셜미디어 텍스트 등)를 대상으로 한다. 셋째, 언어적 특성을 분석하는 경우 주로 코퍼스 형태의 텍스트(한글 코퍼스, 영어 코퍼스 등)를 대상으로 한다. 넷째, 심리적 특성을 분석하는 경우 주로 개인의 심리적 특성분석이 가능한 다양한 유형의 텍스트(연설문, 구술자료, 일기 등)를 대상으로 한다.

수집된 언어 텍스트는 다음 단계로 넘어가기 전에 텍스트 자체의 가공과정이 필요할 수 있다. 텍스트가 깔끔한 문자 텍스트이면 문제없지만, 수집과정에서 특수한 기호나 태그가 포함되어 있으면 그것을 제거하여야 한다. 그리고 텍스트 내에의 일부분이 분석대상이 될 경우 그 부분만 따로 발췌해내어야 한다. 분석의 개체 단위가 되는 것으로, 예를 들어 학술논문에서 초록만 분석할 경우 초록 텍스트만 발췌하는 것을 말한다. 텍스트 가공은 수집된 언어 텍스트에 따라, 분석하고자 하는 용도에 따라, 다음 단계(키워드 선정)를 편리하게 수행하도록 하는 것이기에, 다양한 작업이 요구될 것이다.

3) 키워드 선정

(1) 키워드의 정의

언어 텍스트에서 키워드(keyword)란 무엇일까? 기본적으로 언어 텍스트는 문헌(document 또는 문서)을 단위로 구분된다. 문헌의 내용은 복수의 단락으로 구성되며, 단락은 문장으로, 문장은 단어로 구성된다. 따라서 문헌은 단어들의 집합이다. 문헌을 구성하는 단어들은 일정한 기준에 의해 의미어와 비의미어로 구분이 된다. 여기서 주목하는 것은 의미어이다. 그리고 일정한 기준이란 문헌에서 가지는 중요한 의미를 말하며, 대체적으로 문헌에서 중요하다고 하는 무엇(aboutness)으로 판단한다. 비의미어는 의미를 가지지 않는 단어들을 말한다. 우리가 관심을 가지는 것은 분석하고자 하는 목적에 부합하는 의미어이며, 이것을 키워드라 한다.

가장 많이 사용하는 의미는 '주제(topic)'이다. 주제의 관점에서 보면, 하나의 문헌에는 다양한 주제를 포함할 수 있기에, 복수의 주제어를 가진다. 문헌은 주제를 나타내는 주제어의 집합으로 구성되며, 주제는 다시금 다양한 단어들로 표현이 된다. 음식과 운동이라는 두 가지 주제를 다루는 문헌이 있다고 할 경우, 음식의 주제는 식사, 과일, 음료, 영양소 등의 단어들로 구성되며, 운동은 달리기, 축구, 체력 등의 단어들로 구성될 수 있다는 것이다. 이처럼 문헌을 구성하는 단어들이 주제어가 된다. 또 다른 의미는 핵심이라는 개념이다. 문헌을 구성하는 단어들 중에서 문헌의 내용을 가장 대표적으로 나타내는 주요 단어(핵심단어)들을 말하며, 이것을 핵심어(또는 대표어)라 한다.

주제어든 핵심어든 키워드는 대체로 문헌을 구성하는 많은 단어들 중에서 일부의 단어들로 선택된다. 그리고 문헌에 나타난 단어 그대로 선택하거나 다른 대응되는 단어들을 선택할 수 있다. 전자의 단어들은 비통제어(uncontrolled word)라 하며, 후자의 단어들은 통제어(controlled word)라 한다. 비통제어란 단어들의 형태를 변형하지 않고 있는 그대로의 형태를 사용한다는 것이며, 통제어는 의미는 같지만 통제된 형태의 단어를 사용한다는 것이다. 예를 들어, '사회 네트워크', '소셜 네트워크', '사회망', '소셜망' 등은 같은 의미의 단어들이다. 문헌들에서 이들의 단어들이 주제어 또는 핵심어로 선정될 경우, 키워드는 모든 형태의 단어들이 선택되거나 통제된 단어(예 사회 네트워크)로만 선택될 수 있다. 전자는 단어들을 통제하지 않았기에 비통제어, 후자는 '사회 네트워크'라는 단어로 통제하였기에 통제어라 한다. 단어들을 통제하는 방법은 여러 가지가 있지만, 추후 관련된 영역에서 다시 다루기로 한다.

아무튼 '문헌-주제-단어'로 3원화하는 관점은 문헌은 단어들로 구성된다는 것을 의미한다. 중요한 것은 문헌에 출현하는 단어들만으로 키워드가 될 수 없으며, 문헌의 의미를 잘 나타내는 단어들에서 키워드가 선정된다는 점이다. 그러므로 문헌을 구성하는 단어들을 추출하고, 이 중에서 무엇을 어떻게 키워드로 선정할 것인가 하는 방법을 강구해야만 한다.

지금까지의 키워드는 일반적인 단어들을 대상으로 한 것이다. 대부분의 키워드는 일반단어들을 대상으로 하지만, 텍스트 분석의 목적에 따라 특정한 개체를 나타내는 단어들에 한정한 키워드를 선정할 수 있다. 특정한 개체의 키워드는 학술논문인 경우 인명(저자, 기관·단체명 등), 이론·개념 등을 말하며, 문학작품인 경우 인물, 사건, 공간·배경·시간, 감성단어 등을 말한다.

(2) 단어의 추출

언어 텍스트의 문헌에서 단어들을 추출하는 작업(단어의 추출)이 필요하다. 단어들은 이후 선정될 키워드들의 후보이기에 신중하게 추출하여야 한다. 문헌에서 단어는 수동 또는 자동으로 추출할 수 있다. 사람이 직접 추출하는 경우 방대한 문헌 텍스트에서는 작업이 불가능하다. 대체로 단어는 자동으로 추출하는데, 문헌의 전체를 대상으로 추출할 수 있고, 일정 부분에서 추출할 수 있다. 예를 들어, 문헌의 경우 표제, 초록 또는 본문에서 추출할 수 있다. 그리고 단어의 추출은 분석목적에 따라 명사형(명사, 명사구) 단어, 동사·형용사형 단어들이 추출된다.

먼저, 단어는 언어의 유형에 따라 추출하는 방식이 다르다. 영어 텍스트에서 단어를 추출하는 방식과 한글 텍스트에서 단어를 추출하는 방식이 다르다는 것이다. 언어 텍스트에서 단어를 추출하는 영역을 자연어 처리(Natural Language Processing : NLP)라 하며, 현재 각 언어별 단어추출방식에 대한 다양한 연구와 도구개발이 수행되어 왔다.

만일 한글 텍스트에서 단어를 자동으로 추출할 경우, 한글이라는 특수성을 고려해야 한다. 한글 텍스트는 영어 텍스트와 달리, 띄어쓰기에 일관성이 없고, 복합어를 사용하는 특징이 있다. 그리고 어근·어간과 접사·어미의 형태가 다양하여 신중하게 분석하여야 한다. 또한 한글 문장 내에 영어, 일본어 등과 같은 외국어와 각종 숫자 등이 병기되고 있다. 이러한 특성을 고려하여 한글 텍스트에서 단어를 추출하는 과정을 특별히 형태소 분석(morphological analysis)이라 한다. 한글에서 형태소란 뜻을 가지는 것 중에 가장 작은 단위를 말하는데, 더 이상 분해하면 의미를 잃어버리게 된다. 즉 한글 텍스트에서 띄어쓰기로 구분된 어절을 대상으로 형태소를 추출하고, 그 결과로 체언(명사, 대명사, 수사 등), 용언(형용사, 동사 등), 독립언(부사, 관형사, 감탄사 등), 기능어(조사, 어미, 접사 등)와 같은 단어의 요소를 나누는 것을 형태소 분석이라고 한다.

이처럼 한글 문헌인 경우 형태소 분석을 통해 단어들을 추출하게 되며, 대체로 형태소 분석기라는 자동화된 프로그램을 활용해야 한다. KLT, 한나눔(hannanum), 꼬꼬마, KoNLP 등이 많이 사용하는 한글 형태소 분석기이다. 이들은 형태소를 기반으로 하여 단어를 추출한다. 즉 대상 텍스트의 문장에서 어절을 분리하고, 어절에서 의미가 있는 단어(주로 명사 또는 명사구)를 추출한다. 형태소 분석과정을 세부적으로 구분하면 다음과 같다. 첫째, 문헌 텍스트에서 단어의 유형과 품사를 식별한다. 둘째, 불용어를 제거한다. 셋째, 문헌 텍스트를 구성하는 단어들을 선택한다. 이때 단어의 유형과 품사의 식별은 형태소 사전을 이용하며, 불용어 제거는 불용어(stop word) 사전을 이용한다. 한글의 형태소 사전은 세종Dic, NIADic 등이 있으며, 불용어 사전은 형태소 분석기에 내재되어 있는 기본사전이 있다. 형태소 사전과 불용어 사전은 분석자에 의해 단어들을 추가하여 사용할 수 있다.

(3) 단어의 정제

이렇게 추출된 단어들은 각종 정제작업을 통해 보완하는 작업(단어의 정제)을 수행한다. 단어의 정제는 단어의 교정작업, 통제작업, 그리고 제거작업으로 구분한다. 단어의 교정작업은 추출된 단어에서 단·복수, 약어, 띄어쓰기, 품사형태 변경 등과 같은 클렌징(cleansing) 작업을 의미한다. 단어의 통제작업은 추출된 단어가 통제된 용어가 아닐 경우, 시소러스와 같은 통제어 사전을 이용하여 동의어, 유사어, 광의어, 협의어 등을 통제하여 적절한 단어를 채택하는 것을 의미한다. 시소러스와 같은 통제어 사전이 없는 경우, 해당 분야의 주제전문가로부터 도움을 받아가면서 단어를 통제할 수 있다. 이처럼 통제작업을 거친 단어들은 통제어라 한다. 그리고 단어의 제거작업은 출현빈도가 높은 단어들 중에서 너무 일반적인 개념을 나타내는 단어 등과 같이 의미 있는 단어가 되지 못하는 단어들을 제거하는 작업을 의미한다. 불용어에 의한 제거 이외 별도의 단어 제거를 말한다.

(4) 키워드 선정

앞의 단계에서 추출되고 정제된 단어들을 대상으로 키워드를 선정하게 된다. 언어 네트워크 분석뿐만 아니라 다양한 텍스트 분석에서 키워드 선정은 매우 중요한 작업이다. 선정된 키워드들에 따라 분석결과의 품질이 달라지기 때문이다. 키워드 선정방법은 다양하며, 보다 신뢰할만한 결과를 얻기 위해서는 분석의 목적에 적합한 키워드 선정방법을 적용하여야 한다.

① 단어로부터 키워드 선정

문헌에서 키워드는 문헌에서 중요하게 다루고자 하는 특정한 단어나 어구의 형태이며, 문헌의 주제적 특성이나 의미적 역할을 가장 잘 나타낸다고 판단되는 단어이다. 대체로 문헌으로부터 단어를 추출하고 그 단어들 중에서도 키워드로서 자질(feature) 또는 핵심도(keyness)가 높은 단어들로 선정할 수 있다. 여기서 '자질'은 '특성'이라는 의미의 용어인데, 정보검색의 영역에서 주로 사용하는 용어이다. 그리고 핵심도는 코퍼스 언어학에서 주로 사용하는 용어이다. 키워드를 결정하는 기준인 셈이다. 문헌의 텍스트를 구성하는 모든 단어가 키워드가 되지 않고, 키워드로서 자질이 있거나 핵심도가 높은 단어들만 선택한다는 것으로, 키워드 선정에서 가장 많이 사용하는 방법이다.

키워드로서의 자질은 주로 해당 텍스트의 주제적 특성을 나타내는 것이므로, 단어의 출현빈도를 기초로 판단하는 통계적 방법을 가장 많이 사용한다. 즉 고빈도 단어, 중빈도 단어, TF×IDF(문헌빈도×역문헌빈도)와 같은 단어빈도에 기반한 가중치를 계산하여 키워드로서의 자질을 판단하게 된다. 이 방식에 의한 키워드 선정은 정보검색 영역에서 자동으로 색인어를 선정할 때 많이 사용하는 개념이다. 한편, 정보검색 영역에서 문헌들을 자동분류(범주화)할 경우 대상문헌에서 분류자질이 될만한 키워드들을 선정한다. 분류자질은 문헌을 분류하는 자질이 있는 또는 근거가 될만한 단어들을 의미한다. 이 때 사용하는 분류자질 선정기법으로 t-점수(t-score), z-점수, 상호정보량(mutual information), 정보획득량(information gain), 카이제곱 통계량(chi-square) 등이 있다. 가중치에 의한 자질이나 분류자질 모두 단어빈도에 의해 선정되는 키워드들의 크기를 축소하는 역할을 한다. 즉 문헌으로부터 특정 조건에 맞는 단어들을 선정하고, 이 단어들 중에서 정보검색이나 문헌분류에 자질이 되는 단어들로 그 양을 축소한다는 의미이다. 이렇게 축소된 단어들을 사용하여 색인어로 사용하든지 분류자질로 사용한다는 것이다. 어떤 단어에서 자질의 값은 이 단어가 해당 문헌을 얼마나 대표하는가를 나타내는 대표성의 척도이다.

한편, 최근 코퍼스 언어학 영역에서 단어의 대표성과 관련된 개념으로 핵심도를 사용하고 있다. 핵심도는 문헌을 대표하는 단어, 대상 텍스트를 참조 코퍼스(참조 텍스트)와 비교해서 현저하게 높거나 낮은 빈도로 나타나는 단어들을 선택할 때 사용하는 척도이다. 주로 로그-라이클리후드(log-likelihood)나 카이제곱 통계량(chi-square)과 같은 단어빈도와 통계식에 의해 계산된다. 이들은 단어의 키워드성(keywordness)을 측정하는 기법들이다. 키워드는 핵심도가 높게 측정되는 단어들이기에 핵심어이다. 이들은 대상 텍스트에서 추출한 단어들과 참조 코퍼스에서 추출한 단어들을 비교하여 대상 텍스트에서의 핵심적이고 대표성을 가진다고 판단되는 단어들이다. 한글 텍스트에서 핵심어는 특정 텍스트의 주제적 특성을 나타내는 경우, 핵심어의 추출 단위는 내용어, 즉 명사나 동사가 주요 대상이 된다. 반면 텍스트의 문체적 특성을 나타내는 경우, 기능어들을 포함하는 다양한 품사들도 고려하여야 한다.

② 주제범주체계를 활용한 키워드 코딩

언어 텍스트로부터 추출한 단어들로부터 키워드를 선정하기보다, 특정 주제의 범주체계에 해당되는 키워드를 언어 텍스트에 코딩(coding)하여 부여하는 방법이 있다. 이것을 특별히 키워드의 코딩이라 할 수 있다. 특정한 주제범주체계는 대분류, 중분류, 소분류 등과 같은 프레임(frame) 구조를 가지며, 각 프레임은 특정한 개념을 나타내는 키워드 세트로 구성된다. 단어들로부터 상호 독립적인 키워드를 부여하여 분석하는 것이 아니라, 복수계층의 키워드 집합에서 언어 텍스트를 분석할 경우 사용한다.

언어 텍스트인 문헌을 문헌-주제-단어의 3원화 관점에서 보면, 주제범주체계를 활용하여 키워드를 선정하는 작업은 마지막 개념인 '단어'에 적용된다. 즉 상위의 주제를 구성하는 단어들이 키워드가 된다는 것이다. 중간의 주제 영역은 주제분석, 감성분석, 심리분석 등과 같은 분석목적에 따라 필요한 범주의 개념이다. 즉 주제분석인 경우 대분류나 중분류의 핵심주제이며, 사회적 사건을 분석할 경우 쟁점(issue, agenda)이 되며, 제품을 분석할 경우 속성(attribute)이 되며, 심리를 분석할 경우 심리적 변인(variable)이 된다.

이러한 주제범주체계는 명확한 근거에 의해 결정되어야 한다. 주제범주체계를 분석대상의 언어 텍스트에 근거하지 않고 구성할 수 있다. 기존에 만들어져 있는 주제범주체계를 사용하는 경우이다. 한국연구재단의 주제분류체계, 도서관의 주제분류표 등과 같이 기존의 도구를 이용하는 것이다. 분석대상의 언어 텍스트에 근거하여 구성할 수도 있다. 대체로 언어 텍스트에서 추출한 단어들로부터 직접 만드는 경우이다. 수작업으로 만들 수 있으며, 자동화기법을 사용하여 자동으로 만들 수도 있다. 어떤 주제범주체계를 사용하느냐에 따라 부여되는 키워드가 달라지기 때문에 신중한 선택이나 작업이 요구된다.

언어 텍스트에 나타난 심리적 변인들의 관계를 분석할 경우, 심리적 변인을 나타내는 일반적인 주제범주체계를 미리 결정하고, 언어 텍스트에서 추출한 단어들을 해당되는 주제범주체계의 키워드로 코딩한다. 만약 심리적 개념을 나타내는 심리단어사전에 '욕망'이라는 프레임(범주 수준의 키워드를 의미)이 있다면, 그리고 욕심', '갈망', '욕구', '열망' 등의 단어들이 '욕망'이라는 프레임으로 분류된다면, 텍스트에서 추출한 '욕심', '갈망', '욕구', '열망' 등의 단어들은 모두 '욕망'이라는 프레임으로 코딩한다는 것이다. 이러한 방법은 감정단어의 코딩에도 사용된다. '슬픔'이라는 감정 프레임에 '슬프다', '슬픈', '애석하다', '비통하다' 등의 단어들을 코딩하는 경우를 말한다.

정리하면, 주제범주체계를 활용하여 키워드를 선정하는 경우, 분석대상의 언어 텍스트에서 단어를 추출하고, 이것을 주제범주체계의 해당되는 키워드로 코딩하는 방식으로 키워드를 선정하게 된다.

③ 기타방법

이외에도 특정한 의미를 나타내는 단어들만 선정하는 방법, 비교대상의 그룹이 있을 경우 각 그룹별로 공통적으로 등장하는 단어들만을 키워드로 선정하는 방법 등도 가능하다. 이러한 특성도 키워드로서 자질이 될 수 있다는 의미이다.

4) 관계 파악

추출된 단어들 중에서 키워드로서의 자질이 있거나 핵심도가 높은 단어들로 키워드를 선정하든지, 주제범주체계를 이용하여 키워드를 코딩하든지 간에 문헌 텍스트는 문헌-키워드의 조합으로 변환하게 된다. 문헌의 집합이 있고, 각 문헌은 키워드들로 구성된다. 이때 문헌과 키워드의 관계를 표현하는 것을 단어가방(Bag of Words : BoW)이라고 한다. 문헌은 키워드라는 단어들의 벡터(vector)로 구성되며, 각 키워드는 문헌 내의 출현빈도의 데이터를 가진다. 한편, 문헌과 키워드의 벡터는 처리를 위해 행렬 형태로 표현한다. 이것을 문헌-단어 행렬(Document-Term Matrix : DTM)이라 하며, 문헌은 행으로, 그리고 키워드는 열로 가지는 행렬이다. 문헌과 단어의 셀값은 해당 문헌에서 해당 단어의 출현빈도를 나타낸다.

문헌에서 키워드를 선정하고, 각 문헌과 키워드를 행렬로 표현한 다음의 단계는 키워드들 간의 관계를 파악한다. DTM 행렬이 이원모드(2-mode)의 행렬이기에, 키워드들의 관계 네트워크를 구성하는 것이다. 대체로 동시출현관계와 연어관계의 두 가지 유형의 관계를 많이 사용한다.

동시출현(co-occurrence)은 공출현이라 하며, 어떤 대상이 특정한 기준의 범위 내에서 동시에 출현하는 것을 말한다. 따라서 키워드의 동시출현은 주어진 범위(문장, 텍스트 전체 등)의 언어 텍스트 내에서 키워드들이 동시에 출현하는 것이다. 이때 하나의 텍스트 범위 내에서 동시에 등장하는 키워드들을 동시출현 키워드들이라 한다. 달리 설명하면, n개의 텍스트 집합($T_1 \sim T_n$)에 출현하는 m개의 키워드 집합($k_1 \sim k_m$)이 있을 경우, 두 키워드 k_i와 k_j가 특정한 텍스트의 주어진 범위 내에서 동시에 출현하는 경우, 키워드 쌍(k_i, k_j)은 동시출현관계에 있다고 한다. 동시출현관계의 단어를 공기어라고 한다. 그리고 키워드 쌍(k_i, k_j)이 동시출현하는 텍스트의 수(C_{ij})를 동시출현빈도라 한다. 언어 네트워크에서 키워드 쌍(k_i, k_j)은 링크로 연결될 수 있으며, 이들의 동시출현빈도는 두 키워드 노드의 연결강도(strength)로 표시된다.

키워드의 동시출현관계를 판단하는 텍스트의 범위는 주로 문자열(제목, 주제어 리스트 등), 문장, 문단, 소절 또는 텍스트 전체(논문, 신문기사, 인터뷰나 발언내용 전체 등) 등으로 다양하게 결정할 수 있다. 동시출현하는 키워드들은 해당되는 범위의 텍스트 내에서 특정한 의미(개념)를 나타내는 주제를 표현하기 위해 함께 사용되는 것이기에, 주제적으로 유사한 의미(개념)라고 판단하는 것을 전제로 한다. 즉 문장을 범위로 할 경우, 한 문장 안에서 둘 이상의 키워드들이 함께 사용되고 있다는 것은 이들 키워드들이 해당 문장 내에서 주제적으로 서로 밀접한 관계를 가진다는 것을 의미한다. 그러므로 동시출현빈도에 의한 네트워크 관계의 설정은 충분히 타당성을 가진다.[20) 키워드들의 동시출현관계와 빈도의 파악은 수작업으로 쉽지 않은 일이기에, 관련된 처리도구를 사용하여야 한다.

연어(collocation)는 단어와 단어의 결합 또는 결합표현을 말한다. 연어의 개념은 언어의 본질을 단어(어휘)를 중심으로 이해하려는 어휘접근법(lexical approach)의 핵심이다. 이 관점은 다음 두 가지로 설명된다. 첫째, 사람들이 사용하는 언어 본질의 핵심은 문법이 아니라 단어에 있다는 것이다. 둘째, 사람이 사용하는 언어는 개별 단어뿐만 아니라 수많은 결합표현(chunk)으로 구성된 엄청나게 거대한 언어집단에서 선택한다는 것이다.[21) 사람들이 언어를 유창하게 사용하는 데는 문법을 잘 알아서 그러는 것이 아니라 단어나 단어들의 결합된 표현을 많이 습득하고, 기억하고, 활용하는 능력 때문이라는 것이다. 언어 텍스트에 사용된 단어들의 결합 형태(단어와 단어 사이의 관계)를 연어라 하며, 이러한 결합관계를 연어관계라 한다.

결합관계는 어떤 대상어(target word)에 대하여 제한된 범위 내에서 공기하는 다른 단어와의 관계를 말한다. 연어관계에 있는 두 단어 A와 B의 경우, 일단 두 단어는 동시출현의 관계이다. 따라서 연어관계는 동시출현관계인데, 연이어 등장하는 특수한 동시출현 형태의 관계인 셈이다. 연이어 등장하는 범위를 윈도우 스팬(window spans)이라고 한다. 윈도우 스팬은 단어 A에서

20) 강명구(2000), "정치뉴스에 나타난 한국 정치권력구조의 네트워크 분석: '동시출현빈도'의 타당성 검증," 언론정보연구, 37, pp.93-130.

21) 정연창(2015), "영어 형용사 smart와 clever의 사용에 관한 코퍼스 기반 분석과 언어교육에 대한 시사점," 인문과학연구, 33, pp.71-105.

좌우(또는 앞뒤)로 어절의 거리(d)만큼 떨어져 있다는 것을 의미한다. 분석대상과 목적에 따라 윈도우 스팬을 결정할 수 있다는 것이다. 한편, 이웃연어(adjacent collocation)라는 개념이 있는데, 이것은 윈도우 스팬이 1이라는 것을 의미한다. 즉 단어 A의 좌측 또는 우측에 단어 B가 등장하는 경우이다.

연어관계는 코퍼스 집단에서 단어들의 결합 패턴을 파악하고자 할 때 사용하므로 원칙적으로 코퍼스 집단에 등장하는 모든 단어들이 관계파악의 대상이 된다. 반면에 동시출현관계는 특정한 키워드들을 대상으로 하며, 그러한 키워드들에 한정한 동시출현 패턴을 파악하고자 할 때 사용한다. 그러므로 언어 텍스트의 내용분석 관점의 언어 네트워크 분석은 연어관계보다 동시출현관계에 더 관심을 가진다. 반면에 연어관계는 코퍼스 언어학에서 관심이 많은 개념이다.

5) 언어 네트워크 구성

언어 네트워크의 경우 주로 동시출현관계를 많이 사용한다. 따라서 키워드의 동시출현관계가 파악되면, 이를 토대로 키워드 동시출현빈도 행렬을 만들고, 이 행렬로 언어 네트워크를 구성할 수 있다. 언어 네트워크는 키워드의 동시출현관계로부터 구성된다는 것이다. 키워드 동시출현관계의 언어 네트워크를 구성하는 구체적인 절차는 다음과 같다. 첫째, 특정 범위의 텍스트별로 동시에 출현하는 키워드 리스트를 만든다. 둘째, 텍스트별로 등장하는 키워드 리스트는 '텍스트×키워드' 형태의 이원모드(2-mode) 리스트이므로, 이것을 '키워드×키워드' 형태의 일원모드(1-mode) 키워드 행렬로 변환한다. 이것을 키워드 동시출현 행렬(keyword co-occurrence matrix)이라고 한다.

키워드 동시출현 행렬에서 키워드 쌍(k_i, k_j)에 해당되는 셀의 값은 동시출현빈도를 나타내므로, 기본적으로 가중 행렬의 형태가 된다. 분석의 목적에 따라 가중 행렬에서 가중 네트워크(valued network)를 구성할 수 있고, 가중 행렬을 이진 행렬로 변환하여 만든 이진 네트워크(binary network)를 구성할 수도 있다. 가중 행렬을 이진 행렬로 변환하는 방법은 단순하게 특정한 기준값(cut-off point)에 따라 변환하거나, 유사도계수를 이용하여 변환할 수도 있다. 후자의 경우, 키워드 간의 통계적인 연관성을 잘 평가할 수 있는 다른 유사도계수(자카드계수, 코사인계수, 상관계수 등)를 적용한 다음 그 결과의 값에서 적절한 기준값을 적용하여 이진 행렬로 변환하게 된다. 이러한 방식으로 언어 네트워크를 구성하게 되는데, 대체로 네트워크 분석도구에서 관련된 작업을 수행하는 기능들을 제공하므로 이를 사용하면 된다.

6) 언어 네트워크 특성분석

구성된 언어 네트워크(가중 네트워크 또는 이진 네트워크)를 대상으로 네트워크의 다양한 특성들을 분석한다. 언어 네트워크의 특성들은 네트워크 분석도구를 활용하여 분석하게 되는데, 주로 시각화 분석과 분석지표에 의한 분석을 한다. 네트워크 분석도구는 UCINET, NetMiner, Pajek, NodeXL, Gephi, R의 SNA 패키지 등을 사용할 수 있다. 시각화 분석은 언어 네트워크를 시각화한 후, 시각적으로 나타나는 특성을 설명하는 것을 말한다.

네트워크의 시각화는 네트워크의 분석도구에서 제공하는 시각화 기능을 사용할 수 있다. 분석지표에 의한 분석은 다양한 유형의 분석지표를 사용하여 네트워크의 특성을 파악하는 것이다. 분석지표의 주요 유형은 기본속성 분석(밀도, 지름 등), 중심성 분석(연결정도 중심성, 근접 중심성, 매개 중심성 등), 하위 네트워크 분석(클러스터링 분석, 파당 분석, 구조적 등위성 분석 등), 에고 네트워크 분석 등으로 구분할 수 있다.

6 언어 네트워크 분석사례

1) 성공적 노화 학술논문의 키워드 분석[22)]

(1) 분석대상

한국연구재단의 한국학술지인용색인(KCI)에서 검색한(2016년 4월 검색) '성공적 노화' 관련 학술문헌 240건을 대상으로 한다.

(2) 성공적 노화의 개념

항노화(anti-aging)는 생의학 분야에서 노화연구의 핵심주제이다. 반면, 사회과학 분야의 노화연구는 성공적 노화(successful aging)를 핵심주제로 삼고 있다. 성공적 노화는 로우(Rowe)와 칸(Kahn)에 의해 건강한 노화(healthy aging)의 개념으로 부각되었으며, 그들은 자연스러운 과정으로 여겨왔던 일반적 노화를 개인적 노력과 환경의 통제를 통해 극복하거나 지연시키는 것으로 정의하고 있다. 즉 질병과 장애를 극복하고, 높은 수준의 육체적·인지적 기능을 유지하며, 사회적·생산적 활동에 지속적으로 참여하는 것이 가능한 노화의 상태인 것이다.[23)]

성공적 노화는 활동적이며 참여적인 노년을 강조하는 신노년학의 패러다임이다.[24)] 노화가 일어나더라도 삶의 질을 향유하는 상태를 유지하는 것이기에, 많은 사람들이 원하는 노화의 과정이자 상태이다.

---

22) 이 작업은 2015년 미래창조과학부(현, 과학기술정보통신부)에서 발주한 정책연구 "고령화 사회를 대비하기 위한 필요 R&D 조사·분석 및 기획·연구"의 일환으로 수행한 결과를 요약하였음.

23) Rowe, J. W. & Kahn, R. L.(1997), "Successful aging," *The Gerontologist*, 37, pp.433-440.

24) 권효숙(2011), "성공적 노화연구의 학문적 동향," 뇌교육연구, 특별호, pp.23-51.

(3) 분석의 목적과 방법

이 분석연구는 성공적 노화에 대한 국내의 연구동향과 지식구조를 기초 데이터 통계와 지식 네트워크의 주요 지표를 통해 확인하는 것이다. 일반적인 내용분석방법을 이용하는 기초 데이터의 통계분석은 240편의 국내 학술논문의 간략한 연구동향을 파악하기 위한 목적으로 수행된다. 네트워크 분석은 공저관계의 저자 네트워크를 통해 저자들 간의 협력관계를 파악하고, 키워드 네트워크 분석을 통해 중심적인 키워드를 확인하며, 성공적 노화 관련 유망 주제들을 도출하게 된다.

(4) 키워드 네트워크

240건 논문의 키워드(주제어) 영역에 등장하는 키워드 리스트를 확보한 결과, 전체 키워드의 수는 1,010개이며, 순수 영어로 된 키워드는 160건, 한글로 인식할 수 있는 키워드는 851건이다.

편의상 한글 키워드를 대상으로 하며, 다음의 2단계로 전처리작업을 수행하였다. 첫째, 240건의 논문과 전체 키워드의 리스트를 구성한다. 둘째, 한글 키워드들을 중심으로 정제작업을 수행하였다. 저자마다 부여하는 키워드의 성격이 다르므로, 동일한 개념에 대한 유사한 표현의 개념들을 통일시켜 적절한 단어를 부여하고, 상위개념과 하위개념으로 식별하여 필요한 경우 하나의 개념에 해당되는 단어로 선택하였다. 둘째, 정제된 키워드들에서 출현빈도 3회 이상의 키워드들만 선택하였다. 이들은 성공적 노화연구에서 주요한 키워드에 해당된다. 이렇게 선택된 키워드는 전체 66개 단어들이다.

10회 이상 출현빈도를 나타내는 키워드들은 [표 3-3]과 같다.

| 표 3-3 | 10회 이상 출현한 키워드

출현빈도	키워드
10회	노화, 생활만족도, 자기효능감
11회	사회적 지지
12회	가족, 여가, 자아통합감
13회	건강
14회	생산적 활동
16회	우울
27회	노인
159회	성공적 노화

240건의 논문과 전체 키워드의 리스트에서 66개의 주요 키워드를 제외한 키워드들은 전부 삭제한다. 그런 다음 이원모드 행렬(240×66)을 구성하여 일원모드 행렬(66×66)로 변환한다. 이 행렬로 키워드 네트워크를 구성한다.

2) 외국인 유학생에 관한 국내 연구동향 분석[25)]

이 연구에서는 언어 네트워크 분석방법을 통하여 분석을 시도하고자 한다. 다양한 언어 네트워크 분석방법 중에서도 이 연구에서는 학술논문에 입력된 저자 키워드를 활용하여 분석을 시도하였다. 구체적인 방법으로는 우선 각 학술논문의 저자 키워드를 추출한 후 이들 키워드들을 연구자가 직접 동의어 및 유의어를 그룹핑하여 네트워크 분석이 용이하도록 통제하였으며, 이때 지나치게 지엽적이거나 지나치게 광범위하여 논문의 특성을 나타내기 어렵다고 판단되는 키워드는 삭제하였다. 이후, 해당 키워드들에 대하여 그룹핑작업을 통하여 대분류 – 중분류 – 소분류로 묶어 나가는 방식을 시도하였으며,

25) 이 내용은 2015년 필자의 부산대학교 대학원 '정보네트워크론' 강의에서 대학원생 최애은이 발표한 논고의 일부이다.

이 중 소분류로 묶인 키워드들을 네트워크 분석에 활용하였다. 분석대상이 되는 논문은 한국연구재단 시스템에서 '외국인 유학생'이라는 키워드를 검색하여 문헌의 간략한 서지사항을 엑셀로 출력한 후 비적합 문헌을 걸러내는 방식으로 수집하였다. 검색 결과, 총 186건의 학술논문이 출력되었으며, 그 중 비적합 문헌과 한국어 저자 키워드가 존재하지 않는 문헌 등을 걸러내고 최종적으로 157건의 논문을 선정하였다.

(1) 주제어의 계층적 분류

연구대상으로 선정된 157건의 논문에서 추출된 저자 키워드는 중복을 포함하여 총 794개(총 593종류)였으며, 이 중 본 연구에서 활용하기 어려운 키워드를 제외하고 동의어를 묶는 작업을 수행한 결과, 총 545개(163종류)의 키워드가 선정되었다. 이를 상향식(bottom-up)으로 소분류(93항목) - 중분류(35항목) - 대분류(5항목) 순으로 묶어 나가는 작업을 수행하였으며, 그 결과는 [표 3-4]와 같다.

표 3-4 저자 키워드의 범주화

대분류(5항목)	중분류(35항목)	소분류(93항목)
교육	고등교육	고등교육, 전공교육
	교양교육	문학교육, 교양교육, 비교과 프로그램
	교원양성	교원양성
	교육방법	교육방법, 교육과정, 교재 개발, 인지전략
	교육품질	교육만족도, 교육품질
	교육기관	교육기관, 대학
	정보활용	정보활용
	문화교육	문화교육
	학업	학업
	한국어교육	말하기, 글쓰기, 문법, 한국어능력, 말하기, 예비교육, 읽기, 텍스트, 학문목적 한국어, 한국어, 한국어교육, 한국어교육과정, 한자교육

	주체	교수자, 학습자
사회	국제화	국가 이미지, 국제교류, 국제화, 대학 국제화, 재외국민, 다문화, 다문화 사회
	사회적 인식	다문화 인식, 사회적 인식, 편견
	외국인 유형	외국인, 외국인 노동자, 외국인 대학원생, 외국인 유학생, 외국인 이주자, 결혼 이민자
	유학생관리	요구분석, 유학생관리
	유학생 서비스	도서관, 지원 프로그램
	인적자원	고급인력
	정보기술	정보기술
	정책	다문화 정책, 유학생 유치, 유학생 정책
	치안	경찰
생활·문화	문화	한류, 한국 문화, 문화 다양성, 언어 사용, 문화 간 커뮤니케이션
	생활	건강, 대학생활, 여가생활
	종교	기독교
	커뮤니케이션	대인관계, 커뮤니케이션
	관광	관광경찰, 관광지
	경제	경제
	주거	기숙사, 주거
심리·정서	심리상태	만족도, 스트레스, 심리상태
	심리치료	문학치료
	적응	대학 적응, 문화 적응, 적응
	정체성	문화적 정체성, 공동체, 자아정체성
지리	국제 이주	국제 이주, 국제 이주과정, 유학, 유학 동기
	지리적 지식	지리적 지식
	출신지	아시아 유학생, 중국인 유학생, 출신지
	한국	한국

본 연구에서는 여기서 소분류에 해당하는 항목들을 이후 키워드 네트워크 분석에 활용하였다. 이 중에서 출현빈도 상위 20개의 키워드(소분류 항목)를

나열하면 다음과 같이, '외국인 유학생'(72회), '글쓰기'(22회), '중국인 유학생'(20회), '한국어교육'(14회), '학문목적 한국어'(13회), '다문화 인식', '대학 적응'(12회), '한국어능력'(11회), '경제', '교육과정', '문법', '스트레스'(10회), '교양교육', '교육방법', '말하기'(9회), '국제화', '커뮤니케이션', '학습자', '한국'(8회)인 것으로 나타났다. 따라서 외국인 유학생 관련 연구에서는 유학생 대상의 한국어교육과 중국인 유학생이 자주 다루어지는 것으로 파악할 수 있다.

표 3-5 출연빈도 상위 20개의 키워드

순위	키워드	출현 횟수
1	외국인 유학생	72
2	글쓰기	22
3	중국인 유학생	20
4	한국어교육	14
5	학문목적 한국어	13
6	다문화 인식	12
	대학 적응	12
8	한국어능력	11
9	경제	10
	교육과정	10
	문법	10
	스트레스	10
13	교양교육	9
	교육방법	9
	말하기	9
16	국제화	8
	커뮤니케이션	8
	학습자	8
	한국	8

(2) 키워드 네트워크 분석

키워드 간의 네트워크를 분석하기 위하여 수행한 전처리과정은 다음과 같다. 첫째로, UCINET을 활용하여 논문×키워드 간의 2-모드 매트릭스를 작성하였다. 둘째로, SPSS를 활용하여 키워드 간의 1-모드 유사도 행렬을 작성하였다. 이때 유사성 측도는 0과 1 사이의 코사인계수를 적용하였다.

| 표 3-6 | 키워드 간의 유사도 행렬(코사인계수)

	건강	결혼 이민자	경제	경찰	고급 인력	고등 교육	공동체	관광 경찰
건강	1.000	.000	.000	.000	.000	.000	.000	.000
결혼 이민자	.000	1.000	.000	.000	.189	.000	.000	.000
경제	.000	.000	1.000	.000	.267	.267	.250	.000
경찰	.000	.000	.000	1.000	.000	.000	.000	.000
고급인력	.000	.189	.267	.000	1.000	.000	.000	.000
고등교육	.000	.000	.267	.000	.000	1.000	.000	.000
공동체	.000	.000	.250	.000	.000	.000	1.000	.000
관광경찰	.000	.000	.000	.000	.000	.000	.000	1.000
관광지	.000	.000	.000	.000	.211	.000	.000	.559
교수자	.000	.000	.000	.000	.000	.000	.000	.000
교양교육	.000	.000	.000	.000	.141	.000	.000	.000
교원양성	.000	.000	.000	.000	.000	.000	.000	.000
교육만족도	.000	.000	.177	.000	.000	.000	.000	.000
교육방법	.000	.000	.118	.000	.000	.141	.000	.000
교육품질	.000	.000	.158	.000	.000	.189	.000	.000
교육과정	.000	.000	.102	.000	.000	.366	.000	.000
교육기관	.000	.000	.000	.000	.000	.000	.000	.000

셋째, 키워드 간의 이진 행렬을 작성하였다. 이때 이진 행렬로 변환할 때의 기준값(threshold)은 0.3을 적용하였다. 대체로 키워드 간의 유사성 지수

가 크게 높게 나타나지 않았던 탓에 변환과정에서 그 기준값을 0.5 이상으로 설정할 경우, 대부분의 키워드 간에서 관계가 나타나지 않았으므로, 0.3이 보다 적절한 기준값이라고 판단되었기 때문이다. 한편, 앞서 작성한 키워드 간의 유사성 행렬에서 각 키워드 자기 자신에 대한 유사도값은 1.000으로 나타났는데, 이를 그대로 적용할 경우 네트워크가 올바르게 나타나지 않았으므로 해당 값은 모두 0으로 변환하여 처리하였다.

3) 한글 감정단어의 유사성 분석[26)]

감정을 나타내는 주요한 한글 감정단어들의 리스트를 확보하고, 사전적인 설명을 토대로 한글 감정단어들에서 나타나는 의미적 복합성의 특성을 파악하고자 한다. 주요 감정단어 리스트는 감정단어 리스트 사례를 제시한 선행연구 결과를 활용하여 확보하였다.

먼저 선행연구에서 제시한 감정단어 리스트들을 통합하였으며, 전체 830건의 감정단어 리스트를 확보하였다. 이 중에서 적정 빈도수(빈도수 3 이상)를 기준으로 357건의 주요 감정단어 리스트를 선정하기로 한다. 그런 다음 선정된 주요 감정단어들을 대상으로 〈표준국어대사전〉의 뜻풀이를 활용하여 단어의 사전적 의미를 확인하였다. 사전의 뜻풀이에서 감정단어로 볼 수 없는 단어 1건을 제외한 최종 356건의 감정단어를 선정하였다. 356건의 주요 감정단어 중에서 〈표준국어대사전〉에 등재된 단어는 337건이었으며, 9건의 단어는 미등재어였다. 미등재어는 다른 사전들을 참조하여 의미를 확인하였다. 전체 감정단어의 품사는 [표 3-7]과 같다.

26) 아래 내용은 필자의 다음 논문을 참조하여 재구성한 것이다. 이수상(2016), "한글 감정단어의 의미적 관계와 범주분석에 관한 연구," 한국도서관·정보학회지, 47(2), pp.51-70.

표 3-7 주요 감정단어의 품사 구분

품사	형용사	동사	형용사, 동사	명사
건수(356건)	244건	101건	10건	1건

〈표준국어대사전〉의 뜻풀이 설명 내용에서 복수의 의미를 나타내는 감정 표현들이 많이 나타난다. [표 3-8]의 사례에서 보면, 하나의 감정단어에 다양한 의미의 다른 감정단어들과 연관되어 있음을 나타내고 있다. 〈표준국어대사전〉의 뜻풀이 설명을 토대로 유사한 의미의 감정단어들을 유사어로 구분하였다.

표 3-8 감정단어의 연관단어 사례

감정단어	〈표준국어대사전〉의 설명	유사어
가련하다	가엾고 불쌍하다.	가엾다, 불쌍하다
가소롭다	같잖아서 우스운 데가 있다.	우습다
가엾다	마음이 아플 만큼 안되고 처연하다.	안되다, 처연하다
불쌍하다	처지가 안되고 애처롭다.	안되다, 애처롭다

유사어관계에서 감정단어들의 의미적 관계를 파악하려고 한다. 따라서 감정단어와 유사어를 대상으로 감정단어의 의미적 관계의 네트워크를 구성하여 감정단어들이 나타내는 복합성(다의성)의 다양한 특성들을 파악하고자 한다.

감정단어와 유사어에 의한 의미적 관계의 네트워크는 다음과 같은 과정으로 구성하였다. 첫째, 356건의 주요 감정단어를 대상으로 유사어들을 구분한다. 그 결과로 [표 3-9]와 같은 감정단어와 유사어로 구성되는 1-모드 노드리스트(nodelist)를 구성한다. 둘째, 1-모드 노드리스트를 대상으로 [표 3-10]과 같이 감정단어의 1-모드 행렬(대칭)을 구성한다. 셋째, 감정단어의 1-모드 대칭 행렬을 대상으로 [그림 3-3]과 같은 네트워크를 구성한다.

표 3-9 감정단어의 1-모드 노드리스트 사례

가련하다	가엾다	불쌍하다
가소롭다	우습다	
가엾다	안되다	처연하다
불쌍하다	안되다	애처롭다

표 3-10 감정단어의 1-모드 대칭 행렬 사례

	가련하다	가소롭다	가엾다	불쌍하다	안되다	애처롭다	우습다	처연하다
가련하다	0	0	1	1	0	0	0	0
가소롭다	0	0	0	0	0	0	1	0
가엾다	1	0	0	0	1	0	0	1
불쌍하다	1	0	0	0	1	1	0	0
안되다	0	0	1	1	0	0	0	0
애처롭다	0	0	0	1	0	0	0	0
우습다	0	1	0	0	0	0	0	0
처연하다	0	0	1	0	0	0	0	0

그림 3-3 감정단어의 네트워크 사례

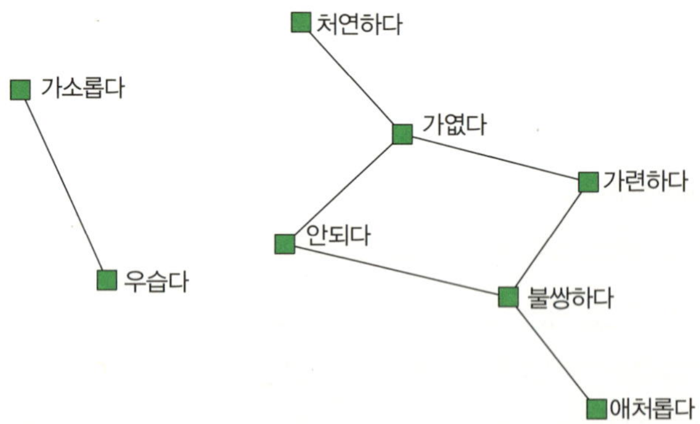

이러한 방식으로 356건 전체 주요 감정단어의 유사어관계에서 구성한 전체 네트워크의 결과는 [그림 3-4]와 같다.

그림 3-4 | 주요 감정단어의 유사어 네트워크

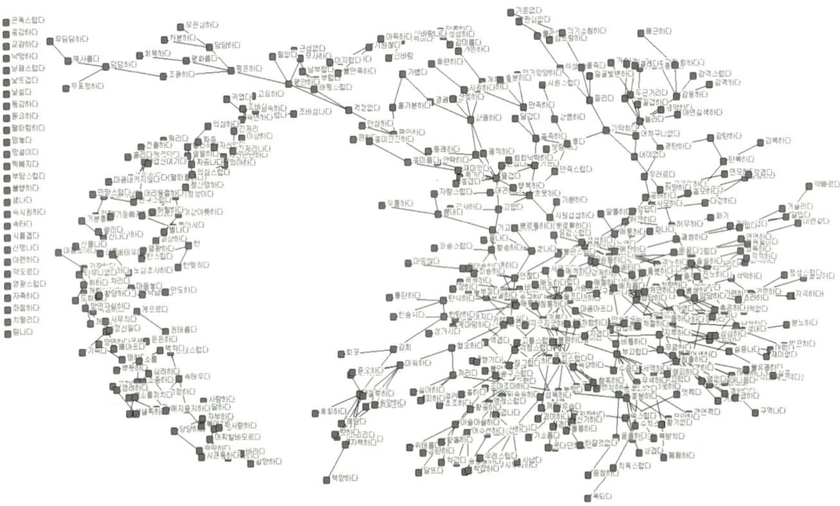

주요 감정단어 리스트의 설명에서 유사어관계의 감정단어들만 선택하여 구성한 감정단어 네트워크는 508개의 노드와 553개의 링크로 구성된다. 노드의 개수가 508개로 나타난 것은 주요 감정단어 356개의 뜻풀이 설명에서 152개의 새로운 감정단어들이 나타났다는 것이다.

4) 언어학적 분석

> 도재학 · 강범모(2012), "관련어 네트워크를 활용한 유의어 분석: 책, 서적, 도서를 중심으로," 한국어의미학, 37, pp.131-157.

이 논문은 코퍼스자료에 기초하여 관련어를 추출하고 이를 바탕으로 시각화한 관련어 네트워크를 활용하여 서로 유의적인 관계에 있는 '책, 서적, 도서'라는 유사어들의 공통점과 차이점을 확인하고 있다. 이는 '책, 서적, 도서'라는 유의어를 대상어로 하여 이들과 공기하는 관련어들을 추출하고, 이들 간의 네트워크를 구성하여 분석하는, 유의어 분석연구이다. 연구과정을 정리하면 다음과 같다.

(1) 언어 코퍼스 선정

국내 4개 신문(동아일보, 조선일보, 중앙일보, 한겨레)의 총 10년(2000년~2009년)의 신문기사(약 200만 건)를 담고 있는 약 4억 어절 규모의 '물결 21' 코퍼스를 사용하고 있다.

(2) 관련어관계 파악

어떤 대상어(target word)와 특정하게 제한된 범위 내에서 공기하는 다른 단어들과의 관계를 연어관계(collocation)라 한다. '특정하게 제한된 범위'는 대상어를 중심으로 하여 좌우 몇 개의 형태소, 단어, 어절, 문장 또는 문단 전체가 될 수가 있다. 그 범위가 문장 이상이 될 경우 '대상어와 공기한 단어'는 잇닿아 있는 말을 뜻하는 '연어'보다는 그 외연이 훨씬 넓기 때문에 이 공기어는 '관련어(related word)'라는 개념을 사용하고 있다. 즉 대상어와 형태소, 단어, 어절의 범위 내어서 등장하는 공기어는 연어라 하고, 문장 이상이 될 경우는 관련어라 한다는 것이다. 이 연구에서는 문단을 기준으로 문단 내의 공기어인 관련어를 추출함으로써 연어관계가 보여줄 수 없는 주제적 측면까지 고려하여 관련어관계에서 유의어 분석을 수행할 수 있는 장점이 있다.

(3) 관련어 추출 및 관련성 정도 측정

위의 코퍼스에서 대상어(책, 서적, 도서)와 관련이 있는 관련어를 문단 단위에서 추출하고, 대상어와 관련성 정도는 t-점수로 측정하고 있다.

(4) 단어 네트워크 구성

단어 네트워크는 대상어와 관련어들로 구성된다. 즉 노드는 단어(대상어, 관련어)들이며, 링크는 대상어와 관련어 사이의 연결강도를 나타내는 t-점수로 판단한다. 대상어('독서')의 상위 관련어들과 t-점수의 사례는 [표 3-11]과 같다.

표 3-11 '독서'의 상위 관련어들과 t-점수

순위	관련어	t-점수	순위	관련어	t-점수
1	N/책	160.049	11	N/토론	52.434
2	N/아이	80.730	12	N/활동	51.839
3	N/교육	77.977	13	N/능력	50.009
4	N/논술	73.624	14	N/시간	49.680
5	N/도서관	72.647	15	N/학습	48.353
6	N/지도	64.072	16	N/프로그램	48.027
7	N/학생	63.412	17	N/어린이	47.059
8	N/학교	56.610	18	N/글	44.982
9	N/도서	55.469	19	N/다양	44.775
10	N/교사	54.466	20	N/공부	44.530

(5) 단어 네트워크 구성

단어 네트워크는 대상어와 관련성 정도의 차이를 네트워크상에 표시하는 방식으로 구성하고 있다. 관련성(t-점수)이 높은 단어는 굵게 표시하고, 링크의 길이도 짧게 표시하여, 네트워크의 가시성을 높이는 방식을 사용하고 있다.

(6) 유의어 분석

'책, 서적, 도서'는 사전의 뜻풀이에서 보면, 거의 동의어에 가까워 보이는 유의어이다. 직관적으로는 차이를 분명히 알기가 어려운데 네트워크를 이용

해 그 차이를 확인할 수 있다는 것이다. 먼저, 세 가지 대상어 각각에 대한 상위 관련어 20개씩을 선택하여 대상어-관련어 네트워크를 구성하고, 시각적으로 비교하고 있다. 상위 관련어 각 20개의 순위차이 분석, 서로 겹치는 관련어들 확인, 세 가지 단어 네트워크를 구성하여 비교하는 작업을 수행하였다.

네트워크를 비교하고자 할 때, '관련어의 수'와 't-점수' 중 어느 것을 기준으로 하여 관련어들을 선택하여 네트워크를 구성하고 비교할 것인지는 연구목적과 방법에 따라 달라질 수 있다. 이 연구에서는 t-점수를 기준으로 상위 관련어 20개를 선정하고, 20개 관련어들의 상위 관련어들(각 20개씩)을 선택하는 2단계 방법을 사용하고 있다. 다른 방식으로 어느 기준 이상의 t-점수를 가지는 관련어들만 선정하고, 선정된 관련어들에 대한 t-점수 10 이상의 관련어들을 선정할 수도 있다. 전자는 관련어 개수가 고정되어 네트워크의 규모를 짐작할 수 있고, 후자의 경우, 관련어들의 개수가 달라질 수 있다.

이런 기준으로 관련어들을 선택하면, 각 대상어에 대해 최대 400개의 관련어들이 선택될 수 있다. [표 3-12]는 세 가지 대상어들로 구성한 단어 네트워크의 간략한 특성을 나타내고 있다.

표 3-12 세 가지 대상어들에 대한 단어 네트워크의 간략한 특성

구분	노드수	밀도	평균 연결정도	연결 중심화정도
책	218	0.0084556	3.6697248	0.05658
서적	250	0.0064257	3.2000000	0.05425
도서	275	0.0053086	2.9090909	0.05164

전은진(2014). "김수영 시의 어휘 사용 양상과 공기어 네트워크 분석," 한국언어문화, 53, pp.357-382.

이 연구는 두 시인(김수영, 신동문)의 시에 나타난 단어(어휘)를 계량 언어학적으로 분석한 것으로, 단어 사용 양상, 시인의 삶이나 의식을 나타낼 수 있는 주요 단어를 대상어로 선정하여 키워드 네트워크를 분석하다. 두 시인의 시 전집을 토대로 코퍼스를 구축하고, 품사별로 형태소 분석을 통해 단어를 추출하였다. 추출된 단어들을 통해 단어 사용 양상과 특성을 파악하였다. 이 연구는 계량 언어학적 분석과 언어 네트워크 분석방법을 접목하였다는 것에 큰 의의가 있다. 구체적인 연구과정을 순서대로 살펴보면 다음과 같다.

(1) 시 코퍼스 구축

김수영의 시 작품은 〈김수영 전집 1(시)〉(민음사, 2013)에 수록된 시 전체, 신동문의 시 작품은 〈내 노동으로〉(솔, 2004)에 수록된 시 전체를 대상으로 컴퓨터로 입력하여 코퍼스를 구축하였다.

(2) 형태소 분석

시 코퍼스를 품사별로 형태소 분석을 하여 단어를 추출하였다. 품사분류는 [표 3-13]과 같이 이루어졌다.

| 표 3-13 | 품사 분류

대분류	소분류	세분류
(1) 체언	명사NN	일반명사NNG
		고유명사NNP
		의존명사NNB
	대명사NP	대명사NP
	수사NR	수사NR
(2) 용언	동사VV	동사VV
	형용사VA	형용사VA
	보조용언VX	보조용언VX
(3) 수식언	관형사MM	
	부사MA	일반부사MAG
		접속부사MAJ

(4) 독립언	감탄사IC	감탄사IC
(5) 관계언	격조사JK	주격조사JKS
		보격조사JKC
		관형격조사JKG
		목적격조사JKO
		부사격조사JKB
		호격조사JKV
		인용격조사JKQ
	보조사JX	보조사JX
	접속조사JC	접속조사JC

품사분석은 글잡이(21세기 세종계획 개발) 형태소 분석기를 사용하여 형태를 분석하고, 그 결과에 대한 수정 및 추가분석을 하는 방식으로 진행되었다.

(3) 단어 양상 분석

두 시인의 작품에서 추출된 단어들을 대상으로 단어 사용 양상을 파악하기 위하여 빈도분석을 수행하였다. 사용된 분석비표는 사용된 단어수, 단어의 사용빈도, 품사(체언, 용언, 수식언, 관계언, 독립언)별 고빈도 단어(고빈도 50순위)이다.

(4) 대상어 선정

대상어는 네트워크 분석을 할 때 분석의 주된 대상으로 삼는 단어이기에, 작가의 의식을 잘 반영하는 중요한 단어로 선정하여야 한다. 이 연구에서는 작가의 작품에서 빈번하게 사용하는 고빈도 단어에서 연구자가 주요 단어들을 살피는 방식으로 대상어를 선정하고 있다. 여기서 선정된 대상어와 공기하는 공기어를 파악하여 그들 간의 네트워크를 구성하는 방식으로 진행하기에, 특정한 단어('나')를 대상어로 선택하였다.

(5) 공기관계 파악

공기어란 같은 문맥 안에서 함께 나타나 서로 밀접한 의미관계를 갖는 단어이다. 분석대상이 시 텍스트이므로, 시인의 의식을 가장 잘 드러내주는 언어단위를 시행으로 판단하여, 시행을 중심으로 공기관계를 설정하여 대상어의 공기어를 추출하고 있다. 대상어와 공기어 간의 연결강도를 나타내는 t-점수를 측정하여, 두 단어 사이의 공기관계를 판단하는 데 사용하고 있다.

(6) 단어 네트워크 구성과 분석

대상어('나')와 해당되는 공기어들을 파악하여, 연결강도를 나타내는 t-점수를 계산하고, t-점수가 높은 순으로 50개의 공기어들을 대상으로 네트워크를 구성하는 방식을 사용하고 있다. 김수영의 시 작품에서 '나'라는 대상어와 공기어들, 신동문의 시 작품에서 '나'라는 대상어와 공기어들 사이의 공기관계를 토대로 단어 네트워크를 구성한 것이기에, 두 시인들이 '나'와 공기하는 단어들의 특성을 파악하는 수준에서 분석하게 된다.

남길임 · 이수진(2012), "핵심어 분석의 절차와 쟁점: 국어국문학 분야 학술논문 핵심어를 중심으로, 텍스트언어학, 32, pp.89-121.

한국어 학술논문에 나타난 핵심어를 추출하기 위한 방법론과 추출과정의 쟁점을 논의하고 있다. 한국어 텍스트를 대상으로 하는 핵심어 추출에 관한 연구이다. 핵심어 분석을 위한 연구대상은 KNU 말뭉치(경북대학교에서 문학, 역사, 철학 분야의 한국연구재단의 등재지를 형태소 분석 말뭉치로 구축, 가공한 말뭉치)이며, 이 중에서 한국어문학 분야의 40만 어절을 가진다. 한국어문학 관련 주제로 구성된 논문 104편으로 구성한 것이며, 세부 전공은 국어학 · 현대문학 · 고전문학 분야로 구성되어 있다. 핵심어 분석의 의의는 특정 집단이 사용하는 특정 텍스트에 나타난 주요 어휘를 추출함으로써 해당 텍스트의 주제적·문체적 특성을 살펴보는 데 있다. 비교대상인 참조 말뭉치(reference corpus)는 21세기 세종 교육용 말뭉치를 활용하고 있다.

표 3-14 대상 말뭉치 구성: 어절수, 논문 편수

		어절수	표본(논문)
KNU 말뭉치	국어학	140,763	38
	고전문학	120,595	32
	현대문학	132,828	34
	총계	394,186	104

표 3-15 참조 말뭉치의 구성: 어절수, 표본

		어절수	표본(논문)
참조 말뭉치	세종문어 전체	10,130,363	279

핵심어 선정과정은 다음과 같다. 첫 번째 단계는 각 말뭉치의 비교를 위해 비교 대상인 형태 빈도 목록을 작성하는 단계이다. 한국어의 형태론적 특성을 고려하여 조사와 어미를 분리한 형태 단위의 어휘 목록(wordlist)이며, 국어학, 현대문학, 고전문학의 세 가지 빈도 목록과 KNU 말뭉치 전체의 빈도 목록, 참조 말뭉치 전체의 빈도 목록, 총 5개의 목록을 추출하였다. 두 번째 단계는 1단계에서 만든 세 하위 전공의 학술논문 말뭉치와 참조 말뭉치의 빈도 목록을 맞비교하여 각 전공의 학술논문에서 두드러진 빈도로 출현하는 각 전공의 핵심어 후보군을 추출한다. 이때 핵심어 추출 계산식이 '핵심도'(keyness)인데, log-likelihood 통계식을 사용하였다. 그 통계식에 의해 계산된 값과 유의도(p-value)를 기준으로 하여 해당 어휘가 유의미한 핵심어인지 아닌지가 결정된다. 세 번째 단계는 적절한 유의도 수준(p=0.0001)에서 핵심어를 추출하고 있다. 공통 학술핵심어와 전문 학술핵심어로 구분하여 추출하고 있다. 아래 사례는 각 분야에서 추출한 상위 10개의 전문 학술핵심어만 추출한 것이다.

표 3-16 각 전문 학술핵심어의 핵심도 상위 10위 목록

번호	고전문학 전문 학술핵심어			현대문학 전문 학술핵심어			국어학 전문 학술핵심어		
	핵심어	품사	핵심도	핵심어	품사	핵심도	핵심어	품사	핵심도
1	작품	명사	3150.653	시	명사	3915.899	자료	명사	3107.881
2	인물	명사	1195.271	근대	명사	1808.403	국어	명사	2692.769
3	서사	명사	1185.889	작품	명사	1570.289	조사	명사	2187.438
4	시	명사	889.406	문학	명사	1076.285	표기	명사	2151.354
5	욕망	명사	778.343	시인	명사	1044.799	문법	명사	2051.959
6	작자	명사	744.364	공간	명사	1033.375	어휘	명사	1889.031
7	창작	명사	708.153	담론	명사	1022.058	수업	명사	1879.910
8	시조	명사	589.949	주체	명사	1021.640	한자어	명사	1749.304
9	당대	명사	469.371	연극	명사	774.525	한글	명사	1672.510
10	세기	명사	441.612	현실	명사	564.593	동사	명사	1569.997

7 텍스트 마이닝

텍스트 마이닝(text mining)은 텍스트 형태의 데이터에 마이닝 기법을 적용한 것으로, 대규모 비정형 형태의 대규모 텍스트 내에 숨어 있는 가치가 있는 지식을 탐색하고 활용하는 것을 말한다. 일종의 지식발굴(knowledge discovery)과 활용의 행위이다. 텍스트 마이닝이 부각하는 배경에는 디지털화된(온라인) 텍스트가 폭발적으로 증가하고, 다양한 분석기법들이 등장하였기 때문이다. E-mail, 전자신문, 인터넷 포털, 블로그, SNS 등과 같은 소셜 데이터, 학술논문, 특허, 학위논문 등과 같은 학술 데이터, 사건・정책보고서, 업무보고서, 법령 등의 공적 데이터, 개인기록, 일기, 면담・상담 텍스트 등의 사적 데이터, 디지털화된 일기 데이터 등 다양한 디지털 텍스트들이 도처에 널려있다. 숨은 지식(가치가 있고 의미가 있는 정보)을 탐색하고 발굴하기 위해서는 빈도분석, 통계적 추론, 군집분석, 네트워크 분석, 시각화 분석 등의 다양한 분석기법을 사용하게 되는데, 이들을 적용하는 프로그래밍 도구나 분석도구들이 많으며, 어렵지 않게 활용이 가능하다.

사람들은 이러한 텍스트 형태의 문헌(문서)을 작성하면서, 주제, 감정, 의견 등과 같이 자신이 의도하는 바를 여러 가지 단어들을 사용하여 표현한다. 텍스트 마이닝은 텍스트의 단어들을 근거로 이러한 사람들의 의도를 파악하게 된다. 텍스트 마이닝은 이처럼 많은 사람들이 작성한 문헌 텍스트 집합에서 그들의 의도를 파악하기 위한 텍스트 내용분석방법이며, 대상이 되는 문헌 텍스트 집합이 방대한 규모인 경우 자동화된 기술들을 동원하여 분석작업을 수행하게 된다. 즉 텍스트 마이닝은 대규모 문헌 텍스트 집합의 자동화된 내용분석기법이다. 대규모 문헌 집합에 대한 텍스트 분석이며, 언어 텍스트의 빅데이터 분석의 대표적인 방법으로 부각된 것이 바로 텍스트 마이닝이다. 이러한 텍스트 마이닝의 구성요소를 간략히 살펴보면 다음과 같다.

첫째, 방대한 규모의 언어 텍스트 집합이 있다. 연구논문, 신문기사, 소설 미디어의 영화평, 문학작품, 특정 주제의 언어 코퍼스 등 어떠한 문헌(문서, documents)이든지 상관이 없다. 분석의 목적에 부합하는 텍스트이면 가능하다는 것이다. 분석하고자 하는 텍스트(문헌, 문서) 집합의 전체를 코퍼스(corpus)라고 하며, 컴퓨터에 의한 처리가 가능한 형태인 파일이나 DB에 저장되어 있다.

둘째, 개별 언어 텍스트들을 구성하는 단어들의 집합으로 분리하는 자연어 처리(Natural Language Processing : NLP)기술이 필요하다. 자연어 처리는 인간이 생성한 자연어 형태의 텍스트를 컴퓨터가 이해하고 분석해서 처리하는 제반기술을 의미한다. 이 중에서 텍스트의 단어들을 추출하고, 키워드를 선정하는 역할을 수행한다. 한글 문헌의 경우 주로 형태소 분석작업을 말한다. 분석대상의 문헌들을 수집하고 자연어 처리기술을 통해 각 문헌을 대표하는 키워드를 선정하는 과정을 전처리(pre-processing)과정이라고 한다. 비정형의 텍스트를 분석이 용이한 형식으로 변환하는 작업이다. 분석의 실제과정에서 요구되는 입력데이터 형식을 만드는 것이다. 대체로 문헌과 키워드로 선정된 단어의 행렬인 문헌-단어 행렬(Document-Term Matrix : DTM) 형태나 이와 유사한 데이터 구조로 만들어진다. 예를 들어, 다음과 같은 3건의 문헌 집합이 있다고 한다.

문헌-1 : 사과는 과일이다.
문헌-2 : 과일은 음식이다.
문헌-3 : 음식은 사람들의 건강에 유익하다.

이 문헌에서 단어들을 추출하고, 적절한 키워드를 다음과 같이 선정하였다고 하자 : 문헌-1은 {사과, 과일}, 문헌-2는 {과일, 음식}, 문헌-3은 {음식, 건강}. 이 경우, 문헌-단어 행렬은 다음과 같은 데이터 구조를 가진다. 행렬의 셀값은 출현빈도를 나타낸다.

표 3-17 | 문헌-단어 행렬

	사과	과일	음식	건강
문헌-1	1	1	0	0
문헌-2	0	1	1	0
문헌-3	0	0	1	1

셋째, 키워드로 선정된 단어들을 대상으로 실제의 분석작업을 수행한다. 특정 단어의 출현빈도를 대상으로 하는 각종 빈도분석, 동시출현빈도 등과 같은 단어들 간의 관계를 활용하는 네트워크 분석, 빈도나 관계 데이터를 대상으로 하는 시각화 분석, 통계적 추론 등을 적용한다. 분석의 목적에 따라 적용되는 분석기법이나 도구들을 선택하게 된다. 언어 텍스트에서 추출한 키워드들을 대상으로 하는 텍스트 마이닝의 유형으로는 키워드 빈도분석, 네트워크 분석, 주제분석, 감성분석(의견분석), 심리분석, 어조분석 등으로 구분

할 수 있다. 키워드 빈도분석은 텍스트 마이닝에서 가장 기초적인 분석방법이다. 키워드 네트워크 분석은 앞에서 다룬 언어 네트워크 분석을 의미한다. 주제분석은 토픽모델링, 자동분류, 범주화 등과 같이 키워드를 통한 문헌의 주제범주를 구분하는 방법이다. 물론 감성분석과 심리분석도 넓은 의미에서는 주제분석이지만, 특수한 형태의 분석방법으로 분류할 수 있다. 언어 텍스트에 나타난 감성적 주제의 분석, 심리적 주제의 분석이기 때문이다. 어조분석은 텍스트를 구성하는 글(문장)의 어조와 태도를 판단하여 분석하는 것을 말한다. 글에 나타난 감정적인 어조(유쾌, 분노 등), 글이 주는 사회적인 어조(개방성, 친화성, 성실성 등) 등을 평가한다.

텍스트 마이닝이 기존의 언어 텍스트 분석과 차이가 나는 점은 분석대상의 규모가 방대하다는 것뿐이다. 그런데 방대한 규모를 나누는 기준이 명확하지 않기 때문에, 텍스트 집합에 자연어 처리기술을 사용하여 키워드들을 추출하고, 자동화된 환경에서 통계나 네트워크 관점에서 분석하는 자체를 의미한다고 보는 것이 가장 타당할 것이다. 분석과정에 자동화기술이 좀 더 많이 사용된다는 의미이다.

그러므로 이 절에서는 앞에서 논의하지 못한 언어 텍스트 분석방법, 즉 텍스트 마이닝 방법들을 중심으로 살펴보기로 한다. 언어 텍스트에서 주제를 발견하는 토픽모델링, 언어 텍스트에 나타난 감성분석, 그리고 심리분석을 중심으로 설명한다.

1) 토픽모델링

언어 텍스트 집단에서 키워드를 선정하는 일반적인 방법은 개별 텍스트(문헌)들에서 단어들을 추출하고 그것들을 토대로 각 문헌을 가장 잘 대표할만한 자질이 있는 단어들을 키워드로 선정한다. 이 과정을 도식화하면 다음과 같다.

그림 3-5 | 일반적인 키워드 선정방법

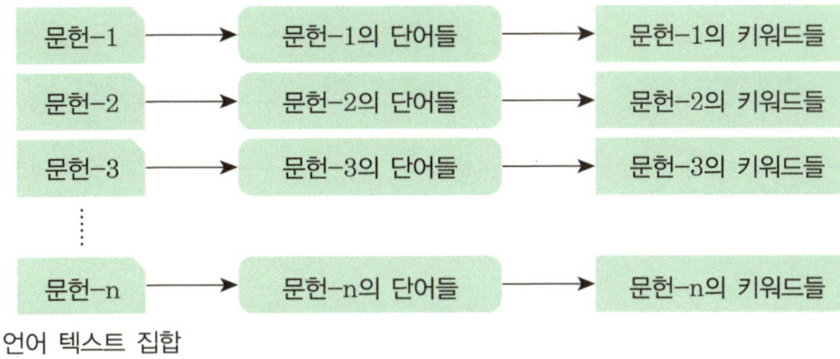

토픽모델링(topic modeling)은 언어 텍스트 집합을 가장 잘 표현할 수 있는 토픽(topic)이라는 주제범주를 구분하는 기법이다. 토픽을 '주제'라고 하지 않고 '주제범주'라고 하는 것은 토픽이 복수의 단어들로 구성되며, 이것을 대표하는 개념이기 때문이고, 전체 언어 텍스트 집합을 특정한 수의 주제범주로 구분하는 것이기 때문이다. 토픽모델링에서 단위 텍스트는 문헌(document, 문서)이라 한다. 그리고 분석대상이 되는 대량의 문헌 집합을 코퍼스(corpus)라 한다. 토픽은 코퍼스의 주제범주(또는 주제 프레임)이며, 각 토픽마다 그 주제범주를 표현하는 단어들의 리스트로 구성된다.

토픽모델링에서 표현하는 형식으로 풀어쓰면, 코퍼스는 N개의 문헌들로 구성되고, 각 문헌들은 N_d만큼의 단어(키워드)들이 등장한다. 각 문헌에서 등장하는 고유한 단어들의 수 V는 어휘(vocabulary)라고 한다. 토픽모델링은 이렇게 각 문헌에 등장하는 단어들의 사용 패턴을 근거로 해서, 전체 K개의 토픽을 확률적으로 추정하여 제시한다. K개의 토픽은 코퍼스를 대표하는 토픽들이며, 각 문헌의 입장에서는 K개 토픽 중 일부의 토픽들을 나타내는 것이 된다. 그러므로 토픽모델링의 결과(output) ① K개의 토픽 추정, ② 각 문헌에 해당하는 토픽들(document topics) 추정, ③ 각 토픽에 포함되는 단어들(topic words)도 추정이 된다.

토픽모델링이 각 문헌의 토픽들을 추정하는 것은 언어 네트워크 분석의 키

그림 3-6 | 토픽모델링의 토픽(키워드) 선정방법

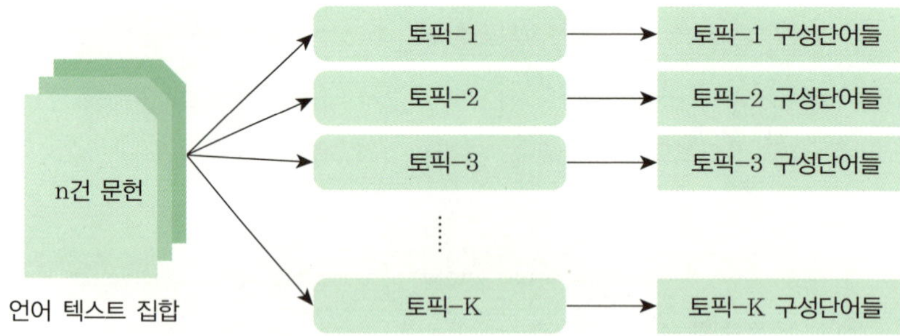

워드 선정과정에서 활용할 수 있는 기법이다. 먼저 토픽모델링으로 문헌의 집단 전체를 구성하는 토픽을 도출하여 이것을 주제 프레임으로 정하고(예를 들어, 50개의 토픽으로 구성되는 주제 프레임), 각 문헌의 토픽들을 추정하면, 토픽들이 문헌의 키워드들이 되는 것이다. 그 결과 문헌과 토픽으로 구성되는 관계의 언어 네트워크를 구성할 수 있는 것이다. 더불어, 각 토픽과 구성단어들의 언어 네트워크도 구성할 수 있다.

정리하면, 토픽모델링은 각 문헌들에 등장하는 단어들을 토대로 하여 문헌 집합에서 전체의 토픽들을 추정하고, 개별 문헌에 해당하는 토픽들과 각 토픽을 구성하는 단어들까지도 확률분포에 근거하여 자동으로 추출하는 방법이다. 물론 토픽모델링은 이러한 토픽을 구분해내는 것뿐만 아니라 문헌 집단을 자동분류하거나 군집화(clustering)하는 기법으로도 사용이 가능하다.

이렇게 토픽모델링의 역할을 설명하였지만, 내부적인 처리과정은 결코 쉬운 것이 아니다. 토픽모델링을 제대로 이해하기 위해서는 단어색인기법 중에서 잠재의미색인이라는 기법부터 먼저 알아야 한다. 단어색인기법은 문헌 텍스트에서 의미 있는 단어(키워드)들을 추출하는 방법을 말하며, 대체로 문헌 내 단어의 출현빈도를 근거로 단어들을 추출한다. 토픽모델링은 각 문헌에 나타나는 단어들이 아니라, 문헌에 잠재하는 의미를 나타내는 개념들을 파악하여 그것들로 색인(추출)하는 잠재의미색인(Latent Semantic Indexing : LSI)이라는 기법을 사용한다는 특징이 있다. 문헌에 잠재하는 의미를 파악하는 것에 수학적(확률적)인 원리를 적용하는 것이기에, 어렵다고 한 것이다. 잠재의미색인(LSI)기법 이외에도 확률적 잠재의미색인(Probabilistic Latent Semantic Indexing : PLSI), 잠재 디리클레 할당(Latent Dirichlet Allocation : LDA)기법들이 있다. 최근의 토픽모델링에서는 LDA 기법과 LDA를 변형한 기법들까지 사용한다.

현재의 토픽모델링을 대표하는 LDA 기법은 주어진 문헌 집단에 대하여, 각 문헌에 어떤 토픽들이 존재하는지를 확률적으로 판단하는 확률모형이다. LDA 기법의 토대를 이루는 것으로, 사람들이 필요에 의해 어떤 토픽들을 나타내는 문헌을 작성하는 과정에서, 문헌-토픽-단어 사이에 존재하는 다음과 같은 가정을 전제한다. 토픽은 관련이 있는 단어들로 구성된다. 한 문헌이 복수의 토픽을 다룬다면, 각 토픽은 관련된 단어들을 활용하여 표현한다. 이것은 문헌을 작성하는 사람들의 관점을 문헌의 작성과정으로 설명한 것이다.

이와 같은 가정을 역으로 하여 문헌의 관점에서 보면, 하나의 문헌은 여러 가지 토픽들로 구성되어 있고 각 토픽들은 그 토픽에 속하는 여러 단어들을 조합하여 구성된다고 설명할 수 있다. 물론 특정한 단어는 하나의 토픽만을 위해 사용하지 않고, 복수의 토픽에 사용할 수 있다. 그래서 문헌은 토픽의 조합(mixture of topics)이고, 토픽은 단어의 조합(mixture of words)이라고 한다. 다시금 이것을 역으로 설명하면, 문헌 내에 등장하는 단어들을 기반으로 토픽을 구성하고, 이것을 토대로 문헌의 토픽들을 추정할 수 있게 된다.

이재연은 이 가정을 '사과'라는 사례를 들어 설명하고 있다.[27] '사과'라는 단어가 있고, 주변에 '배', '딸기', '포도' 등의 단어들이 같이 등장한다면 그 단어들은 '과일'이라는 주제(토픽)로 묶일 수 있고, 만약 '미안', '잘못', '실수', '피해' 등의 단어들과 같이 등장한다면 '사죄'라는 주제로 묶일 수 있을 것이다. LDA는 '사과'라는 단어가 '과일'에 속할지 '사죄'라는 개념에 속할지를, 그 단어가 하나의 주제 속에서 (배, 딸기, 포도 등의 단어들과 함께) 얼마

27) 이재연, 전게논문, pp.297-298.

나 자주 등장하는지, 또 그 단어가 들어간 주제가 전체 문헌 속에서 얼마나 자주 등장하는지를 통해 주제가 '과일'인지 '사죄'인지 판단한다는 것이다.

이러한 가정을 전제로 다음과 같은 판단이 가능하다. 첫째, 많은 수의 문헌 집단이 있으며, 각 문헌은 단어들의 분포에 따라 구분되는 잠재적인 주제들의 결합으로 구성된다는 것이다.[28] 둘째, 특정 단어와 인접하는 위치에 있는 단어들(동시출현단어)은 하나의 주제나 그 외의 주제들에 속할 확률을 계산할 수 있게 된다. 특정 단어가 한 주제에 속할 확률을 문헌 내 그 주제의 크기를 통해 구한다. 그러므로 이러한 방식으로 전체 문헌들은 포함하고 있는 단어들에 의해 주제들을 파악하며, 각 주제들은 포함되는 단어들의 리스트를 확인할 수 있게 된다.

LDA 모델(또는 알고리즘)은 수학(통계)적인 것이기에, 그 자체를 이해하려면 어렵다.[29] 그러나 실제의 적용과정을 설명하면 다음과 같다. ① N개의 문헌들로 구성되는 코퍼스를 구축한다. ② 적절한 방법을 통해 문헌에서 주요한 단어(키워드)들을 추출(선정)한다. 추출된 각 단어들을 모아서 전체 V개의 고유한 단어들의 집합인 어휘(vocabulary)를 구성한다. ③ 문헌(행)과 어휘(열)의 출현빈도(행렬의 셀값)로 구성되는 문헌-단어의 행렬(Document-Term Matrix : DTM)을 생성한다. 이것은 N×V의 행렬이 된다. ④ 각 문헌에 등장하는 단어들의 조합관계를 통해 확률적으로 K개의 토픽을 추출한다. 그리고 K개 토픽마다 각각의 단어의 집합을 확률로 추정하여 조합한다. 어떤 단어가 특정 토픽에 속하는 정도를 확률로 계산하는 것이기에, 그 토픽에 속하는 정도를 알 수 있게 된다. 이러한 과정을 통해 얻어지는 결과는 N개의 각 문헌에 대한 토픽들, K개의 각 토픽에 대한 단어들에 대한 추정확률을 가지는 행렬이 된다.

요약하면, N개의 문헌에 등장하는 단어들(N×V 행렬, 각 문헌별 등장단어

28) 이재연, 전게논문, p.284.

29) Blei, D. M., Andrew, Y. Ng & Jordan, M. I.(2003), "Latent Dirichlet Allocation," *Journal of Machine Learning Research*, 3(4-5), pp.993-1022.

들)을 토대로 N개 문헌의 토픽들(N×K 행렬, 각 문헌별 토픽들의 비율)과 K개 토픽의 단어들(K×V 행렬, 각 토픽별 단어들의 비율)을 확률적 추정으로 구하게 된다.[30][31] 한편, 문헌 텍스트 집단이 방대하고 시기적 변수에 따라 구분할 수 있으면, 문헌 텍스트를 시기별로 나누어 각 시기별 토픽모델링을 수행할 수 있다. 이것을 동적 토픽모델링(dynamic topic modeling)이라고 하며, 각 시기별 토픽의 변화 양상을 파악할 수 있다. 그리고 각 문헌의 메타데이터(저자, 제목, 지역, 링크 등)를 활용하여 저자 토픽모델링(author-topic model), 관계 토픽모델링(relational topic model) 등을 수행할 수도 있다.

문헌 집단(코퍼스)의 토픽모델링 결과로 얻어지는 토픽(주제범주)과 구성단어 리스트를 이용하면, 문헌과 토픽관계와 토픽과 단어관계의 언어 네트워크를 구성할 수 있다. 이러한 이원모드 행렬들에서 문헌들, 토픽들, 단어들 각각에 해당되는 일원모드 행렬을 구하여, 각각의 언어 네트워크들을 구성할 수도 있다.

(1) 사례-1 : 강범일 등(2013) 연구

강범일・송민・조화순(2013), "토픽모델링을 이용한 신문자료의 오피니언 마이닝에 대한 연구," 한국문헌정보학회지, 47(4), pp.315-334.

이 연구는 토픽모델링 기법을 이용하여 신문기사를 대상으로 주제 기반의 감성분석(의견분석)을 수행한 것이다. 대통령 선거라는 사회적 핫이슈에 대해 보수매체(조선일보, 동아일보)와 진보매체(한겨레, 경향신문)의 신문기사에서 토픽모델링으로 도출한 주제들의 양상을 비교하는 데 초점을 맞추었다.

30) 정한조(2015), "온톨로지와 토픽모델링 기반 다차원 연계 지식맵 서비스 연구," *J Intell Inform Syst*, 21(4), pp.79-92.

31) 박자현・송민(2013), "토픽모델링을 활용한 국내 문헌정보학 연구동향 분석," 정보관리학회지, 30(1), p.15.

저자들은 사회적 사건으로서 대통령 선거라는 정치적 이슈에 대해 신문기사에 나타난 의견을 추출, 분류, 이해, 평가하는 방법으로 감성분석을 하고 있다. 또한 각 주제들에 대해 보수매체와 진보매체의 정파성을 파악하는 감성분석을 수행하였다. 정리하면, 이 연구는 사회적 이슈에 대해 토픽모델링으로 주제들을 도출하고, 감성분석으로 주제들에 나타난 정파적 특성을 분석한 것이다. 여기서는 토픽모델링의 과정과 감성분석의 결과에 대해 살펴보기로 한다.

① 데이터 수집

18대 대선후보와 관련한 신문기사들 중에서 박근혜, 문재인, 안철수가 등장하는 기사들을 수집하였다. 기사수집의 대상은 국내 신문으로, 보수성향의 신문매체 2종(조선일보, 동아일보), 진보성향의 신문매체 2종(한겨레, 경향신문)이다. 선거 직전 2년(2011. 1. 1.~2012. 12. 18.) 범위에서 전체 약 20,000건의 기사들이 수집되었다.

② 데이터 전처리

데이터 전처리는 크게 2단계로 구성되어 있다. 첫째, 순수한 기사본문의 수집단계이다. 인터넷 사이트를 통해 수집한 웹 페이지 형태의 기사이므로, 마크업 기호, 연관기사 제목, 신문사별 고유 문구 등의 불필요한 요소들을 제거하여 기사의 순수 본문만으로 정리하였다. 둘째, 기사본문을 대상으로 형태소 분석을 하여 단어(명사형)들을 정제하는 작업을 수행하였다.

③ LDA 모델을 이용한 주제 추출

3,000번의 샘플링을 반복하여 총 15개의 주제를 추출하였다. 추출된 주제들에 대해서는 적절한 주제명을 부여하였다. 각 주제는 20개의 단어들로 구성하였다. '대통령 선거'라는 큰 사회적 쟁점에 대해 15개의 주제들은 작은 선거쟁점이 된다.

④ 동시출현단어 네트워크 분석

보수와 진보 매체에서 공통으로 추출한 주제이지만, 각 주제를 구성하는 단어들의 내용과 단어들 간의 관계는 차이가 날 것이다. 이것은 정파성의 차이이며, 선거의 15가지 쟁점에 대한 보수매체와 진보매체의 의견차이를 살펴볼 수 있다. 이러한 차이를 살펴보기 위해 동시출현단어 네트워크를 구성하였다. 각각의 주제(선거쟁점)를 구성하는 20개의 단어들이 동일한 기사에 함께 출현하는 경우 동시출현빈도로 행렬(단어×단어)을 구성하였다. 그리고는 코사인 유사도(cosine similarity) 계수를 사용하여 동시출현하는 단어들 간의 패스파인더 네트워크(Pathfinder Network)를 구성하였다.

⑤ 시계열 분석

신문기사들에서 월 단위의 시기별로 20개 주제들의 등장빈도 추이를 살펴보고 있다. 이 분석으로 '대통령 선거'에 대한 20개의 쟁점(주제)들에 대한 보수매체와 진보매체의 의견을 살필 수 있게 된다.

(2) 사례-2 : 신규식 등(2015) 연구

신규식 · 최회련 · 이홍철(2015), "신재생에너지 동향 파악을 위한 토픽 모형분석," *Journal of the Korea Academia-Industrial Cooperation Society*, 16(9), pp.6411-6418.

이 연구는 신재생에너지와 관련된 최근 10년간(2006년 1월부터 2015년 6월까지)의 우리나라 언론기사(총 51,558건)에 적용하여 국가 정책의 핵심이슈 및 세계적인 연구 트렌드를 분석하고, 성장가능성이 있는 신재생에너지 분야를 예측하였다.

① 단어 추출

수집된 언론기사 텍스트의 본문에서 형태소 분석과 두 글자 미만의 단어는 제외하고, 불용어 처리 등의 과정을 통해 51,558건의 문헌에서 전체 188,248개의 용어로 이뤄진 Document Term Matrix라는 구조화된 데이터를 구축하였다.

② 토픽 추출

주제별 사후 출현확률이 높은 단어로 주제를 선정하고, 전체 20개의 토픽(주제범주)을 도출하였다. 20개의 각 토픽들은 다음과 같다: 에너지협력사업, 에너지절약 교육프로그램, 탄소배출권, 선진국의 온실가스 감축 관련 노력 현황, 스마트 그리드, 그린홈(Green Home), 신재생에너지사업, 태양광보급사업, 폐자원을 활용한 에너지 현황, 자유무역협정, 지역 경제 활성화사업, 국내 기업 사업 현황, 신재생에너지 투자 현황, 태양전지 관련 사업, 에너지와 IT기술 접목사업, 정부 주도 포럼, 신재생에너지육성사업, 국제 그린에너지 엑스포, 에너지 인재 양성 프로그램, REC(Renewable Energy Certificate).

그림 3-7 | 토픽을 노드로 구성되는 네트워크

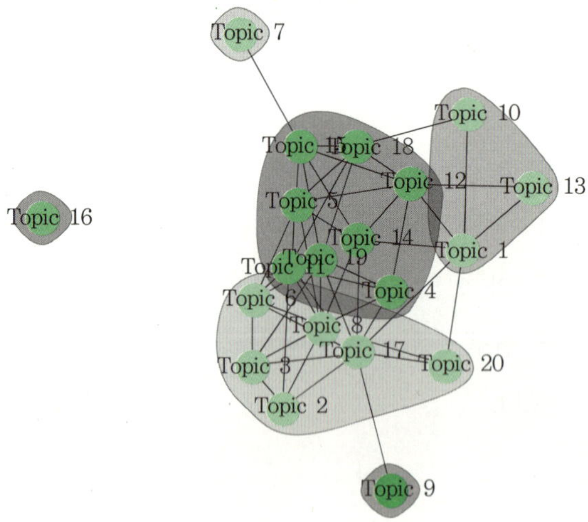

③ 네트워크 구성과 분석

토픽모델링 결과의 네트워크는 토픽 개체의 변수들의 위치 중심성 구조로 유사성을 확인할 수 있는 Community Detection 알고리즘을 통해 구성하였다. 20개의 토픽을 노드로 구성되는 네트워크는 6개의 하위집단으로 구성되는 네트워크임을 확인하고 있다.

(3) 사례-3 : 이재연(2016) 연구

이재연(2016), "키워드와 네트워크 : 토픽모델링으로 본 『개벽』의 주제지도 분석," 상허학보, 46, pp.277-334.

토픽모델링의 연구사례를 참조하여, 이 논문은 1920년대의 지식인들에게 널리 읽혔던 개벽의 주제군들과 그 연관관계를 네트워크를 통해 파악하고자 한다. 연구과정은 다음과 같다 : ① 개벽 안에서 같이 등장하는 단어들(공기어)의 빈도 파악과 통시적 분석, ② 공기어들과 연관된 공통 주제들을 찾아 개벽의 주제지도를 그리기, 특히 '생명'과 '생활' 주제에 주목하여 관련 기사와 그 기사들을 쓴 문학 및 비문학 계열 저자들의 연계망을 알아보기, ③ 마지막으로 텍스트 분석을 통해 개념어가 사용된 의미의 맥락을 살펴보기.

① 코퍼스 확보

한국역사정보통합시스템의 원문보기 서비스를 이용하여 〈개벽〉의 전자문서(electronic text)를 확보하였다. 〈개벽〉의 모든 텍스트본을 확보한 것이 아니며, 빠진 글자나 오타가 포함될 수 있는 불충분한 텍스트이지만, 연구를 할 당시에는 유일한 전자 텍스트이기에 선택하였다고 한다.

② 형태소 분석

〈개벽〉의 전자문서를 가지고 자연어 처리를 하기 위해 코모란(Komoran)

이라는 형태소 분석기를 사용하여 명사를 분류해내고, 불용어 처리 등 각종 정제작업을 수행하였다.

③ 공기어 파악과 네트워크 구성

원데이터를 바탕으로 문장 기준으로 동시출현한 공기어를 파악하고 얼마나 자주 같이 등장했는가에 가중치를 부여, 그 결과를 네트워크로 시각화하였다.

④ 토픽모델링

LDA 방식으로 〈개벽〉에 있는 공기어를 분석하여 20개의 주제단어(키워

그림 3-8 〈개벽〉의 50개 주제지도

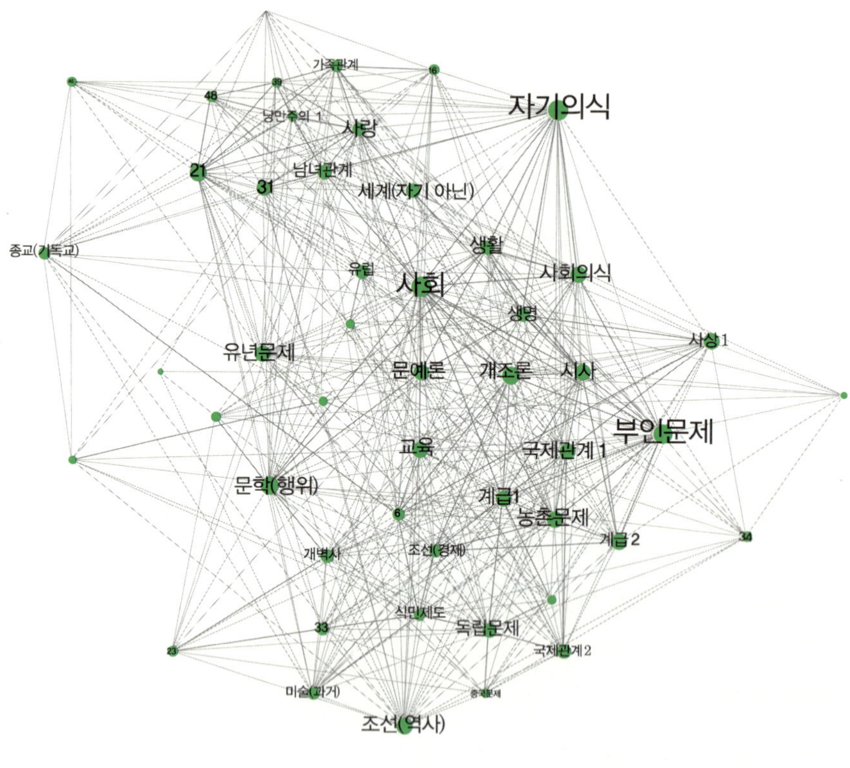

드)를 가진 50개의 주제(토픽)를 구하였다. 50개의 주제들에 이름을 붙이고 공유하고 있는 주제어들을 연결하여 네트워크로 만들었다.

(4) 사례-4 : 남춘호(2016) 연구

남춘호(2016), "일기자료 연구에서 토픽모델링 기법의 활용가능성 검토," 비교문화연구, 22(1), pp.89-135.

이 연구는 한국 농촌의 일기자료 〈아포일기〉를 대상으로 토픽모델링 기법을 적용한 사례이다. 아포일기는 경북 김천시 아포읍에 거주하는 농민 권순덕이 25세가 되던 1969년 1월 1일부터 2000년 12월 31일까지 기록한 총 27년에 걸친 9,468일의 기록이다.

한글자연어처리기 KoNLP를 사용하여 전처리과정을 수행하였으며, 일기에 나타나는 명사방언들은 KoNLP에 탑재된 세종사전에 수록하는 방식으로 일기에 나타나는 명사들을 추출하였다. 그 결과 아포일기의 전체 텍스트를 코퍼스로 하여, 43,799개의 명사를 추출하였다. 이 중에서 어휘 총빈도(GF), 문서별 어휘빈도(TF), 해당 어휘의 출현 문서수(DF)를 활용하여 3,619개의 어휘를 추출하여 토픽모델링 분석에 사용하였다. 이것은 1차로 해당 어휘가 일기 전체에 나타난 총빈도수(GF)가 8회 이상인 어휘를 추출하고, 2차로 TF×IDF가 0.2보다 큰 어휘를 재추출한 결과이다. TF×IDF는 각 문서별 해당 어휘빈도(TF)를 해당 어휘가 나오는 전체 문서수(DF)로 나눈 값이다.

결국 전체 일기를 하나의 문서(document)로 지정하고, 9,468일 전체 텍스트 뭉치(코퍼스)에 나오는 3,619개 어휘를 R기반 topicmodels 패키지로 분석하여 일기 전반의 내용을 조망하였다. 토픽수는 추출된 토픽의 해석가능성을 위주로 40개로 결정하였다. 그리고 추가적으로 9,468일 동안의 일기를 날짜(월, 연) 단위로 나누어 분석하고 있다. 월별로 나누어서는 농사(벼농사, 과수 및 채소농사) 관련 토픽의 출현빈도, 연도별로 구분하여서는 가족과 정치 관련 토픽의 출현빈도를 분석하고 있다.

또한 일기 전체를 문단 단위로 좁혀서 3명의 자녀들이 언급된 문단들을 추출하여 이들을 대상으로 토픽모델링을 실시하였다. 선정된 토픽들 중에서 자녀들의 '공부'에 해당되는 토픽에 할당된 단어들을 토대로 3명의 자녀들에 대한 공부 토픽의 단어 네트워크를 구성하였다. [그림 3-9]는 아들 '훈이'가 언급된 문단들에 나타난 '공부' 토픽의 핵심어휘 네트워크의 사례이다.

그림 3-9 ▌아들의 공부 토픽의 핵심어휘 네트워크

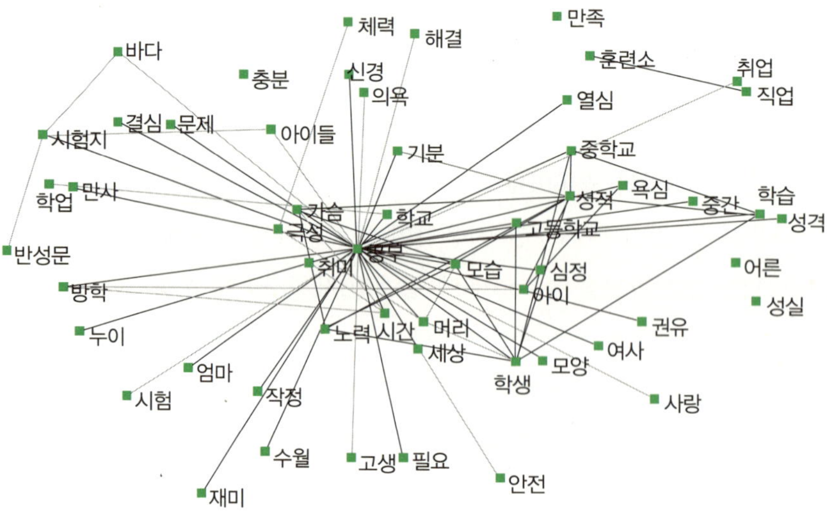

2) 감성분석

감성분석은 언어 텍스트 집합에 나타난 감성(sentiment)을 분석하는 것으로, 언어로 표현된 사람들의 생각과 감성(감정·정서, 의견 등)을 파악하는 것이다. 특정한 사물(상품, 영화 등), 인물, 사건 등의 대상에 대한 상품평, 영화평, 뉴스댓글, SNS 게시글 등의 언어 텍스트를 대상으로 하며, 대상을 표현한 텍스트에 나타난 감성의 정도(감성지수: 부정–긍정, 강도)를 측정한다.

빅데이터 분석의 일환으로, 연구보다 현장(마케팅, 위기관리, 선거 등)에서 활용이 많다. 감성분석과 관련된 개념으로 의견분석과 감정분석이 있다.

의견분석(opinion mining, 오피니언 마이닝)은 언어 텍스트 집합에서 주관적인 의견을 나타내는 의미(입장, 태도, 성향 등)에 해당되는 단어(의견단어)들을 추출하여, 언어 텍스트에 내재된 의미(가치)가 있는 정보(의견의 분류, 요약, 평가 등)로 변환하여, 이를 의사결정에 활용하는 방법이다. 언어 텍스트에 대한 빅데이터 분석에 사용된다. 의견분석은 감성분석과 거의 같은 개념으로 사용하며, 방법적으로도 매우 유사하다. 의견분석은 평판분석이라고도 한다,

감정분석(emotion mining)은 언어 텍스트 집단에서 주관적인 감정의 의미를 나타내는 키워드(감정단어)들을 추출하여, 그 특성을 파악하는 방법이다. 순수한 감정단어들을 찾아서 추출하고, 문헌에 나타난 감정의 정도를 파악한다, 한편, 감정은 정서라는 단어와 관련이 있다. 정서(affect)는 개인의 감정, 생각, 행동 등과 관련된 상태이며, 감정보다는 조금 더 넓은 의미를 나타낸다. 사람의 마음에 일어나는 여러 가지 감정 또는 감정을 불러일으키는 기분이나 분위기라는 〈표준국어대사전〉의 뜻으로 보아 정서는 감정을 기반으로 한다. 영어에서도 감정과 정서 모두 'emotion'이라고 표현하기도 하므로, 감정과 정서는 거의 같은 개념으로 사용해도 무방하다. 이 말은 감정분석은 정서분석과 유사한 개념이라는 것이다.

세 가지 분석기법을 비교하면 다음과 같다. 세 가지 분석기법 모두 주관적인 의미(감정, 의견)의 단어들을 분석하며, 상품평, 영화평, 사건평, 문학작품평, 신문기사평 등에 대한 분석이 가능하므로 모두 유사한 개념으로 인식이 가능하다. 감정 이상의 인간의 주관적인 의견을 파악하므로 감성분석(의견분석)은 가장 상위적인 분석개념이며, 인간의 본능적인 감정을 파악하는 감정분석은 가장 하위적인 분석개념이다. 감성분석은 주관적인 감정의 상태만을 분석하는 경우 감정분석이 되며, 의견의 상태까지 포함하면 의견분석이 된다는 것이다. 그러므로 필요와 목적에 따라 적절하게 감정이나 의견의 상태를

선택하여 사용하면 된다.

언어 텍스트 집단에서 감성을 분석하는 핵심단계는 다음과 같다. 첫째, '주관성 탐지'로 주어진 텍스트(문장, 문단과 같은 분석 단위)가 주관적인지 객관적인지 판단하는 단계이다. 텍스트에 나타난 화자의 주관적·객관적 형태를 판단하는 단계이다. 둘째, '극성 분류'로 주관적인 형태의 텍스트를 대상으로 긍정·부정과 같은 극성을 분류하는 단계이다. 상황에 따라 찬성·반대, 유쾌·불쾌 등으로 분류할 수 있다. 셋째, '감성의 정도 분석'으로 주관적인 텍스트 각 개체뿐만 아니라 전체 텍스트 집합에 대한 긍정적인 정도와 부정적인 정도를 측정하는 단계이다.

감성분석은 사용하는 기법에 따라 크게 어휘 기반의 감성분석과 기계학습 기반의 감성분석으로 구분할 수 있다. 전자는 감성사전(sentiment dictionary)과 같은 기확보된 어휘(단어)를 활용하는 방식이다. 감성사전에서 어휘, 어휘의 특성(감성점수) 등의 데이터로 구성된다. 가장 대표적인 감성사전은 Senti Word Net이다. 이 사전은 약 15만 건의 영어단어들에 대해 품사(명사, 동사, 형용사, 부사), 동의어 감성점수(긍정, 부정, 중립)의 데이터를 보유하고 있다. 이처럼 기구축된 감성사전이 없으면 적절한 데이터의 감성사전을 구축한 다음, 감성분석을 수행하여야 한다. 후자의 기계학습 기반의 감성분석은 다양한 기계학습 또는 딥러닝 기법들을 감성분석에 적용하게 된다. 대상 텍스트(코퍼스)에서 특성(자질)의 데이터를 추출하여, 학습기법으로 감성을 파악하게 된다. 최근에 급부상하고 있는 텍스트 기반의 인공지능 적용 영역의 하나이다.

감성분석은 특정 서비스 및 상품에 대한 시장규모 예측, 소비자의 반응, 입소문 분석 등에 활용되고 있으며, 공공 분야의 경우 민원의 원인이나 문제점 등을 파악하는 것이 용이해 서비스를 개선할 수 있다. 또한 기업은 특정 제품에 대한 고객의 반응을 빠르게 파악하고 선호도를 역으로 추론하는 데 효과적으로 활용할 수 있다. 정확한 감성분석을 위해서는 전문가에 의한 선호도를 나타내는 표현·단어 자원의 축적이 필요하다.[32)]

(1) 감성분석의 사례

① 사례-1 : '엄마'라는 단어에 대한 감성분석[33]

빅데이터 분석업체인 타파크로스는 2014년 5월에 페이스북, 트위터, 블로그, 커뮤니티 등에서 생성된 1,079만 건의 데이터(데이터 생성 기간은 2013년 1월 1일부터 지난 4월 30일까지임)에서 사람들이 '엄마'와 함께한 행동을 언급한 텍스트에서 '엄마'에 대한 감성분석 결과를 발표한 바 있다. 그 결과의 일부 내용은 [그림 3-10]과 같다.

그림 3-10 | '엄마'에 대한 감성분석 결과 일부

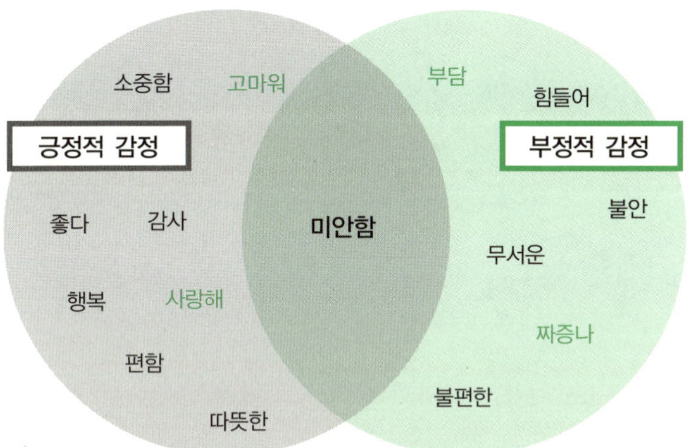

출처 : http://www.etoday.co.kr/news/section/newsview.php?idxno=910958

사람들은 '엄마'와 관련한 단어들로 '미안함', '고마워', '사랑해', '부담' 등의 단어들이 많이 나타남을 알 수 있다. 이 중에서 긍정적인 감정의 단어들과 부정적인 감정의 단어들을 구분하고 있다. 이 분석은 감정단어를 중심으

32) 김진욱(2015), "영화흥행을 위한 빅데이터 활용효과에 관한 연구 : 〈명량〉의 오피니언 마이닝 처리과정 중심으로," 한국엔터테인먼트산업학회논문지, 9(2), pp.81-90.

33) "빅데이터로 본 '엄마'… "고맙고 미안한 사람"," 이투데이 기사(2014. 5. 7.)

로 분석한 것이기에, 감정분석이라고도 할 수 있다.

② **사례-2 :** 2014년 세월호 관련 국민 정서변화 분석

감성분석은 긍정과 부정의 감성보다 더 세밀한 수준으로 분석이 가능하다. [그림 3-11]은 TIBUZZ라는 회사에서 2014년 세월호 관련 국민 정서변화 분석의 한 사례이다. 열 가지 감정을 기반으로 텍스트의 감성을 분석한 것이다.

그림 3-11 ▌세월호 관련 국민 정서변화 분석사례

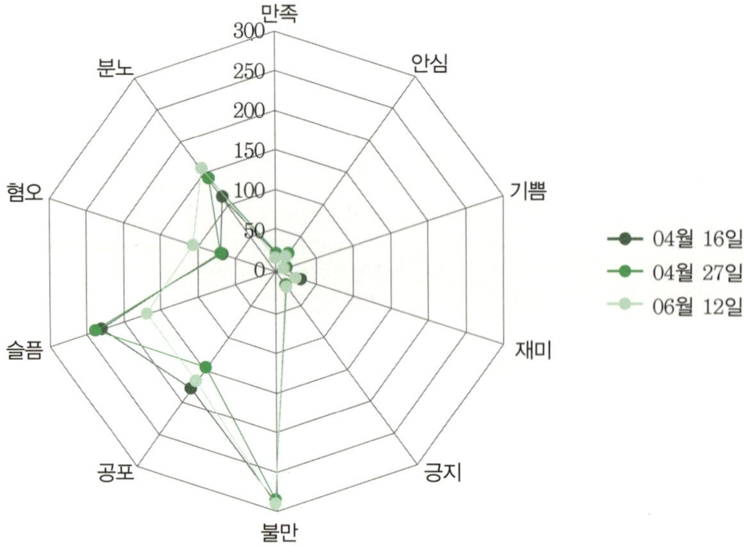

출처 : http://blog.bsmind.co.kr/1538

두 가지 범주의 프레임(긍정과 부정, 찬성과 반대 등)에 따른 분석이든, 다양한 범주의 감성 프레임(열 가지 감정사례와 같은)으로 분류하는 분석이든지, 언어 텍스트 집합에서 감성단어들을 추출하고 이들을 설정한 감성 프레임으로 코딩하는 작업이 매우 중요하다.

③ 사례-3 : 블로그의 극성 분류

이종혁 등(2014), "오피니언 마이닝을 활용한 블로그의 극성 분류기법," 한국디지털콘텐츠학회논문지, 15(4), pp.559-568.

이 논문은 블로그 글에 대한 고빈도 단어를 추출하여 주제어를 선정하고, 선정된 주제어를 기준으로 감정분석을 수행하여, 블로그 글에 대한 극성을 분류하고 있다. 블로그 글의 극성 분류과정은 블로그 데이터 수집, 고빈도의 단어 추출, 감정분석(극성 판별)작업 수행의 과정으로 진행하고 있다.

첫째, 블로그 데이터 수집과 선별은 국내 블로그 업체인 네이버, 다음, 티스토리, 싸이월드에서 핸드폰, 영화, 음식점의 총 세 개의 도메인과 관련된 블로그 글을 대상으로 하고 있다. 핸드폰 도메인은 '갤럭시S3', 영화 도메인은 '트랜스포머', 음식점은 열 가지 종류를 선정, 각 1만 건, 전체 14만 개 블로그 글을 수집하였다. 그리고 수집된 14만 건의 데이터를 대상으로 필요하지 않거나 중요하지 않은 글을 필터링하여, 전체 5,619건의 데이터를 선별하였다.

둘째, 블로그에 사용된 문장들을 추출하고, 형태소 분석작업을 통해 명사 단어들을 추출하여, 빈번하게 사용되는 단어(고빈도어)들을 도출하였다.

셋째, 문장에 등장하는 관형어, 부사어, 부정어 등의 처리와 단어 사이의 거리를 바탕으로 감정의 극성값을 부여하는 알고리즘으로 감정분석을 수행하였다. 이 방법은 언어 텍스트의 문장규칙에 기반한 감정분석기법이다.

④ 사례-4 : 사회 이슈에 대한 찬반 분류

강선아 · 김유신 · 최상현(2015), "텍스트마이닝을 이용한 사회 이슈 찬반 분류에 관한 연구," 한국데이터정보과학회지, 26(5), pp.1177-1173.

이 연구는 트위터에서 작성되는 사회 이슈(비키니 시위 사건)에 대한 의견을 수집하여, 사회 이슈를 주제로 하는 감성사전을 구축하고, 구축된 감성사전을 통해 감성분석을 하고 있다.

첫 번째 단계에서는 분석대상이 되는 사회 이슈(비키니 시위 사건)에 대한 텍스트를 위해, 트위터에서 '나꼼수', '비키니' 단어를 포함하는 트윗 글을 수집하였다. 데이터 수집기간은 2012년 1월 16일부터 2월 7일까지 13일이며, 수집된 데이터는 전체 4,363건이다.

두 번째 단계에서는 수집된 트윗 글을 대상으로 긍정과 부정, 중립을 태깅하여 중립인 글과 중복으로 수집된 글을 제거하여, 2,797건으로 축소하였다. 이는 긍정의 트윗 글 집합(1,225건)과 부정의 트윗 글 집합(1,572건)으로 구분하였다.

세 번째 단계에서는 두 종류의 트윗 글 집합을 대상으로 형태소 분석(세종국어사전 사용)을 실시하였다. 형태소 분석에서 얻은 단어빈도를 기준으로 각각 고빈도 단어 1,500개를 선택하였다. 적절한 단어정제과정을 통해 긍정의 트윗 글 집합에서 긍정단어 923개, 부정의 트윗 글 집합에서 부정단어 689개를 추출하였다.

네 번째 단계에서는 감성사전을 이용하여 트윗 글 문장에 대한 긍정과 부정을 판별하였다. 긍정의 트윗 글 집합(1,225건)과 부정의 트윗 글 집합(1,572건)에서 각각 1,000건의 글을 무작위로 추출하여, 형태소를 분석하고 단어를 추출하였다. 2,000건의 트윗 글에서 추출한 단어들과 감성사전의 단어들을 비교하여, 동일한 단어가 존재하면, 긍정은 +1을 부정은 −1의 값을 부여하였다. 그리고 트윗 글에서 긍정단어의 수가 부정단어의 수보다 많으면 해당 트윗 글을 긍정으로, 반대이면 부정으로 판별하였다.

(2) 감성분석의 과정

앞서 살펴본 감성분석의 사례는 거의 빈도분석(극성의 빈도분석) 중심의 분석결과를 보여준다. 특히 소셜 미디어의 언어 텍스트에 대한 빅데이터 분석에 치중하고 있다. 토픽모델링 사례에서 설명한 18대 대통령 선거의 15가지 쟁점에 대한 보수매체와 진보매체의 감성분석은 신문기사 텍스트를 대상으로 하며, 언어 네트워크 분석까지 활용한 사례이다. 이처럼 감성분석과 네트워크 분석의 융합은 보다 의미 있는 분석뿐만 아니라 결과를 가능하게 해줄 것이다.

아무튼 감성분석은 자연어 처리기술을 적용한 정보분석방법을 강조한 것이며, 더불어 분석대상으로부터 언어 텍스트의 수집과 주관성 탐지기술, 다양한 분석기법과 결과 제공기술 등을 포함하고 있다. 감성분석의 과정은 특정 대상(상품, 인물, 사건 등)에 대한 언어 텍스트 자료에서 분석대상에 대한 범주(주제, 쟁점, 속성) 분류, 범주별 언어형태 분석(형태소 분석), 범주별 감성단어의 태깅, 감성분석과 결과해석 등의 과정으로 구성할 수 있다.

그림 3-12 ▌감성분석과정

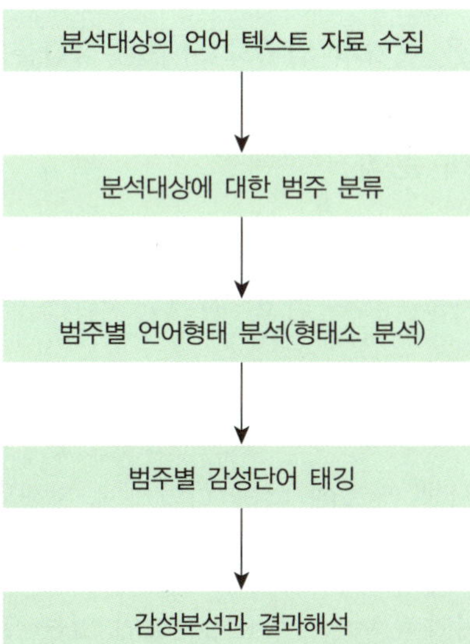

(3) 분석대상의 언어 텍스트 자료 수집

현재까지 분석대상의 언어 텍스트 데이터는 주로 소셜 미디어 매체를 많이 활용한다. 이 매체에서 상품·제품, 정당·단체·기업 등과 같은 조직, 연예인·정치인과 같은 인물, 정책·재난 등과 같은 사회적 사건 등과 관련된 내용을 담고 있는 메시지(게시글, 버즈 등)가 주로 많이 사용된다. 소셜 미디어 매체 이외에도 학술논문, 신문기사, 뉴스·문학작품 등도 분석대상이 된다.

(4) 분석대상에 대항범주 분류

감성분석대상이 되는 언어 텍스트 자료를 수집한 다음 단계는 분석대상(학문, 인물, 사회적 사건, 상품, 문학작품 등)에 대한 범주를 구분하는 작업이 필요하다. 이 작업은 반드시 필요한 과정은 아니며, 분석대상의 다양한 차원(패싯, facet)을 나누어 분석하고자 할 경우 필요하다. 학문의 경우 주제범주로 나누어 각 범주에 대한 감성을 분석하며, 인물은 다양한 평판범주(리더십, 역량, 성품 등), 사회적 사건은 핵심쟁점의 범주, 상품은 내재적·외재적 속성의 범주, 문학작품은 평가의 범주로 나누는 작업을 말한다.

(5) 범주별 언어형태 분석

이 과정은 범주별 언어 텍스트 집합을 나누어 형태소를 분석하는 것을 말한다. 각 범주별 단어들을 추출하고, 적절한 키워드들을 선정하여야 한다.

(6) 범주별 감정단어 태깅

이 과정은 분석대상과 목적에 따라 다양하게 진행된다. 범주별로 분석한 키워드의 감성을 실질적으로 판단하는 작업이다. 원칙적으로 감성단어사전을 기반으로 판단하여야 한다. 감성단어사전이 있는 경우, 이 작업은 수월할 수 있다. 키워드가 감정단어사전에 수록된 단어이면, 그 단어에 해당되는 감성의 특성값(극성, 각성 등)을 태깅하면 된다. 만일 키워드가 감정단어사전에 수록되어 있지 않은 단어이면 다소 복잡해진다. 해당 키워드는 무시하든지, 자동 분류기법을 이용하여 해당 키워드를 감정단어사전에 동적으로 수록하든지 하는 작업이 요구되기 때문이다.

(7) 감성분석과 결과해석

앞 단계에서 수행한 전체 수준 또는 범주 수준의 감성분석 결과를 토대로 다양한 분석작업을 수행한다. 언어 텍스트 집합에 나타난 긍정·부정의 빈도, 범주별 빈도, 빈도의 비교평가, 키워드 네트워크의 구성과 분석 등을 수행하며, 분석결과를 해석하고 요약하는 작업을 수행하게 된다.

3) 심리분석

언어 텍스트를 대상으로 하는 심리분석은 언어 텍스트에 나타난 심리적 특성을 분석하는 것을 말한다. 심리적 주제를 나타내는 범주 프레임이 존재하고, 분석대상의 언어 텍스트에서 해당 범주 프레임에 해당되는 단어들을 파악하는 방식으로 이루어진다. 미국에서 개발된 LIWC(Linguistic Inquiry and Word Count)와 한국의 상황에 맞게 변환한 K-LIWC와 같은 분석도구가 가장 대표적이다. LIWC는 Pennebaker와 King(1999)[34]이 개발한 것이며, 언어학과 심리적 특성을 파악하는 70여 개 변인과 각 변인에 해당되는 3,000~4,000개 수준의 단어사전을 갖춘 언어 텍스트 분석 도구이다. 단어사전에 포함되어 있는 단어들이 언어 텍스트에서 얼마나 많이 나타나는가 하는 단어출현빈도를 측정하여 분석한다. K-LIWC는 이창환 등(2005)이 LIWC를 바탕으로 하며, 한글 언어의 특성을 반영하여, 한글 텍스트의 심리분석을 위해 개발한 도구이다.[35]

---

34) Pennebaker, J. W., King, L. A.(1990), "Linguistic Styles: Language Use as an Individual Difference," *Journal of Counseling Psychology*, 1949, pp.153-163.

35) 이창환·심정미·윤애선(2005), "언어적 특성을 이용한 '심리학적 한국어 글분석 프

현재까지 활용하고 있는 언어분석은 LIWC 또는 K-LIWC에서 사용하는 변인들에 해당되는 단어들의 출현빈도(비율)만을 활용하는 수준이다. 단어들 간의 관계 네트워크 분석의 수준에까지 나아가지 않고 있다. 즉 언어 텍스트에서 형태소 단위로 추출한 개별 단어들에 대한 출현 비율만을 제시하므로, 이 단어들이 모여 궁극적으로 어떠한 의미를 나타내고 있으며, 단어들 간에 어떠한 관계가 형성되는지를 알 수 없다는 단점이 있다.

K-LIWC도 크게 언어학적 변인과 심리학적 변인들로 단어의 범주 프레임을 구성하고 있다. 전체적으로 약 60~80여 개 변인들로 구성하고 있다. 여기서 변인은 단어들의 유형을 의미한다. 이러한 변인들 중에서 일부 변인들만 사용할 수 있고, 필요 시 분석에 유용한 변인들을 별도로 정의하여 사용할 수도 있다.

(1) 언어학적 차원의 변인

분석대상인 한글 텍스트 문헌을 대상으로 형태소 분석을 하며, 문장당 어절수, 문장당 형태소의 수, 체언(명사, 대명사), 용언(동사, 형용사), 수식언(관형사, 부사), 독립언(감탄사), 수사, 접사 등의 변인들로 구분한다. 한글 텍스트를 분석하는 것이기에, K-LIWC에서는 9개 품사와 30여 개의 하위범주로 유형을 구분한다. 한글 텍스트를 분해한 형태소에서 구한 단어들을 해당되는 변인들에 태깅하는 방식으로 계산한다.

(2) 심리학적 차원의 변인

심리학적 변인은 심리학적 과정, 자기 영역, 실험적 차원의 세 가지 차원으로 구분된다. 심리학적 과정은 감정·정서적 과정, 인지적 과정, 감각·지각적 과정, 사회적 과정으로 영역이 세분된다. 심리학적 과정의 하위·분류에 속하는 내용은 다음과 같다.

로그램(KLIWC)' 개발과정에 대한 고찰," 인지과학, 16(2), pp.93-121.

표 3-18 심리학적 영역의 하위 분류

<table>
<tr><td rowspan="8">감정 · 정서적 과정</td><td colspan="3">행복한, 사랑, 즐거움, 두려움</td></tr>
<tr><td rowspan="3">긍정적인 정서</td><td colspan="2">행복한, 예쁜</td></tr>
<tr><td>긍정적인 느낌</td><td>즐거움, 사랑, 행복함</td></tr>
<tr><td>낙천성 · 활동성</td><td>승리</td></tr>
<tr><td>부정적인 정서</td><td colspan="2">싫음, 두려움</td></tr>
<tr><td>불안</td><td colspan="2">두려움</td></tr>
<tr><td>화</td><td colspan="2">미움</td></tr>
<tr><td>슬픔 · 우울</td><td colspan="2">울음, 슬픔</td></tr>
<tr><td rowspan="7">인지적 과정</td><td colspan="3">원인, 알다, 앎</td></tr>
<tr><td>원인</td><td colspan="2">영향, 가정</td></tr>
<tr><td>사고</td><td colspan="2">분석, 의식</td></tr>
<tr><td>기대</td><td colspan="2">기대하다</td></tr>
<tr><td>제한</td><td colspan="2">억제, 의무</td></tr>
<tr><td>추측</td><td colspan="2">어디선지</td></tr>
<tr><td>확신</td><td colspan="2">신임, 신뢰</td></tr>
<tr><td>감각 · 지각적 과정</td><td colspan="3">나타나다, 눈, 맛</td></tr>
<tr><td rowspan="7">사회적 과정</td><td colspan="3">말하다, 우리</td></tr>
<tr><td>체면</td><td colspan="2">체면치레, 차리다</td></tr>
<tr><td>의사소통</td><td colspan="2">말하다, 주장</td></tr>
<tr><td>타인참조</td><td colspan="2">어느 누구, 그, 그녀</td></tr>
<tr><td>또래(친구)</td><td colspan="2">파트너, 룸메이트</td></tr>
<tr><td>가족</td><td colspan="2">아버지, 어머니</td></tr>
<tr><td>인간</td><td colspan="2">소녀, 아줌마</td></tr>
</table>

그리고 자기 영역과 실험적 차원 영역의 하위 분류는 [표 3-19]와 같다. 자기 영역은 일상적 관심사와 관련된 변인들이다. 실험적 차원 영역은 실제로 분석한 사례들이 거의 없다.

표 3-19 자기 영역과 실험적 차원 영역의 하위 분류

<table>
<tr><td rowspan="18">자기 영역</td><td rowspan="4">자기활동</td><td colspan="2">작업, 실패</td></tr>
<tr><td>학교</td><td>학생, 반</td></tr>
<tr><td>직장·일</td><td>작업, 사업</td></tr>
<tr><td>성취</td><td>목표, 시도하다</td></tr>
<tr><td rowspan="5">여가활동</td><td colspan="2">야구, 클래식</td></tr>
<tr><td>집</td><td>집, 부엌</td></tr>
<tr><td>운동</td><td>야구, 축구</td></tr>
<tr><td>TV, 영화</td><td>TV, 코미디</td></tr>
<tr><td>음악</td><td>클래식, 팝</td></tr>
<tr><td>돈·재정적 이슈</td><td colspan="2">은행, 수표</td></tr>
<tr><td rowspan="5">신체적 상태와 기능</td><td colspan="2">화, 자다</td></tr>
<tr><td>몸 상태와 증상</td><td>화, 심장</td></tr>
<tr><td>성·상징</td><td>섹스</td></tr>
<tr><td>식사, 음주, 다이어트</td><td>마시다, 먹다</td></tr>
<tr><td>수면·꿈</td><td>자다, 잠</td></tr>
<tr><td>형이상학적 이슈</td><td colspan="2"></td></tr>
<tr><td></td><td>죽음</td><td>죽다, 돌아가시다</td></tr>
<tr><td></td><td>종교</td><td>기독교, 불교</td></tr>
<tr><td>실험적 차원</td><td>속어
명세 단어
어눌한 말
필터</td><td colspan="2"></td></tr>
</table>

K-LIWC라는 심리주제 프레임을 활용하는 언어 텍스트의 심리분석과정을 정리하면 [그림 3-13]과 같다. 이 과정은 자동화된 시스템에서 처리된다. 이 과정을 설명하면 다음과 같다. ① 사람들의 글이나 말로 구성된 텍스트를 입력한다. ② 입력된 한글 텍스트는 형태소 분석을 통해 단어들을 분리하고, 단어들은 해당되는 품사를 태깅한다. 형태소 분석을 위해서는 사전에 구축된 사전(한국어 기본형 사전 DB, 한국어 활용형 사전 DB)을 활용한다. 입력 텍스트는 9개의 품사와 40여 개의 하위품사의 범주로 구분한다. ③ 품사로 태

깅된 단어들은 언어학적 변인과 심리학적 변인으로 분류한다. 이 과정에서 심리학적 변인은 사전을 활용하여 분류한다. LIWC는 일상생활에서 자주 사용하는 3,000여 개 단어들을 사전으로 구축하고 있으며, K-LIWC는 1,500여 개 단어들을 사용하고 있다. ④ K-LIWC는 관심집단(예 임상집단과 정상집단)으로 구분된 언어 텍스트(코퍼스)를 입력하여, 정해진 변인들에 대한 빈도와 비율 데이터를 산출한다. 두 집단 이상의 관심집단에 대한 변인들의 값을 대상으로 t-검증이나 변량분석으로 그 차이를 비교한다.

그림 3-13 | K-LIWC 분석 시스템 구조[36)]

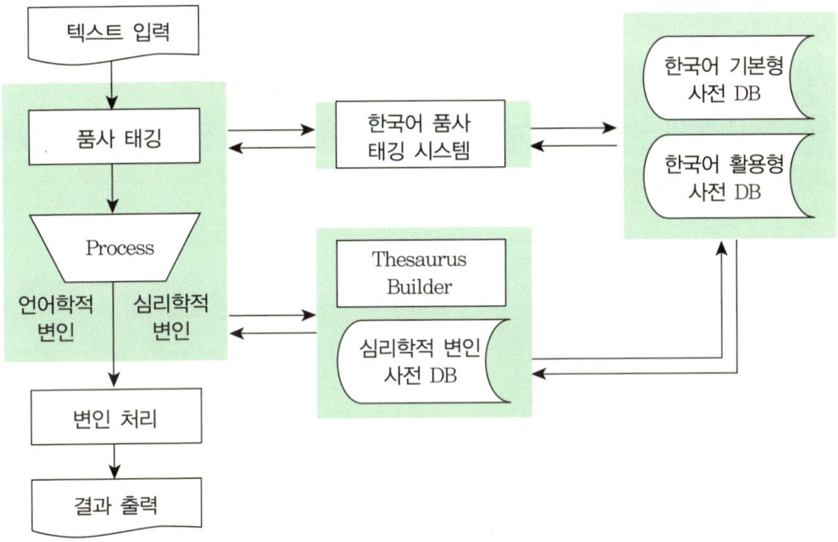

(3) 분석사례

서종환 · 김경일(2009). "성폭력 가해자의 글에 나타난 언어 · 심리적 특성 분석." *Journal of the Korean Data Analysis Society*, 11(2), pp.717-730.

36) 박종민 · 박재진 · 이창환(2007), "1960년에서 2005년까지 우리나라 광고언어의 시대 차이 분석," 한국언론학보, 51(6), p.402.

이 연구에서는 성폭력 범죄자들의 언어적 특성과 인지 및 성격적 특성을 탐색하기 위해 그들의 언어를 일반인들의 언어와 비교분석하고자 한다. 성폭력 범죄자들은 제주교도소에 수감 중인 성범죄자 12명과 제주동부경찰서 유치장에 성범죄 피의자 신분으로 유치 중인 성범죄자 8명을 포함한 20명과 일반인 40명을 대상으로 한다. 교도소에 있는 범죄자들과 유치장에 있는 피의자들에게 30~40여 분 동안 미지의 대상에게 자신을 소개하는 글을 쓰도록 하였다. 30여 분 정도 글을 쓰게 하고, 글을 수거하였다. 비교집단(일반인집단)은 제주대학교 재학생들이며, 동일한 요령으로 자기소개서를 작성하도록 하였다.

K-LIWC를 이용하여 8개의 언어 변인들과 네 가지 영역의 심리적 변인들은 감정·정서적 과정(5개), 인지적 과정(4개), 사회적 과정(7개), 신체적 상태와 기능(1개)의 하위 변인들을 사용하였다. 두 집단에 대한 언어적 특성과 심리적 특성 간의 관계를 상관관계를 통해 분석하였다.

이지영·김명언(2011), "최고경영자의 연설문에 나타난 심리적 단어 사용과 조직 맥락 간의 관계: 포스코 사례에 대한 K-LIWC분석," 한국심리학회지: 산업 및 조직, 24(4), pp.759-783.

이 연구는 심리적 차원의 감정 및 정서적 과정과 인지적 과정에 초점을 맞추고 있다. K-LIWC로 분석하여 청암 박태준 명예회장의 언어 사용과 조직 맥락 간의 관계성을 분석하는 것이다. 언어적 차원 5개 변인(문장, 어절, 형태소, 어절·문장, 형태소·문장)에 대한 빈도를 측정하였다. 심리적 차원은 감정·정서적 과정(8개), 인지적 과정(7개), 감각·지각적 과정(1개), 사회적 과정(1개), 전체 17개의 변인들을 사용하여 단어의 등장빈도를 측정하고 있다. 추가적으로 연설문에서 언급된 주요 사건(내부사건, 외부사건)의 전체 숫자도 측정하고 있다.

분석대상 데이터는 포스코의 창립자인 청암 박태준 명예회장의 재임부터 퇴임까지 23년 동안(1970~1992)에 이루어진 연설문이다. 연설문은 매년 정기적으로 행해지는 신년사, 창립기념사, 송년사로 한정하였으며, 연도별로 취합하였다. 이 중에서 일부 결측된 것을 제외하고 전체 표본수는 59건이다. 포스코의 성장단계를 창업기(1968~1973), 도약기(1974~1985), 본격 성장기(1986~1992)로 나누어 분산분석(F-검증)을 통해 언어 사용 패턴의 차이를 검증하였다.

김영일・김영준・김경일(2016), K-LIWC를 이용한 비압박 상황의 거짓 태도 탐지, 인지과학, 27(2), pp.247-273.

이 연구는 거짓이라는 사실이 밝혀질 우려가 없거나 밝혀지더라도 그로 인한 손해가 거의 발생하지 않는 비압박 상황에서 자기 태도에 반하는 거짓 글을 쓸 경우에 나타나는 언어적 특징을 K-LIWC를 통해 분석하였으며 기존의 거짓말 연구결과와 비교를 하였다. LIWC와 K-LIWC는 텍스트에 나타난 의미어와 기능어를 통해 말과 글의 개인의 심리적 특성을 분석하는 도구인데, 인간의 심리적 상태의 차이로 인해 발생하는 언어 사용의 차이를 찾아내는데 유용성이 있다. 즉 거짓말을 할 때와 진실을 말할 때의 언어 사용의 차이를 파악할 수 있다는 것이다.

CHAPTER 4

사건 네트워크 분석방법

1. 개념의 탐색
2. 사건 네트워크
3. 사건의 협력 네트워크 분석
4. 사건의 갈등 네트워크 분석
5. 사례 : 밀양 송전탑 사건의 네트워크 분석
6. 요약

Chapter 04

사건 네트워크 분석방법

1 개념의 탐색

1) 사회적 사건

사건(events)의 사전적 의미는 사회적으로 문제를 일으키거나 주목을 받을만한 일이다. 사람들의 실수로 일어나거나 우연히 일어날 수도 있지만, 대체로 예상하지 못한 상황에서 일어나는 특징이 있다. 커뮤니티(지역, 국가 등) 내에서는 크고 작은 사건들이 발생한다. 어떤 사건이 사회적인 문제로 주목을 받는다는 것은 사건의 규모나 사회적 파장이 매우 크다는 것을 의미한다. 전쟁, 재난, 정책, 사업 등과 같은 사건에는 다양한 이해관계자들이 개입되고, 규모가 크고 복잡한 구조를 지니며, 경우에 따라서는 막대한 사회적 비용이 수반된다. 이러한 사회적 사건(social events)에 대한 분석은 사회과학연구의 주요 대상이었으며, 그동안 다양한 방법으로 분석하고 연구를 진행해왔다.

최근에 벌어진 한국사회의 대표적인 사건의 사례는 영남권 신공항 건설, 국정교과서 추진정책, 메르스 유행, 세월호 침몰, 천안함 피격, 우면산 산사태, 대통령 탄핵, 황우석 사태, 한미 FTA 등을 들 수 있다. 사건발생에서 종료까지 1년 내외로 짧은 것도 있고, 밀양 송전탑 사건처럼 장기적으로 진행되고 있는 사건도 있다. 과거의 사건이든 최근에 발생한 사건이든 사회적 사건의 유형은 매우 다양하다. 그 중에서 정책(법안, 의사결정 등 포함), 재난

(사고, 사태) 등은 가장 핵심적인 사회적 사건의 유형이다.

북한문제, 교육문제, 경제문제, 복지문제 등 국가적 수준에서 다양한 정책을 입안하고 집행하게 된다. 각 정책들은 정부부처, 입법부처, 시민단체 등 다양한 정책 이해관계자들이 정책과정에 참여하면서 그들의 가치나 이해관계에 부합하는 입장을 표시한다. 정책과정은 정책의 기획, 결정, 집행, 평가, 수정 등에 이르는 일련의 과정을 말한다. 따라서 정책과정이 진행되는 동안 어느 한편의 입장만을 반영할 수 없고, 때로는 이해관계자들이 협력하고 갈등하면서 정책들이 입안되고 추진된다. 정책과정 동안 이해관계의 네트워크가 동적으로 형성되는 것이다.

자연현상으로서의 재난(지진, 홍수, 화재 등)보다 인재로서의 재난인 경우 더 큰 주목을 받으며, 재난의 발생 전후(재난발생 원인, 재난복구 등)의 재난관리(disaster management)에는 다양한 이해관계가 내재되어 있다. 그것의 특성들을 파악해내면, 당장의 재난을 관리하는 데 도움이 될 수 있으며, 향후 유사한 재난의 예방이 가능하고, 사회적 위험을 통제할 수도 있다. 재난관리의 관건은 협력과 갈등으로 나타나는 참여자들의 이해관계를 적절하게 조정하는 것이다. 따라서 재난의 관리과정에 나타나는 이해관계자들의 다양한 협력과 갈등의 관계들을 파악하는 것이 중요하다.

4대강사업, 행정수도 이전사업, 밀양 송전탑 건설사업 등과 같은 국책사업, 원자력산업, 첨단의료산업 등과 같은 국책산업도 사회적 사건의 한 유형이 될 수 있다. 국책사업이나 국책산업은 사업정책과 산업정책의 관점에서 보면 정책의 일환이므로 하나의 사건으로 분석할 수 있다. 사업이나 산업의 문제에 걸맞은 네트워크 모형을 개발하면 좋겠지만, 정책·재난관리 네트워크의 관점에서 접근해도 관련된 문제들의 이해나 해결에 유용할 것이다. 국책사업이나 산업의 추진과정에도 다양한 쟁점이 있으며, 이해관계자들이 참여하고, 그들의 입장과 이해관계에 따라 협력과 갈등을 유발하는 복잡한 관계의 구조를 나타내기 때문이다.

2) 사회적 사건의 특성

사회과학적 분석의 대상이 되는 사회적 사건(정책, 재난, 산업 등 포함)은 다음과 같은 세 가지 특성을 나타낸다. 첫째, 다수의 행위자(행위주체, 이해관계자)들이 참여한다. 둘째, 다양한 유형의 쟁점들을 가진다. 셋째, 쟁점에 대한 입장에 따라 행위자들은 협력하고 갈등하는 상호작용의 관계를 나타낸다. 쟁점에 따라 행위자들이 협력하고 갈등한다는 것이다. 한편, 사회적 사건은 행위자, 쟁점, 행동이라는 세 가지 요소로 구성된다. 행위자는 사회적 사건의 행위주체이고, 쟁점에 대한 입장과 이해관계에 따라 협력·갈등하는 상호작용의 관계를 나타낸다. 쟁점은 사회적 사건의 해결과제이므로 내용을 분석하여 관련 행위자들과 조정과 협의를 통해 해결하여야 한다. 그리고 행동은 쟁점에 대해 행위자들이 반응하는 활동이며, 기록화과정을 통해 문헌으로 기록된다. 이러한 특성은 네트워크 관점에서 사회적 사건을 파악하고, 관리할 수 있는 기준을 제공한다.

서로 다른 입장과 이해관계를 가지는 행위자들은 자신들이 보유하고 있는 자원(resource)이나 권력(power)을 활용하여, 다른 행위자들과 협력하고 갈등하면서 사건의 진행과 쟁점해결을 위해 노력한다. 그러나 어느 특정한 행위자나 일부의 행위자들만으로 사회적 사건에 내재된 쟁점들을 해결할만한 수준의 막강한 자원과 권력을 가지지 못한다. 그러므로 다른 행위자들과 상호작용관계(협력 또는 갈등)가 형성되며, 그것을 조정과 합의를 통해 문제를 해결하려고 한다. 이와 같은 행위자들의 분산적인 체제가 바로 네트워크이므로, 사회적 사건은 네트워크 형태의 구조로 이해하고 접근할 수 있게 된다. 이것을 행정학·정책학에서 다루는 개념으로 표현하면, 네트워크 거버넌스(network governance)이다.

쟁점(issue)은 서로 다투는 안건(의제, agenda)을 말하며, 사회적 사건에서 해결해야 하는 문제이다. 쟁점에 대한 행위자들의 입장이 첨예하게 대립되고 갈등하여, 해결하는 과정이 길어지고 복잡해지면 많은 사회적 비용을 수반하게 된다. 쟁점의 해결을 위해서는 쟁점에 대한 분석이 요구된다. 쟁점분석은 쟁점의 내용, 쟁점의 대안(options) 확인, 쟁점과 대안에 대한 행위자들의 입장 등을 분석하는 작업이다.

사회적 사건의 진행과정 동안 행위자들의 주요 활동 내용과 쟁점과 대안의 주요 내용은 문헌(보고서, 논문, 언론기사, 백서 등과 같은 문헌 또는 설문·면담 등으로 확보한 텍스트)으로 기록화된다. 이러한 문헌자료를 대상으로 협력과 갈등관계의 행위자 네트워크를 구성하거나, 쟁점의 키워드 네트워크를 구성할 수 있다.

3) 사회적 사건의 분석

사회적 사건의 분석방법은 아마도 다양할 것이다. 여기서는 그동안 알려진 방법론들을 찾아서 이해하려는 것보다, 네트워크 거버넌스의 관점에서 사건의 네트워크 분석방법을 어떻게 적용할 것인가 하는 고민을 하고자 한다. 사회적 사건에서 네트워크는 크게 두 가지 관점에서 구성할 수 있다.

첫째, 사회적 사건이라는 행위에 참여하는 행위자들을 중심으로 구성하는 네트워크이다. 행위자 네트워크이며 행위자들의 사회적 네트워크에 해당된다. 행위자 네트워크 분석은 사회적 사건의 주체가 행위자(개인, 집단)이므로 사건 네트워크 분석에서 가장 중요한 접근방법이라 할 수 있다.

둘째, 사건을 구성하는 각종 쟁점과 의제, 그리고 대안에 대한 행위자들의 이해관계를 표현하는 언어 텍스트에서 구성하는 언어 네트워크이다. 주요 쟁점과 대안에 대한 구체적인 입장을 나타내는 언어 텍스트를 수집하여, 주제 키워드나 감성(의견, 태도, 감정, 어조 등) 키워드를 선정하고, 키워드들 사이의 의미적 관계에 따라 구성한 네트워크이다.

일단 편의상 전자는 행위자 분석(actors analysis), 후자는 키워드 분석(keyword analysis)이라는 범주로 크게 구분하고, 각 분석에서 네트워크 분석방법을 어떻게 적용할 것인가를 고민하면 된다.

4) 사회적 사건의 행위자 분석

사회적 사건의 행위자 분석은 사건과 관계하는 행위자들의 상호작용관계를 분석하는 작업을 말한다. 네트워크 분석의 관점에서 보면, 사건의 행위자 네트워크 분석인 셈이다. 주요 구성요소는 행위자, 상호작용관계, 네트워크 구조가 된다. 사건의 행위자 네트워크 분석이라는 개념은 사회과학 영역뿐만 아니라 네트워크 분석 영역에서도 그동안 논의된 적이 거의 없었다.

그동안 정책 영역의 정책 네트워크 분석, 재난 영역의 재난 네트워크 분석의 핵심이 정책이나 재난관리에 참여하는 행위자들의 네트워크 분석이다. 즉 기존 문헌에 나타난 정책 네트워크 분석은 정책의 행위자 네트워크 분석이며, 재난 네트워크 분석은 재난의 행위자 네트워크 분석이 된다. 그리고 사업 네트워크 분석은 사업의 행위자 네트워크 분석이 될 수 있다.

정책 네트워크 분석은 현재 정책분석의 방법론으로 주목을 받고 있다. 정책을 다루는 제반 영역(행정학, 교육학, 사회복지학 등)에서 많은 관심을 나타내고 있다. 재난 네트워크 분석도 정책 네트워크 분석방법과 유사하게 전개하고 있다. 이해관계의 행위자를 중심으로 하는 사업·산업 네트워크 분석은 아직까지 사례 축적이 부족한 상태이지만, 유사한 분석방법의 적용이 가능하다.

사회적 사건의 행위자 네트워크 분석과정을 요약하면 다음과 같다. 첫째, 분석대상 사건(정책, 재난, 사업, 산업)의 맥락을 파악한다. 주로 사건일지를 작성하면서 사건의 개요와 전개과정을 특정한 단계로 구분하여 내용을 정리하면 된다. 둘째, 분석대상 사건의 주요 행위자(이해관계자)들을 파악한다. 행위자는 사회적 사건과 관련하여 이해관계(가치, 입장)를 가지고 다양한 활동을 수행하거나 각종 쟁점과 대안에 대해 자신의 의견과 요구사항을 표명하는 주체이다. 따라서 사건일지를 중심으로 주요한 행위자들을 추출하게 된다. 셋째, 사건의 전개과정에서 행위자들이 수행한 주요한 행위들(의사결정, 집회, 평가작업 등)을 파악한다. 넷째, 협력과 갈등에 대한 행위자 네트워크를 구성한다. 행위자 네트워크는 사건의 전체 규모에서 구성하든지, 특정한 단계별로 구성할 수 있다. 이 작업은 목적에 따라 다양한 방법을 적용할 수 있어, 추후 자세하게 다룰 것이다. 다섯째, 구성된 네트워크는 행위자라는 사회적 개체로 구성되는 것이기에, 사회 네트워크의 일종이다. 그러므로 사회 네트워크 분석 영역에서 제시되는 각종 분석지표들을 활용하여 다양한 특성을 파악할 수 있게 된다.

5) 사회적 사건의 키워드 분석

사회적 사건을 설명하는 다양한 언어 텍스트들에 나타나는 사건의 주제분석, 쟁점이나 대안에 대한 행위자들의 주관적인 감성에 대한 감성분석 등을 수행할 수 있다. 키워드들에 대한 단순한 빈도분석을 넘어, 키워드들 간의 관계를 분석하는 네트워크 분석이 가능하다.

언어 텍스트(문헌)는 단어의 조합으로 구성된다. 단어들은 조합하여 텍스트의 주제(subject)를 표현한다. 따라서 텍스트의 주제는 텍스트 내의 단어들로 구성되는 것이다. 한편, 언어 텍스트는 하나의 주제만을 표현하지 않는다. 복수의 주제들을 표현할 수 있으며, 유사한 주제들이거나 상이한 주제들일 수도 있다. 정리하면, 언어 텍스트는 하나 이상의 주제들을 표현하며, 텍스트 내의 주제는 관련된 단어들로 구성된다. 언어 텍스트에 포함된 단어들에서 주제를 분석하는 방법은 다양할 수 있다. 먼저 단어를 추출하는 과정이 필요하다. 그리고는 단어-주제사전 같은 도구를 활용하여 주제를 할당하거나, 단어들 간의 유사성을 기준으로 단어들을 군집화하는 방법을 사용할 수 있다. 후자의 단어 군집화는 단어 클러스터링(word clustering), 토픽모델링(topic modeling) 등으로 세분할 수 있다.

감성(sensibility, sensitivity)은 사적적인 의미로 인간이 눈, 코, 귀, 입 등을 통해 외부로부터 자극을 받아들이고 파악하는 감각(sense)의 능력에 해당된다. 즉 인간이 감각으로 느끼고 생각하며 행동하는 것이며, 동일한 사건(쟁점)에 대해 개인적인 성향에 따라 다양한 감성이 표현된다. 주로 사건, 쟁점, 대안 등에 대해 행위자들이 표현하는 태도, 의견, 감정 등을 분석하는 것이 감성분석(sentiment analysis)이다. 행위자들의 태도나 의견을 분석할 경우 의견분석(opinion analysis)이라 하기도 한다.

텍스트 내에서 사건의 행위자들의 감성(성향)은 감성단어(감성어)들을 통해 표현된다. 따라서 텍스트에서 감성단어들을 파악하고, 그것의 특성을 분석하는 작업이 감성분석이다. 감성분석은 감성단어 빈도의 계량분석 수준도 의미가 있지만, 감성단어의 네트워크 분석 수준까지 적용할 수 있다. 감성분석의 과정을 요약하면 다음과 같다. 첫째, 사건을 설명하는 텍스트를 수집한다. 둘째, 수집된 텍스트에서 쟁점과 대안이라는 속성을 파악한다. 셋째, 속성별 감성단어들을 추출한다. 넷째, 추출한 감성단어들을 전체, 단계, 속성으로 구분하여 네트워크 분석을 한다.

2 사건 네트워크

사회적 사건을 네트워크 형태의 구조로 모델링하는 경우 그것은 사건 네트워크라 할 수 있다. 그런데 사건 네트워크라는 용어는 사회과학 영역에서 아직은 개념화가 되어 있지 않다. 그런데 공공 영역의 문제를 해결하기 위해 네트워크 접근방법을 적용하는 것으로 네트워크 거버넌스 모형이 있다. 사회적 사건들이 공공 영역의 문제이므로, 네트워크 거버넌스 방식으로 해결한다는 관점에서 보면, 사건 네트워크는 거버넌스 네트워크가 된다. 따라서 네트워크 거버넌스 모형을 적용하고 있는 정책 네트워크와 재난관리 네트워크 등을 살펴보면서, 사건 네트워크의 개념을 정리할 수 있을 것이다.

1) 네트워크 거버넌스

거버넌스(governance)는 다양한 해석이 가능한 개념이다. 먼저 사전적으로 해석하면, 지역사회에서부터 국제사회에 이르기까지 여러 공공조직에 의한 행정서비스 공급체계의 복합적 기능에 중점을 두는 포괄적인 개념으로 파악될 수 있으며, 통치·지배라는 의미보다는 경영의 뉘앙스가 강하다(〈이해하기 쉽게 쓴 행정학용어사전〉). 다양한 주체들 간의 협력적 거버넌스(collaborative governance)의 의미를 가지며, 행정·정책 영역에서 새로운 통치방식으로 이해되고 있다. 정책, 재난, 사업 등의 사회적 사건의 해결과정에 나타나는 복잡한 구조를 이해하고, 협력과 갈등을 관리하는 효과적인 방법으로 등장한 것이다.

현대의 주요 행정이나 정책의 관리대상인 사회적 사건은 소수의 엘리트들에 의한 관료 시스템만으로는 해결할 수 없다. 네트워크 거버넌스가 정책, 재난관리, 그리고 정책사업의 영역에서 중요성이 부각되는 배경에는 과거에 비해 정부의 역할이 축소된 것과 관련이 깊다. 정부의 주도적인 역할에 의한 재난관리로는 복잡하고 다양해진 재난의 유형과 다양한 변수를 지닌 재난발생의 위험을 효과적으로 예방하기에 한계를 나타내고 있기 때문이다.[1)]

정부의 주도적인 역할로는 정책추진, 재난관리를 효과적으로 관리하기가 어렵다는 것을 의미하며, 그만큼 정부의 역할이 축소된다는 것도 내포한다. 결국 정부를 포함한 다양한 주체들이 협력적으로 참여하여 해결하는 방식으

1) 원소연(2013), 한국형 협력적 거버넌스 체계 구축방안연구: 네트워크 분석을 통한 재난안전 분야 비교사례연구, 한국행정연구원, p.17.

로 변화하고 있는 것이 거버넌스, 즉 협력적 거버넌스인 것이다. 다양한 주체들이 무난하게 협력하면 사건의 문제해결은 그다지 어렵지 않다. 그러나 참여자들은 그들이 추구하는 가치에 따라 다른 이해관계를 나타내므로 갈등도 드러나게 된다. 기존의 관료제 시스템에 문제가 발생하면 불복종이나 저항의 형태로 나타나지만 네트워크 거버넌스에서는 갈등이 발생한다는 것이다. 네트워크 거버넌스가 기본적으로 협력 거버넌스의 형태로 운영되지만, 운영상 다양한 갈등이 나타날 수 있다. 아무튼 사회적 사건에 네트워크적인 접근을 할 경우, 협력과 갈등의 복잡한 관계구조를 나타내므로, 분석대상이 되는 사건 네트워크는 거버넌스 네트워크가 된다.

네트워크 거버넌스의 개념은 "비계층적인 관계 속에서 여러 조직 간의 협력"을 의미한다.[2] 거버넌스의 구성원은 서로에게 종속적이지 않으며, 권력과 권한은 여러 조직이 공유한다. 따라서 이러한 협력적 거버넌스체제의 원활한 작동을 위해서는 지식과 권력, 신뢰의 공유가 필수적이다.[3]

2) 네트워크 거버넌스의 유형

네트워크 거버넌스는 프로반과 케니스(Provan & Kenis)가 구분한 네트워크 거버넌스의 유형이 가장 많이 알려져 있다.[4] 네트워크의 권력의 작동방식에 따라 참여자관리 네트워크(participant-governed network), 주도조직관리 네트워크(lead organization-governed network), 그리고 네트워크 관리조직(network administrative organization)으로 나눈다.

참여자관리 네트워크는 독립적인 관리주체가 없으며, 참여자가 자발적으

2) 원소연, 앞의 보고서, p.17.

3) 김은성·정지범·안혁근(2009), 국가재난안전관리 정책패러다임에 대한 연구, 한국행정연구원, p.24.

4) Provan, K. G. & Kenis, P.(2008), "Modes of Network Governance: Structure, Management, and Effectiveness," *Journal of Public Administration Research and Theory*, 18(2), pp.229-252.

로 구성하고 유지하는 네트워크이다. 네트워크 내에서 참여자들의 권력이나 영향력이 분산되어 있으며, 상호작용관계도 공평하게 유지된다. 네트워크의 관리는 참여하는 조직들이 만든 경계조직(boundary organization)을 통하여 이루어질 수 있다. 이러한 경계조직은 각종 조직이 공동으로 참여하는 위원회의 성격을 갖는다.[5] 참여자관리 네트워크는 공유된 참여자 거버넌스(shared participant governance)로 부르기도 한다.

주도조직관리 네트워크는 네트워크의 관리가 참여조직 중 한 조직에 의해 주도되는 경우이다. 주도하는 조직이 네트워크에서 리더의 역할을 한다. 하지만 그 리더 조직이 네트워크의 다른 구성원들을 지배하려고 할 경우 저항이 일어날 수 있다.[6] 그래도 이 모델에서는 권한은 중앙집권화되어 있으며, 비대칭적 권력이 작동한다.[7]

네트워크 관리조직 모델은 네트워크 관리조직이 네트워크를 관리하는 유형이다. 네트워크 내부의 조직과 다른 완전히 독립적인 관리주체를 만들어서 네트워크를 관리하는 방식이다.[8] 네트워크 관리조직은 거버넌스 네트워크의 활동에 직접 참여하는 조직이 아니며, 참여조직들과 조정자 및 중개자(broker) 역할을 수행하는 외부조직이다.

세 가지 유형의 거버넌스 네트워크는 개념적으로 구분한 것이다. 실재하는 사회 네트워크로서 거버넌스 네트워크들은 이러한 유형범주에 속하지 않은 독특한 구조로 나타날 수도 있다. 어떠한 구조이든 네트워크 거버넌스는 소수의 집단만으로는 해결하기 어려운 사회적 사건문제들을 해결하기 위해 다양한 이해관계자들이 참여하여 갈등사안을 조정하고 자원공유를 위해 협력하는 활동을 지칭하는 개념이라 할 수 있다. 참여조직들 간의 갈등조정과 자원협력의 네트워킹을 통해 문제를 해결하는 방식인 것이다. 주로 정책수행,

5) 김은성 · 정지범 · 안혁근(2009), 앞의 보고서, p.26.
6) 신현정 · 신상명(2011), "거버넌스 네트워크를 통한 정책 형성과정 분석 : 학원교습시간 규제 정책," 교육행정학연구, 29(3), p.174.
7) 김은성 · 정지범 · 안혁근(2009), 앞의 보고서, p.26.
8) 김은성 · 정지범 · 안혁근(2009), 앞의 보고서, p.26.

그림 4-1 세 가지 거버넌스 네트워크 유형[9)]

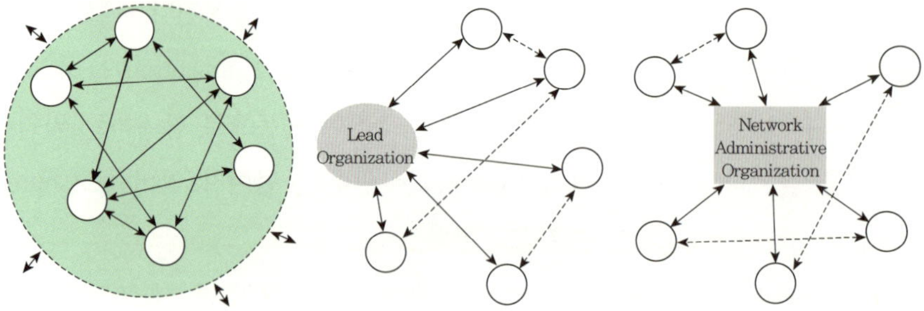

(a) 참여자관리 네트워크 (b) 주도조직관리 네트워크 (c) 네트워크 관리조직 네트워크

재난관리, 서비스 제공 등 공공적인 사건을 해결하는 영역에 적용되어 왔다.

공공적 사건의 사회활동에 초점을 맞출 경우 네트워크 거버넌스, 조정과 협력의 행위구조에 초점을 맞출 경우 거너번스 네트워크가 된다. 이 경우 거버넌스 네트워크는 공공 네트워크(public network)이며, 공적인 문제의 유형에 따라 정책 네트워크, 재난관리 네트워크, 사업 네트워크 등이 된다. 즉 공공조직과 민간기관들이 참여하여 사회적 사건의 문제를 해결하는 모형이 되는 사건 네트워크의 유형이 된다. 그동안 네트워크 관점에서 정책 네트워크와 재난관리 네트워크는 논의가 있어 왔기에, 이들에 대해 간략히 살펴보기로 한다.

3) 정책 네트워크

정책 네트워크는 정책문제의 해결을 위한 목적으로 행정·정책연구에서 활발하게 사용하고 있는 개념이다. 그러나 아직은 정책분석모형으로서 정책 네트워크, 네트워크 분석대상으로서 정책 네트워크 등 다양한 관점에서 사용

9) Kenis, P. & Provan, K. G.(2009), "Towards an Exogenous Theory of Public Network Performance," *Public Administration*, 87(3), pp.440-456.

하고 있다. 여기서는 정책 네트워크 분석대상으로서의 정책 네트워크에 초점을 맞추고자 한다.

기존의 정책 네트워크 논의에서는 정책 네트워크를 정책공동체 네트워크와 이슈 네트워크의 두 가지 유형으로 구분하고 있다. 정책공동체 네트워크는 소수의 참여자들이 상호작용하는 폐쇄적인 네트워크를 의미한다. 정부관료, 의회구성원, 이익집단으로 구성되는 철의 삼각(iron triangle)과 같은 소수의 행위자들이 정보와 권력을 독점하면서 정책과정을 지배하는 구조를 말한다. 앞서 거버넌스 네트워크에서 언급한 기존의 정책해결을 위한 관료제적 형태와 유사하다. 반면 이슈 네트워크는 서로 다른 이해관계를 가지는 공적·사적 영역에 속하는 다수의 참여자들이 상호작용하는 관계를 통해 정책문제를 해결해나가는 개방적 네트워크 구조를 말한다. 정책공동체 네트워크를 비판하면서 등장하였으며, 그러기에 정책공동체 네트워크보다 이슈 네트워크가 앞서 논의된 네트워크 거버넌스와 맥락이 통한다. 한편, 정책공동체 네트워크는 거시적 관점에서 거버넌스의 한 형태로 이해하고자 하는 네트워크 거버넌스가 될 수 있다.[10)]

| 표 4-1 | 두 가지 유형의 정책 네트워크

정책공동체 네트워크	이슈 네트워크
• 폐쇄적 • 소수의 참여자들 상호작용 • 철의 삼각구조 형성	• 개방적 • 다수의 참여자들 상호작용 • 공적·사적 영역 모두 참여

정책 네트워크 연구는 정책 네트워크의 관점에서, 다수의 참여자 간의 복잡한 상호작용관계의 구조를 이해하기 위해, 최소한의 참여자들을 파악하고, 그들의 상호작용관계를 파악하며, 그것으로 구성되는 정책 네트워크의 구조들을 설명하는 것을 말한다. 이러한 정책 네트워크 연구는 정책분석의 관점

10) 김순양(2010), "정책과정분석에서의 정책 네트워크(Policy Network)모형 : 이론적·실천적 적실성의 검토 및 제언," 한국정책학회보, 19(4), p.180.

에서 현재 많은 연구가 수행되고 있다.

정책 네트워크 연구에서 정책 네트워크 분석을 모형으로 묘사하면 [그림 4-2]와 같다. 크게 참여자, 상호작용관계, 구조라는 구성요소를 가진다. 참여자는 사회적 실체인 개인 또는 조직이며, 참여형태가 개방인가 폐쇄인가에 따라 참여자의 범위설정문제가 중요하다. 상호작용관계는 분석대상인 특정한 정책 내에서 참여자들의 상호작용관계(주로 협력관계 또는 갈등관계)를 의미하며, 관계의 강도, 방향 등이 존재할 수도 있다. 그리고 관계의 조작적 정의를 어떻게 하느냐에 따라 관계 데이터의 조사방법을 선택하여야 한다. 협력관계 또는 갈등관계에 따라, 관계의 강도나 방향에 따라 다양한 관계 데이터의 조사방법이 사용될 수 있기 때문이다. 현재의 정책 네트워크 분석에서는 최소한의 참여자를 결정하고, 협력관계 또는 갈등관계의 구조에 주목하는 단순계 네트워크 형태에 관심이 많지만, 미래에는 보다 복잡한 네트워크 분석이 가능할 것으로 판단된다.

그림 4-2 ▌ 정책 네트워크 분석모형

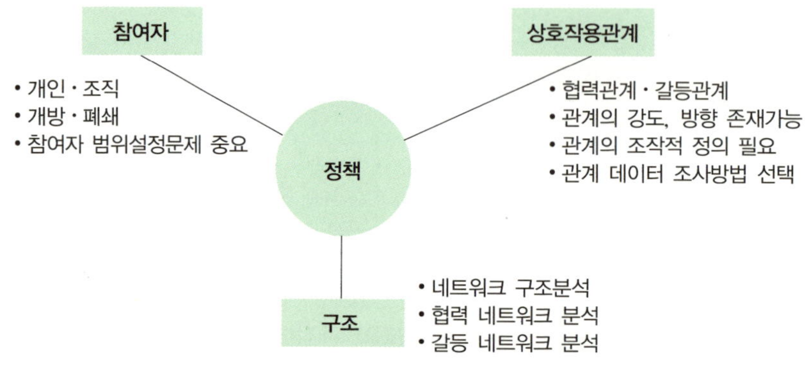

그리고 이 모형은 정책 네트워크 분석뿐만 아니라 재난이나 사고와 같은 사회적 사건의 네트워크 분석에도 적용가능하다. 정책 · 재난 · 사고라는 사건 네트워크 분석모형으로 확대할 수 있다는 의미이다.

정책 네트워크에 대한 논의는 기존의 정책 네트워크 분석모형을 이론적 기반으로 하고 있지만, 정책 네트워크 분석과정에 대해 공유하는 방법론이 부재하고, 연구사례들마다 다양한 분석방법을 사용하고 있는 한계를 가지고 있다. 특히 상호작용관계(협력, 갈등 등)의 조작적 정의와 관계 데이터 수집방법이 사례들마다 명확하게 드러나지 않고 있다. 현재로서는 사회적 사건을 협력 네트워크와 갈등 네트워크로 구분하여 구체적인 방법론을 모색할 필요가 있다.[11] [12]

4) 재난관리 네트워크

재난(disaster)의 사전적 의미는 뜻밖에 일어난 재앙과 고난이다(〈표준국어대사전〉). 뜻밖에 일어난다는 것은 예측이 어렵다는 것이고, 재앙과 고난은 재난의 피해 당사자들이 오랫동안 불행해진다는 것을 의미한다. 재난은 국민의 생명이나 재산에 일정규모 이상의 피해를 주는 것으로 크게 자연재해와 인재로 구분할 수 있다. 자연재해는 태풍, 홍수, 호우, 폭풍, 폭설, 가뭄, 지진 등과 같이 자연현상으로 발생하는 재해를 말한다. 인재는 화재, 붕괴, 폭발, 교통사고, 환경오염사고 등과 같이 인간의 부주의로 인해 발생하는 재해이다. 그리고 전염병, 특이한 바이러스, 산사태 등과 같이 인재와 자연재해가 혼합한 형태로 발생할 수도 있다.

국가적 수준의 재난은 재난관리 메커니즘에 의해 사전에 예방되고, 사후에 관리하게 된다. 이것을 재난관리체계 또는 재난대응체계라 한다. 재난관리체계는 각종 재난을 예방하여 국민의 생명과 재산을 보호하고 재난위험시설의 안전관리와 재난이 발생하는 경우 신속한 초동대응으로 피해를 최소화하는

11) 윤기찬·장한나(2014), "보건의료 입법과정에서의 정책 네트워크 구조분석," 지방정부연구, 18(2), pp.259-283.

12) 류민영(2012), "교원능력개발평가 정책 네트워크와 정책과정의 관계분석," 경북대학교 대학원, 박사논문(교육학 박사).

것을 목표로 하는 행정체계로 정의된다.[13] 재난관리는 재난의 예방, 대비, 대응, 복구를 위한 모든 활동을 의미하며, 이러한 활동들은 관련자(개인, 단체 등)들에 의해 체계적으로 수행되어야 한다. 통합적 재난관리체계를 필요로 하는 것이다.

재난관리에 대한 행정서비스에 대한 수요는 매우 불확실하고, 재난관리를 위해 짧은 순간에 다양한 분야의 직무가 복합적으로 필요하기 때문에 전통적 관료제적 방식보다 네트워크 방식이 효과적이다.[14] 이는 재난관리에 있어 주변 환경의 변화가 심하며, 불확실성이 커지고, 복잡한 구조를 나타내기 때문이다. 그리고 많은 기관 및 조직이 가지고 있는 경험과 역량을 활용하여 이러한 불확실성에 대응해야 할 필요성이 증대되면서 네트워크 거버넌스가 부각된 것이다.[15]

오늘날의 재난관리체계의 가장 중요한 특징은 재난관리를 공공부문이 아닌 민간부문과의 네트워크와 파트너십을 토대로 협력적 거버넌스를 구축한다는 것이다.[16] 즉 과거의 관료제적 접근방식에서 벗어나 연계(connectedness)와 통합(integratedness) 그리고 지역 거버넌스(local governance)를 중심으로 한 네트워크를 통해 정책참여 주체 간 협력과 조정이 강조되고 있다.[17] 재난관리체계는 협력 거버넌스, 즉 네트워크 거버넌스이며, 참여자들 간 협력과 조정의 과정을 통해 재난문제에 대응하게 된다. 즉 재난관리를 대상으로 하는 네트워크는 참여자들의 협력과 조정의 관계 네트워크라는 것이다. 물론 재난관리의 사안에 따라 참여자들의 갈등도 존재하게 된다.

13) 이훈래(2015), "지방자치단체의 재난관리 협력적 거버넌스에 관한 연구 : 재난안전 네트워크를 중심으로," 한국정책연구, 15(4), p.129.

14) 류상일(2008), "지방자치단체의 재난대응 네트워크 분석," 한국지방자치학회보, 20(1), p.55.

15) 김은성 외(2009), 앞의 보고서, p.24.

16) 이훈래, 앞의 논문, p.129.

17) 류상일, 앞의 논문, p.55.

3 사건의 협력 네트워크 분석

1) 협력 거버넌스

협력(collaboration)은 사전적으로 힘을 합하여 서로 돕는다(〈표준국어대사전〉)는 의미이다. 정책이나 재난이라는 사건의 관리과정에서 협력은 여러 참여자(이해관계자)들이 사건의 영역에서 문제해결을 위해 힘을 합치는 것이다. 협력은 비계층적인 관계 속에서 여러 조직 간의 협력을 의미하며, 서로 다른 주체들이 동일하지 않은 목적을 추구하지만 마음과 힘을 합하는 과정, 서로 다른 조직 또는 조직 내 단위 간에 구성원의 노력, 자원공유, 의사결정 등의 결합을 통해 만들어낸 성과물과 서비스의 소유권을 공유하는 것을 뜻한다. 이러한 협력의 이익은 부족한 자원의 공유를 통해 비용을 절감할 수 있으며, 최종사용자를 위한 고품질의 생산물 또는 서비스를 만들어낼 수 있다.[18)]

결국 협력은 관료제(계층제)와 대비되는 거버넌스의 핵심적인 작동원리이다. 협력 거버넌스(collaborative governance)는 정책수행, 재난관리 등과 같은 공공부문 패러다임이 '정부(government)'에서 '거버넌스(governance)'로의 이동과 관련하여 나타나는 거버넌스의 한 유형이며, 다음과 같은 특징을 가지고 있다(〈온라인행정학전자사전〉 인용).

첫째, 협력 거버넌스는 주로 공공기관에 의해 발의된다. 둘째, 협력 거버넌스 참여자는 공공기관 외에 비정부행위자들도 포함될 수 있다. 셋째, 참여자들은 정책결정이나 공공관리에 직접 참여한다. 넷째, 협력 거버넌스는 공식적으로 조직화되고 집합적으로 활동한다. 다섯째, 협력 거버넌스는 동의가 실제로 달성되지 못할지라도 합의에 의한 결정을 하는 것을 목표로 한다. 여

18) 이훈래, 앞의 논문, p.131.

셋째, 협력의 초점은 공공정책이나 공공관리이다.

협력 거버넌스는 또한 의도적으로 형성되어 자치적으로 운영되고, 비계층제적인 권위구조에 의존하고, 의사소통체계를 가지는 공공관리 네트워크로 표현할 수 있다.[19] 이러한 설명들을 요약하면, 협력 거버넌스는 공공기관에 의해 발의되지만, 공공기관 외에 비정부기관의 행위자들이 조직 또는 집합의 형태로 정책결정이나 공공관리에 참여하며, 가능한 합의에 의한 결정을 추구하고 있다. 그렇기에 협력 거버넌스는 정책이나 재난문제에 있어 다양한 협력과정을 내포하는 협력관계의 네트워크라는 것이다. 협력 거너번스와 네트워크 거버넌스는 정책이나 재난을 관리하는 과정에서 정부 관료제만으로는 공공문제를 대처할 수 없어, 다양한 참여자들의 협력을 통한 문제해결을 강조한다는 차원에서 보면, 둘 다 같은 것이라 할 수 있다.[20]

2) 사건의 협력 네트워크 분석과정

사건의 협력 네트워크 분석은 사건(정책, 재난 등)의 주요 행위자들의 협력행위를 네트워크로 구성하여 분석하는 것을 말한다. 행위자들의 협력관계에 주목하는 것이기에, 행위자의 협력 네트워크 분석이라 할 수 있다. 사건의 협력 네트워크는 다양한 방식으로 구성하고 분석할 수 있다. 분석과정을 정리하면 다음과 같다.

첫째, 사건의 주요 행위자(유관기관, 이해관계자)를 파악한다. 둘째, 협력행위에 대한 관계 데이터(협력관계 데이터)를 조사한다. 셋째, 협력 네트워크를 구성하고 분석한다. 이 중에서 사건의 주요 행위자들을 파악하는 것과 행위자들의 협력관계 데이터를 조사하는 것은 사건의 협력 네트워크 분석에서 중요한 과정에 해당된다. 협력관계의 행위자들과 협력 데이터는 협력 네트워

19) 이훈래, 앞의 논문, pp.131-132.

20) 배귀희·임승후(2010), "공공갈등과 네트워크 거버넌스 구조: 한탄강 댐 사례에서의 네트워크 특성과 주요 행위자들의 변화를 중심으로," 행정논총, 48(4), p.108.

크의 분석에서만 요구되는 것이기 때문이다. 세 번째의 조사된 결과를 토대로 협력 네트워크를 구성하고 분석하는 것은 기존의 네트워크 분석방법을 활용하면 된다.

(1) 사건의 주요 행위자 파악

사건의 주요 행위자를 파악하는 것은 행위자의 명부(리스트)를 파악하는 작업을 말한다. 행위자들은 협력 데이터 조사와 협력 네트워크 분석에서 주요한 개체(노드)들이기 때문이다. 그러기에 주요 행위자에 대한 개념을 명확히 정의하는 것이 중요하다.

사건과 관련된 주요 행위자를 파악하는 방법은 연구자(분석자)가 직접 사건일지를 작성하면서 파악하는 것이 가장 무난하다. 물론 주요 행위자들을 우선 파악하고, 그들을 중심으로 눈덩이 굴리기(snowballing)방법으로 파악하는 것도 가능하다.

사건일지는 사건관련 주요 문헌(백서, 연구논문, 보고서, 뉴스기사 등)의 내용을 분석하면서 작성한다. 사건의 시작 시점을 잘 선택하여야 한다. 그리고는 날짜별로 사건을 구성하는 주요 내용을 파악하게 된다. 사건일지는 사건의 맥락을 파악하는 목적에만 있는 것이 아니라, 사건에 참여한 다양한 행위자(이해관계자)들을 파악하고, 그들의 행위들을 확인하는 역할을 하는 것이기에, 이러한 과제들이 무난히 수행될 수 있도록 작성하여야 한다. 사건일지 작성에 가장 유념해야 할 사항은 특정한 행위자들의 입장(프레임)을 강조한 문헌들에 치중해서 그들의 관점에서 사건일지를 작성하지 말아야 한다는 점이다.

사건일지가 작성되고 난 다음에는 사건과 직접적인 관련이 있는 행위자들을 선정하고, 유사한 성격의 이해관계자일 경우 상위의 행위자(단체)로 묶는 작업 등을 통해 행위자 명부를 작성하게 된다. 주요 행위자들이 누락되지 않아야 하며, 너무 세분화된 행위자들이 포함되지 않아야 한다. 행위자 명부는 이후 네트워크 분석과정에서 매우 중요한 역할을 하는 것이기 때문에 신중하게 작성해야 한다. 분석자가 행위자의 범주를 가장 잘 알 수 있기에, 파악된 행위자들은 분석의 목적에 부합하는 개체(개인이나 단체)들이어야 한다.

(2) 협력관계 데이터 조사

사건의 이해관계자들인 주요 행위자들이 파악되면, 그들의 협력관계를 조사하여야 한다. 사건의 협력관계 데이터는 설문조사, 면담조사, 마이닝조사 등의 조사방법을 사용할 수 있다. 설문조사와 면담조사는 파악된 행위자들을 대상으로 직접 조사하는 것이기에, 조사방법에만 차이가 있다. 즉 설문으로 조사하는지 면담으로 조사하는지의 차이이다. 협력관계 데이터의 조사가 까다로운 경우 설문보다는 면담이 더 유용할 수 있다. 그러나 여기서는 면담조사를 별도로 구분하지 않고, 설문조사로만 설명하기로 한다.

① 협력관계 데이터의 설문조사

설문을 통한 협력관계 데이터 조사는 파악된 행위자들을 대상으로 '전체 네트워크 조사방법'을 사용해야 한다. 즉 행위자 명부를 제시하면서 조사를 진행하여야 한다는 것이다. 따라서 협력관계 데이터의 설문조사에는 협력관계를 조작적으로 정의하고, 설문문항을 만들고, 조사방법을 결정하는 것이 중요하다.

A. 협력관계의 조작적 정의

분석대상의 사건에 따라, 행위자들이 추진한 주요 협력행위들의 사례에 의해, 협력을 조작적으로 정의하고, 그 정의를 바탕으로 조사하고 분석하고자 하는 협력의 유형을 선정한다. 가장 대표적인 방법은 사건과 관련해서 수행하는 다양한 협력활동의 행위를 정의하고, 협력행위의 유형을 구분하는 것이다. 사건과 관련된 협력행위의 유형은 다음과 같이 구분이 가능하다.

표 4-2 협력유형의 선정

구분	협력유형	근거
3가지 유형	정보공유, 자원교류, 공동사업	김복태 등(2013)[21]
4가지 유형	정보공유, 업무교류, 인적자원교류, 공식계약	류상일(2008)
6가지 유형	정보교환, 업무교류, 정기회의, 자원교류, 공식협약, 공식사업	이훈래(2015)

유형별 협력의 내용은 다음과 같다.

- **정보공유**: 사건과 관련된 정보를 제공하고 공식 또는 비공식 모임이나 접촉을 통해 다른 행위자들과 정보나 의견을 교환하고 공유한다.
- **업무교류**: 사건과 관련된 원활한 업무수행을 위해 다른 행위자들과 공식적으로(공문을 통해) 업무를 요청하고 제공한다.
- **정기회의**: 사건과 관련된 정보공유나 업무수행을 위해 다른 행위자들과 정기적으로 회의를 진행한다.
- **자원교환**: 사건과 관련된 서비스를 제공하기 위해 다른 행위자들과 재정자원, 물질적 자원(시설, 도구 등), 인적자원(실무자, 자원봉사자 등)을 지원하거나 제공받는다.
- **공식협약**: 사건과 관련된 서비스를 제공하는 데 필요한 정보나 자원을 얻거나 제공하기 위해, 또는 공동으로 서비스를 제공하기 위해 다른 행위자들과 공식적으로 협약을 맺는다.
- **공식사업**: 사건과 관련하여 다른 행위자들과 공식적인 계약을 통해 공동사업(프로젝트, 프로그램 등)을 수행한다.

이와 같은 협력 유형은 이후 설문조사나 면담조사를 통해 행위자들의 협력활동의 여부를 통해 협력관계 데이터의 조사가 가능하다. 협력은 하나의 고

21) 김복태 등(2013), "사회복지정책 결정구조의 정책네트워크 분석: 노인장기요양과 모성보호제도를 중심으로," 한국정책과학학회보, 17(1), pp.27-60.

정된 관계라기보다 협력관계의 강도에 따른 연속체[22]이므로, 협력 유형별 강도(strength)를 부여하여, 협력의 강도를 반영하는 협력관계 데이터의 조사도 가능하다.

협력관계 데이터 조사는 사건의 전체 과정을 전제로 조사할 수 있으며, 사건을 갈등의 시기로 구분한 갈등시기별로 나누어 조사할 수도 있다. 어떤 방식이든 연구의 목적에 따라 선택하면 된다.

B. 설문과정

설문대상자인 주요 행위자 명부와 협력 유형이 결정되고 난 다음에 수행하게 되는 구체적인 설문과정을 정리하면 다음과 같다.

- 응답자 선정(기관인 경우 관련 업무 담당자): 설문지에 명시함
- 응답시점: 최근 ○○기간 동안(6개월, 1년 등)
- 응답의 수: 행위자를 선택하는 개수
- 응답순서: 필요 시 우선순위를 체크함

C. 협력 네트워크 구성

설문조사(또는 면담조사)를 통해 수집된 협력관계 데이터는 1-모드의 행위자 행렬로 표현이 된다. 분석의 목적에 따라 적절하게 1-모드의 행위자 행렬을 협력 네트워크로 구성하면 된다.

② 협력관계 데이터의 마이닝 조사

세부사건들로 구분되며, 각 세부사건별로 관계가 있는 행위자들을 파악하는 방식으로 사건일지를 작성하였다면, 각 세부사건에 참여하는 행위자들을 대상으로 행위자 네트워크를 구성할 수 있다. 이것은 세부사건별 참여관계의 형태가 되며, 일종의 협력관계이다. 예를 들어, 특정 사회적 사건에 대한 사

22) 류상일, 앞의 논문, p.60; 이훈래, 앞의 논문, p.138.

건일지가 전체 120개의 세부사건들로 구성되며, 그 중 5건의 세부사건에 참여(협력)하는 행위자가 [표 4-3]과 같다고 하자.

표 4-3 사건-참여관계의 행위자

사건번호	참여 행위자
사건-1	a, b
사건-2	a, b
사건-3	b, c
사건-4	a, b, c, d
사건-5	c, f

이 표를 대상으로 사건-참여관계의 행위자 행렬을 코딩해야 한다. 먼저 [표 4-4]와 같이 사건과 참여 행위자 간의 2-모드 노드리스트를 만들었다.

표 4-4 사건-참여관계별 행위자 노드리스트 사례

사건번호	참여 행위자			
사건-1	a	b		
사건-2	a	b		
사건-3	b	c		
사건-4	a	b	c	d
사건-5	c	e		

2-모드 노드리스트는 2-모드 행렬(사건×행위자)로 변환하여야 한다. 위 사례에서 구한 2-모드 행렬은 [표 4-5]와 같다.

그리고 2-모드 행렬(사건×행위자)은 유사도계수를 이용하여 1-모드 행위자 행렬(행위자×행위자)을 구성하여야 한다. 1-모드 행위자 행렬이 바로 사건-참여관계의 행위자 네트워크가 된다.

표 4-5 2-모드 행렬(사건×행위자)의 사례

행위자	a	b	c	d	e
사건-1	1	1	0	0	0
사건-2	1	1	0	0	0
사건-3	0	1	1	0	0
사건-4	1	1	1	1	0
사건-5	0	0	1	0	1

4 사건의 갈등 네트워크 분석

1) 갈등분석

사회적 사건의 활동에는 관련 행위자들의 협력과 갈등이 포함된다. 협력은 긍정적이어서 권장하고, 갈등은 부정적이어서 배척해야 하는 것이 아니다. 협력 거버넌스를 기반으로 사건에 대응하더라도, 모든 행위자들이 특정한 사안에 대해 협력만 하지 않는다. 행위자들은 다양한 입장과 이해관계를 가지면서, 협력 거버넌스에 참여하기 때문에, 특정한 사안에 대해 갈등의 형태를 나타낼 수 있다.

사회적 사건에서 갈등(conflict)은 개인이나 집단 사이에 목표나 이해관계가 달라 서로 적대시하거나 충돌(〈표준국어대사전〉)하는 것을 말한다. 이해관계자들이 자신들의 이해(또는 가치)에 따라 어떤 쟁점이나 사안에 대해 서로 다른 대안을 주장하면서 발생하는 것이다. 갈등을 유발하는 쟁점을 갈등쟁점이라 하며, 갈등쟁점의 내용을 파악하고, 발생요인을 확인하며, 대안을 적절히 조정하면서 갈등을 조정하여, 갈등을 해결하여야 한다. 이것을 갈등관리라 할 수 있으며, 갈등의 내용과 요인을 파악하는 범위에서 보면 갈등분석이라 할 수 있다.

갈등분석은 갈등에 영향을 주는 요소나 주체들을 분석적 방법으로 해부한다는 개념보다는, 갈등을 좀더 통합적이고 객관적인 관점에서 바라보게 하는 틀을 만들어낸다.[23] 사회적 사건에서 갈등분석은 갈등의 쟁점과 이에 대한 행위자들의 이해관계를 파악하는 것이기에, 네트워크 분석방법을 사용하면 유용하다. 사건의 갈등 네트워크 분석이라 할 수 있으며, 사건(정책, 재난, 사업)의 주요 행위자들의 갈등행위에 대한 내용분석에 네트워크 모형을 이용하는 것이다.

사회적 사건의 갈등현상에 나타난 갈등관계의 네트워크 분석은 두 가지 유형으로 나누어 볼 수 있다. 첫째, 갈등쟁점에 대해 갈등관계(갈등, 대립, 고소 등)를 행위자들의 관점에서 파악하는 갈등행위자 네트워크 분석이다. 둘째, 다양한 갈등쟁점에 대해 행위자들의 입장을 나타내는 언어 텍스트에서 갈등의 키워드들을 추출하여 그들의 관계를 파악하는 갈등 키워드 네트워크 분석이다.

2) 갈등 행위자 네트워크 분석

사실 사회적 사건의 행위자들 간에 나타나는 갈등관계 데이터를 측정하는 문제는 쉬운 일이 아니다. 앞서 살펴본 협력관계처럼 공공적인 갈등에 대하여 조작적 정의를 하고, 이를 토대로 설문(면담)조사나 마이닝 조사를 수행할 수 있다. 그러나 아직은 협력관계만큼 조작적 정의에 대해 충분한 논의가 되지 못하고 있다. 그뿐만 아니라 다른 방식에 대한 논의도 별로 없다. 그러므로 현시점에서는 갈등관계 데이터의 수집과 갈등 행위자 네트워크의 구성에

23) 채종헌(2009), "사회 네트워크 분석을 활용한 공공갈등의 구조분석: 울진 신원전 건설과 관련된 공공갈등 사례연구," 한국행정학보, 43(2), p.150.

대해서는 주요 사례들을 중심으로 살펴보는 수밖에 없다.

(1) 조작적 정의에 의한 갈등 데이터의 수집

박치성·정지원(2015), "원자력시설 갈등 네트워크 구조 특성에 관한 연구: 폐기물시설 및 행정시설과 비교를 중심으로," 행정논총, 53(1), 165-203.

① 갈등관계의 정의

이 연구에서는 갈등자료의 조작화로 갈등의 범위를 결정하고 그 범위에 해당되는 경우만 측정하는 것이 중요하다고 하였다. 연구자들이 제시하는 갈등관계의 정의와 예시는 다음과 같다.

표 4-6 갈등관계의 정의와 예시

관계	정의	예시
연구자료에 명시된 갈등	연구를 위해 수집된 자료에서 행위자 간에 갈등이 발생하였다고 직접적으로 언급된 경우	○○시와 △△시의 갈등이 발생한 사례임.
조정신청 및 기소대상이 된 갈등	하나의 행위자가 갈등 상황에서 국가기관에 조정신청이나 소를 제기한 경우	○○시의 시민단체가 △△지방법원에 ○○시를 고소함.
언론보도에 나타난 갈등	언론보도에서 다른 행위자를 비난하거나, 제3의 행위자가 신문기사에서 다른 두 행위자들의 관계를 갈등관계로 묘사한 경우	○○시와 △△시는 대립을 하고 있는 상황임.
민간 측면의 집합적 행동을 야기시킨 갈등	민간 측면의 NGO가 정부를 상대로 시위와 같은 부정적인 집합적 행위를 한 경우	○○환경단체가 △△시청 앞에서 시위를 벌임.

② 데이터 수집

이 연구에서는 갈등관계 데이터를 다양한 2차 자료에서 수집하였다. 수집대상자료는 연구사례를 대상으로 분석한 연구논문 및 정부보고서, 해당 사례를 대상으로 검색한 뉴스자료, 수집된 자료에 나타난 행위자들과 관련된 웹사이트 및 정부기관 홈페이지의 보도자료이다. 그리고 수집된 자료에서 같은 대상을 서로 다르게 표현하는 것은 정제과정을 거쳐 수정하였다.

이 방법은 협력관계 데이터 조사에서 언급한 마이닝 조사방법에 해당된다. 사실 설문조사나 면담조사를 통해 갈등관계 데이터를 조사할 수도 있다. 그러나 갈등관계 그 자체가 아주 민감한 것이기에, 설문이나 면담으로 제대로 조사하지 못할 수가 있다. 무엇보다 중요한 것은 어떤 갈등사안에 대해 모든 행위자들의 입장과 이해관계를 파악하여야만 보다 정확한 갈등관계를 파악할 수 있다는 점이다. 서로 다른 입장과 이해관계를 가지는 행위자들이 많아지면 한 행위자가 갈등관계를 가지는 모든 행위자를 인식하여 파악한다는 것은 불가능한 작업일 수 있다. 협력관계 데이터는 자신들이 알고 있는 정보나 사실로 협력관계의 파악이 가능하지만, 갈등관계는 그렇지 못하기 때문이다. 결국 마이닝 조사가 더 편리할 수 있다.

③ 쟁점과 대안의 지지관계에서 갈등 행위자 네트워크 구성

연구자들이 제안하는 갈등관계의 조사방법은 2차 자료의 양이 방대하면 쉬운 일이 아니며, 조사자에 따라 다른 결과가 나올 수 있다. 이보다 다소 편리한 방법은 사건의 각 쟁점을 확인하고, 그 내용을 분석하여, 쟁점에 대한 대안을 구분하며, 각 대안을 지지(찬성)하는 행위자들을 파악하는 방법이다. 특정한 대안을 지지하는 행위자들은 유사한 입장을 취하므로 그들을 지지관계로 묶을 수 있다. 대안들마다 이런 방식으로 지지관계를 형성하면, 지지관계의 행위자 네트워크를 구성할 수 있다. 이는 대안의 지지관계를 통해 갈등관계를 엿보는 방법이다. 즉 갈등을 유발하는 쟁점과 대안을 지지하는 행위자들을 파악하고, 지지관계에 있는 행위자들의 네트워크를 구성하여, 지지관계의 행위자 네트워크를 구성하면, 거기서 행위자들의 갈등관계의 모습을 파악할 수 있다. 비록 갈등관계 네트워크가 아니지만, 지지관계 네트워크에서 갈등관계에 대한 정보를 파악한다.

정책집행, 재난관리, 국책사업 등 공공적인 사건에서의 갈등은 공공갈등이라 하며, 사건에 참여하는 행위자들이 어떤 사안에 대해 주장하는 바가 서로 달라서 충돌하는 현상을 말한다. 이처럼 입장이나 이해관계가 충돌하는 것은 해당 사안에 대해 행위자들의 입장이나 이해관계가 서로 다르기 때문에 발생한다. 이러한 사안을 갈등에서는 핵심적인 쟁점 또는 의제라 한다. 따라서 사회적 사건의 갈등분석을 위해서는 갈등의 쟁점을 파악하는 것이 필요하다. 그리고 각 쟁점은 대안을 가진다. 이러한 특정 대안을 선택하는 행위자들은 지지관계를 형성하며, 대립되는 대안을 선택하는 행위자들 간에는 갈등관계가 형성되는 것이다. 이 과정을 상세하게 살펴보면 다음과 같다.

첫째, 쟁점과 대안을 파악하는 단계이다. 쟁점은 사회적 사건의 주요한 속성이며, 대안은 쟁점에 대한 행위자들의 구체적인 입장표명이다. 대안은 쟁점에 대한 선택지이며, 각 선택은 행위자들의 입장과 이해관계에 따라 다르게 나타난다. 대체로 대안은 찬성 또는 반대와 같이 대립되는 형태(대립형 대안)를 가진다. 밀양 송전탑 건설사업의 경우, 송전선에서 발생하는 전자파의 인체 유해성 의제는 쟁점이며, 유해하다는 입장과 유해하지 않다는 입장은 그 쟁점의 대립형 대안이다. 경우에 따라서 대안은 서로 다른 몇 가지 선택안의 형태로 나타난다. 영남권 신공항 건설사업의 공항후보지 쟁점의 경우에 밀양 후보지, 가덕도 후보지, 그리고 기존 김해공항 확장안과 같이 세 가지 선택지로 제시될 수 있다.

둘째, 각 쟁점과 대안을 지지하는 행위자들을 파악하는 단계이다. 쟁점은 해결해야 하는 과제이며, 대안은 쟁점을 해결하기 위해 제시되는 선택지이다. 그런데 행위자들은 쟁점의 해결을 위해 서로 협력하고 갈등한다. 특정한 쟁점에 대해 각 이해관계자들은 자신들이 추구하는 가치와 입장에 따라 서로 다른 대안을 선택하고 지지한다. 쟁점에 대한 협력은 행위자들이 동일한 대안을 지지하는 행동이며, 갈등은 행위자들이 대립되는 대안 또는 서로 다른 대안을 강하게 지지(주장)하면서 나타난다. 그리고 지지하는 강도가 강할 경우 상대와의 갈등은 더욱 강해진다. 갈등이 해소되지 않고 오랫동안 지속되는 경우 이 사건은 사회적 갈등사건이 된다.

(2) 문헌자료 분석과 면담조사에 의한 쟁점과 대안의 파악

채종헌(2009), "사회 네트워크 분석을 활용한 공공갈등의 구조분석: 울진 신원전 건설과 관련된 공공갈등 사례연구," 한국행정학보, 43(2), 147-176.

먼저 울진 신원전 건설 사건의 갈등이 전개되는 과정을 고찰하고, 관련된 문헌자료(백서, 재판기록, 신문기사 등)와 행위자들과의 면담을 통해 텍스트를 확보하였다. 특히 면담조사에서 대상 행위자들을 선정하였으며, 행위자들이 각 쟁점과 대안에 대한 찬성(지지)여부를 명확하게 조사하였다. 이 논문에서는 면담대상자를 가장 주요한 이해관계자의 하나인 한국수력원자력(한수원)에 의뢰하여 우선 면담대상자를 선정하고, 갈등의 주요 이해관계자들이 최대한 포함될 수 있도록 스노우볼링 방식으로 면담대상자들(전체 37명)을 추가하였다. 이 면담대상자들이 바로 사건의 주요 행위자들이다.

확보된 텍스트를 통해 행위자들의 입장과 이해관계를 파악하여, 갈등의 핵심쟁점과 기타쟁점을 구분하였다. 이렇게 파악된 쟁점과 23가지 대안의 내용은 [표 4-7]과 같다.

다음 단계는 쟁점의 대안에 대한 행위자를 파악하였다. 대안에 대해 갈등여부보다 찬성여부를 파악하는 것이 상대적으로 편하다. 갈등여부는 갈등하는 상대의 행위자들을 모두 알아야 하는데, 상대의 입장과 이해관계를 제대로 파악해야 하는 문제가 있다. 찬성여부는 특정한 대안에 대해 자신들의 입장만 확인하면 되므로, 확인하기가 상대적으로 쉽다.

자료를 통해 행위자들과 쟁점의 대안에 대한 찬성여부가 확인되면, 행위자와 대안의 2-모드 관계(37개 행위자×23개 대안) 데이터를 만들 수 있다. 2-모드 관계 데이터는 유사도에 따라 두 개의 1-모드 관계(행위자×행위자, 대안×대안) 데이터로 변환할 수 있다. 이 중에서 1-모드 관계(행위자×행위

표 4-7 | 쟁점과 대안사례

구분	No.	쟁점(agenda)	No.	대안(option)
핵심쟁점	1_1	원전 건설 재논의	1	재론 필요 없음
			2	재논의 및 보상극대화
			3	핵단지 반대
	1_2	착공시점	4	조기착공
			5	보상극대화
	1_3	14개 항 이행여부	6	공식성 불인정
			7	공식성 인정과 불이행
			8	이행
			9	관계없이 건설추진
	1_4	협의기구 구성	10	주민포함 협의기구
			11	한시적 협의체
			12	군청주도
			13	산자부주도
			14	한수원주도
기타쟁점	2_1	보상논의 대상	15	한수원보상
			16	군청보상
			17	군청·한수원 이원화
	2_2	지역지원방식	18	생활시설과 이용(신뢰)
			19	울진 내 하청업체 우대
			20	고용창출
			21	신규지역사업 발굴, 지원
	2_3	지역지원범위	22	주변지역
			23	기타지역 확대

자)는 사건 행위자들의 협력관계 데이터로 활용이 가능하다. 아무튼 신원전 건설을 둘러싸고 있는 이해관계자들의 이합집산의 전체구조를 협력관계로 파악하고, 이것을 역으로 보면 갈등구조를 파악할 수 있을 것이다. 그러나 애석하게도 논문에서 이 면담내용으로 2-모드 관계(행위자×대안) 데이터를 어떻게 얻었는지에 대한 설명이 없다.

(3) 마이닝 조사에 의한 수집-1

박치성 · 정지원(2015), "원자력시설 갈등 네트워크 구조 특성에 관한 연구: 폐기물시설 및 행정시설과 비교를 중심으로," 행정논총, 53(1), pp.165-203.

① 단계-1: 주요 행위자 정의

갈등 네트워크의 주요 행위자는 14개 갈등사례(원자력시설 영역 5개, 폐기물처리시설 영역 5개, 행정시설 영역 4개)에 등장하는 모든 이해당사자들로 정의하고 있다. 먼저 거버넌스 측면에서 가장 거시적인 수준의 행위자로 정부 영역, 사회 영역, 시장 영역으로 분류하고 있다. 그리고 각 영역에 속하는 행위자들은 중범위 수준과 미시적 수준으로 분류하고 있다. 이 연구에서는 중범위 수준의 세부분류에 해당되는 이해관계자들(13개)을 갈등 이해관계자, 즉 [표 4-8]과 같이 주요 행위자로 규정하고 있다.

| 표 4-8 | 주요 행위자 분류

<table>
<tr><th rowspan="2">거시적 분류</th><th colspan="2">중범위 분류</th><th colspan="2">미시적 분류</th></tr>
<tr><th>분류</th><th>세부분류</th><th>분류</th><th>실제행위자(예시)</th></tr>
<tr><td rowspan="9">정부 영역</td><td rowspan="2">중앙정부(행정)</td><td>청와대</td><td>대통령, 청와대 부속기관 등</td><td>노무현 대통령</td></tr>
<tr><td>중앙부처</td><td>개별 정부부처, 산하기관 등</td><td>국토해양부</td></tr>
<tr><td rowspan="2">지방정부(행정)</td><td>광역정부</td><td>17개 광역시 · 도</td><td>서울특별시</td></tr>
<tr><td>기초자치단체</td><td>228개 시 · 군 · 구</td><td>경기평택시</td></tr>
<tr><td rowspan="2">조정기관(행정 및 사법)</td><td>정부소속위원회</td><td>특정 정부위원회</td><td>중앙분쟁조정위원회</td></tr>
<tr><td>사법부</td><td>법원 등</td><td>대법원</td></tr>
<tr><td>중앙정치(입법)</td><td>국회(중앙정당)</td><td>개별 정당, 국회의원, 국회 등</td><td>민주당</td></tr>
<tr><td>지방정치(입법)</td><td>지방의회</td><td>개별 지방의원, 지방의회 등</td><td>서울 서초구 국회의원 ○○○</td></tr>
</table>

<table>
<tr><td rowspan="4">사회 영역</td><td>비영리단체</td><td>NGO</td><td>시민·환경·종교 단체</td><td>참여연대</td></tr>
<tr><td rowspan="2">언론 및 전문가집단</td><td>전문가집단</td><td>연구기관(교수), 연구원 등</td><td>국토연구원</td></tr>
<tr><td>언론</td><td>전국 및 지역언론, 방송기관 등</td><td>부산일보</td></tr>
<tr><td>일반주민</td><td>지역주민</td><td>특정 지역주민</td><td>서울 서초구 주민</td></tr>
<tr><td>시장 영역</td><td>영리단체</td><td>민간사기업</td><td>특정 상공회의소, 사기업 등</td><td>부산상공회의소</td></tr>
</table>

② 단계-2 : 네트워크 관계 정의 및 측정

각 행위자들 간의 갈등관계의 조사는 갈등관계에 대한 조작화를 통해 갈등의 범위를 결정하고 그 범위에 해당되는 경우만으로 측정하였다. 네 가지 경우의 갈등관계의 조작화 내용은 [표 4-9]와 같다.

표 4-9 갈등관계의 조작화 정의와 사례

관계	정의	예시
연구자료에 명시된 갈등	연구를 위해 수집된 자료에서 행위자 간에 갈등이 발생하였다고 직접적으로 언급된 경우	○○시와 △△시의 갈등이 발생한 사례임.
조정신청 및 기소대상이 된 갈등	하나의 행위자가 갈등 상황에서 국가기관에 조정신청이나 소를 제기한 경우	○○시의 시민단체가 △△지방법원에 ○○시를 고소함.
언론보도에 나타난 갈등	언론보도에서 다른 행위자를 비난하거나, 제3의 행위자가 신문기사에서 다른 두 행위자들의 관계를 갈등관계로 묘사한 경우	○○시와 △△시는 대립을 하고 있는 상황임.
민간 측면의 집합적 행동을 야기시킨 갈등	민간 측면의 NGO가 정부를 상대로 시위와 같은 부정적인 집합적 행위를 한 경우	○○환경단체가 △△시청 앞에서 시위를 벌임.

③ 단계-3 : 자료수집

다양한 2차 자료들(연구논문, 정부보고서, 뉴스, 보도자료 등)을 대상으로 자료수집을 하였다. 수집대상자료는 행위자에 관한 자료와 행위자 간 관계에 대한 자료이다. 수집된 자료는 정제과정을 통해 행위자와 관계에 대한 표현을 정제하였다.

④ 단계-4 : 네트워크 구성

14개 사회간접시설 각각에 대해 13개의 중범위 수준에서의 행위자들 사이에서 파악된 갈등관계가 상대적으로 높은 경우에만 갈등관계를 부여하는 방식으로 갈등 네트워크를 구성하고 있다. 13개의 중범위 수준의 13개 행위자들을 블록(block)으로 하고, 각 블록에 해당되는 미시적 분류의 이해관계자들을 기준으로 갈등관계를 조사하여, 적정 수준의 블록밀도를 가지는 블록들만 관계를 부여하는 블록모델링(block modeling)을 적용하였다. 이런 방식으로 14개의 사회간접시설 전체에 대한 14개의 갈등 네트워크를 구성하였다.

(4) 마이닝 조사에 의한 수집-2

윤기찬・장한나(2014), "보건의료 입법과정에서의 정책네트워크 구조분석," 지방정부연구, 18(2), 259-283.

보건의료 입법과정에서 11개의 행위자들이 해당 정책의 추진기에서 쟁점과 대안에 대한 지지여부를 밝히 데이터의 조사사례는 다음과 같다. 사례에서 보면, 11개의 행위자들이 각 대안에 대해 지지입장을 밝히지만, 판매시간(특정 시간대, 항시 판매)과 같이 모든 행위자들이 각 대안에 대한 지지입장을 밝히지 않은 경우도 있다. 대응되는 각 대안에 대해 지지하는 행위자들이 나누어지면, 그들은 갈등관계에 있다고 볼 수 있다. 그리고 각 대안에 대해 지지하지 않는 행위자들은 갈등관계에 있다고 단정하지는 못하지만, 갈등관

표 4-10 쟁점, 대안, 주요 행위자 파악

구분	No.	쟁점(agenda)	No.	대안(option)	주요 행위자(actors)
핵심 쟁점	1	일반의약품 약국 외 판매 찬반	1	찬성	1, 4, 5, 6, 7, 8, 10, 11
			2	반대	2, 3, 9
	2	찬반 논리	3	전문성, 안전성	2, 3, 9
			4	편의성, 효율성	1, 4, 5, 6, 7, 10, 11
			5	국민건강	all(1~11)
	3	판매시간	6	특정 시간대	2
			7	항시 판매	4, 5, 6, 7
	4	약사법 개정	8	찬성	4, 5, 6, 7, 8, 10, 11
			9	반대	2, 3, 9
	5	기타 대안	10	야간순환제 약국	2, 3
			11	의약품 재분류 찬성	2
			12	의약품 재분류 반대	1, 4, 5

주: 1. 기획재정부, 2. 보건복지부, 3. 대한약사회, 4. 경실련, 5. 가정상비약 약국 외 판매를 위한 시민연대, 6. 전북 가정상비약 약국 외 판매를 위한 시민연대, 7. 천안아산경실련, 8. 국민권익위원회, 9. 국회, 10. 청와대, 11. 대한의사협회

표 4-11 대안-주요 행위자의 2-모드 행렬

행위자	1	2	3	4	5	6	7	8	9	10	11
대안-1	1			1	1	1	1	1		1	1
대안-2		1	1						1		
대안-3		1	1						1		
대안-4	1			1	1	1	1			1	1
대안-5	1	1	1	1	1	1	1	1	1	1	1
대안-6		1									
대안-7				1	1	1	1				
대안-8				1	1	1	1	1		1	1
대안-9		1	1						1		
대안-10		1	1								
대안-11		1									
대안-12	1			1	1						

계의 가능성은 충분히 있다고 볼 수 있다. 이런 관점에서 보면, 지지관계의 네트워크에서 갈등관계도 어느 정도 엿볼 수 있다.

네트워크 구성을 위한 행렬 데이터의 파악은 대안(option)을 기준으로 하고 있다. [표 4-11]은 대안을 행으로, 각 대안에 등장하는 주요 행위자들을 열로 하는 2-모드 행렬이다.

3) 갈등 키워드 네트워크 분석

사회적 사건에서 갈등은 주요 쟁점에 대해 행위자들이 서로 다른 대안을 선택하는 과정에서 나타난다. 그러므로 사회적 사건에 대한 언어 텍스트에서 갈등을 유발하는 쟁점(갈등쟁점)을 파악하고, 각 쟁점의 주요 내용을 분석하거나 관련된 행위자들의 입장을 파악하는 작업이 중요하다. 이것은 갈등쟁점의 내용분석이 되며, 갈등쟁점을 설명하는 텍스트에서 주요한 단어(키워드)들을 통해 분석이 가능하다. 갈등쟁점에 나타난 갈등 키워드의 분석인 셈이다. 갈등 키워드들에 대한 빈도분석에서 관계분석까지 확장하면 네트워크 분석이 된다. 갈등 키워드 네트워크 분석은 그동안 논의된 적이 거의 없는 개념이다. 그러므로 관련된 몇 가지 사례들을 살펴보면서 이 개념을 정립할 수밖에 없는 것 같다.

(1) 사례 : 갈등쟁점과 대안의 탐색

김광구・신창현(2006), "국립서울병원 재건축에 따른 갈등영향분석," 도시행정학보, 19(1), pp.143-173.

이 연구의 핵심은 국립서울병원 재건축이라는 갈등사건에 대한 갈등영향 분석작업이다. 이해관계자 분석(stakeholder analysis)이라고도 하는 갈등영향 분석은 객관적이고 공정한 제3자로 하여금 면담을 통해 이해관계자들의 입장(positions)과 이해관계(interests)를 구분하고, 이들 간의 공통점과 차이점들을 확인하여, 대화와 타협에 의한 갈등해소가능성을 분석하고, 바람직한 갈등해소방안을 제안하는 작업이다.[24)]

주요 과정과 조사내용은 이해관계자들 파악, 국립서울병원에 대한 인식조사, 병원이전 요구와 반대의 이유 파악, 이전을 하는 경우의 효과적인 이전추진방법 질문, 병원이전 가능성에 대한 비관 또는 낙관의 인식과 관련된 의견 파악, 병원부지 활용방안 제안, 대화의 필요성과 가능성에 대한 인식, 갈등해소방안에 대한 인식 등이다. 45명의 주요 이해관계자들의 면담내용을 토대로 핵심쟁점 1건과 5건의 하위쟁점을 도출하였다.

핵심쟁점은 '병원이전과 재건축'이며, 하위쟁점은 '병원과 지역사회의 관계', '이전 추진과정에 대한 인식', '재건축 결정과정의 공론화(병원과 주민 간의 의사소통)', '지역발전에 대한 인식', '정신병원에 대한 인식 및 지역 이미지'이다. 이러한 핵심쟁점과 하위쟁점들은 대화를 통해 해소될 수 있는지 여부 판단, 쟁점의 해소를 위한 대안을 모색, 실현가능하고 이해관계자 모두의 목표를 이룰 수 있는 최적대안의 선택, 이 대안을 대화의 의제로 만들 수 있는 전략을 제시하고 있다.

쟁점해소를 위해 세 가지의 대안을 제시하고 있다. 대안-1은 병원이전을 통한 갈등해소이며, 병원이전 후 이 부지에 뉴타운, 학교, 공원 등을 개발하는 방안이다. 대안-2는 병원 재건축에 의한 갈등해소이며, 예산확보의 어려움과 주민들의 반대가 예상된다. 대안-3은 타협안으로 주민들이 원하는 지역발전계획을 병원 재건축사업의 일부로 수용하여 재건축을 추진하는 방안이다.

24) 김광구 · 신창현(2006)의 논문, pp.149-150.

(2) 사례 : 갈등의 쟁점별 키워드 분석

조선일・배정아(2016). "네트워크 분석을 활용한 도시 재난관리연구: 우면산 산사태 사례를 중심으로," 사회과학연구(충남대학교 사회과학연구소), 27(1), pp.291-309.

이 연구는 우면산 산사태 발생 이후 사후 피해복구 4년 여(2011~2014년) 동안 미디어에 나타난 주요 쟁점을 파악하는 작업이다. 분석대상 텍스트는 2011년 7월 27일 발생일부터 최근 2014년 6월까지 기간 동안 미디어가온(www.kinds.or.kr)에 나타난 전국종합일간지 기사 총 723건이다. 이것을 연 단위(2011, 2012, 2013, 2014)로 구분하였다.

자동 프로그램(KrKwic)을 통해 키워드(핵심단어)를 도출하여 출현빈도를 산출하고, 기사내용을 탐독하면서 우면산 산사태 발생 이후에 나타난 세 가지 분야(원인, 대책, 피해)의 열 가지 쟁점을 기준으로 키워드를 분류하여 연도별 특성을 파악하였다. 이 연구는 열 가지 쟁점의 내용만 확인하고 있으며, 각 쟁점에 대한 대안을 파악하지 않았다.

그리고 같은 방식으로 행위자들도 도출하였으며, 행위자와 키워드의 2-모드 네트워크를 구성하여 키워드의 중심성(연결정도 중심성, 매개 중심성) 분석, 1-모드 행위자 네트워크를 구성하여 중심성을 분석하는 작업도 함께 수행하고 있다. 중심성 분석을 통해 주요한 쟁점과 행위자를 확인하는 작업을 수행했지만, 애석하게도 이러한 네트워크를 구성하는 과정에 대한 설명이 부족하였다.

(3) 사례 : 갈등 프레임의 구성요소 분석

심준섭(2011). "언어 네트워크 분석기법을 활용한 갈등 프레임의 분석," 한국행정학연구, 20(2), pp.183-212.

본 연구는 고리 원자력발전소 주변 지역주민들의 갈등 프레임을 분석하고, 2011년의 일본 후쿠시마 원전사고가 지역주민의 갈등 프레임에 미친 영향을 파악하는 내용이다. 대상자료는 후쿠시마 원전사고 이전과 이후 두 시점에서 동일한 지역주민 대표들을 대상으로 한 인터뷰 텍스트이며, 방법은 인터뷰 텍스트 내용에 대한 언어 네트워크 분석(semantic network analysis)을 사용하였다.

먼저 최근의 선행연구들을 바탕으로 여덟 가지의 갈등 프레임 유형을 결정하고 있다: 정체성 프레임(identity frames), 특징부여 프레임(characterization frames), 권력 프레임(power frames), 갈등관리 프레임(conflict management frames), 위험 프레임(risk frames), 손익 프레임(gain vs. loss frames), 사회적 통제 프레임(social control frames), 상황요약 프레임(whole story frames). 이것들은 갈등 당사자들이 갈등 상황을 규정하기 위해 이용하는 갈등 프레임들이다. 이러한 여덟 가지 갈등 프레임의 유형에 초점을 맞추면서 다음과 같은 연구질문들을 설정하였다. 어떤 프레임 유형들이 원전 주변 지역주민들의 갈등 상황에 대한 인식을 설명할 수 있는가? 갈등 프레임들 간에 어떤 구조적 관계가 존재하는가? 역사적 사건으로서 일본 후쿠시마 원전사고는 지역주민들의 갈등 프레임에 어떤 영향을 미쳤는가? 특히 일본 원전사고가 주민들 간에 어떤 새로운 갈등 이슈를 유발했는가? 또한 기존 갈등 이슈들에 어떤 변화를 초래했는가?

분석대상은 고리 원자력발전소 주변 지역주민들의 갈등 프레임이며, 2010년과 2011년 두 시기는 상이한 갈등 상황이 전개되었기에, 관련 자료들을 통해 각 시기의 주요 갈등쟁점을 파악하였다. 그리고 고리 지역주민 대표인 이장들을 대상으로 2010년 10월 22일~23일과 2011년 5월 7일~9일에 두 번에 걸쳐 심층 인터뷰를 실시하였다. 녹취된 인터뷰 내용 전문은 분석의 목적에 적합하도록 부분적인 수정을 거쳐 언어 네트워크 분석용 텍스트로 이용되었다. 주요 분석작업은 단어 사용빈도, 2010년과 2011년 인터뷰 내용에 포함된 40개 핵심단어들의 빈도와 단어별 아이겐벡터 중심성 계산, 두 시기(2010년,

2011년)의 공통단어와 고유단어 비교, 두 시기 각 40개 핵심단어들 간의 공출현관계 네트워크 분석 등이다.

2010년과 2011년 텍스트 내용을 토대로 40개 핵심단어들의 빈도를 분석하여, 고빈도의 단어들이 표현하는 핵심이슈들을 유추하고, 이것들로 구성되는 갈등 프레임을 파악하였다. 먼저 2010년의 텍스트에서는 원전, 주민, 정부, 돈, 문제, 한수원, 지역, 신원전, 반대, 불안의 단어 순서로 빈도가 높게 나타났다. 이러한 결과는 원전 운영, 신원전 건설, 지역에 대한 보상(돈) 등이 핵심이슈들을 구성하는 것이다. 그리고 이 단어들을 갈등 프레임의 관점에서 살펴보면, 갈등관리 프레임의 요소들(반대, 홍보, 보상, 협의, 의견수렴, 밀어붙이기, 배려, 법, 데이터, 설명, 무시, 힘), 손익 프레임 요소들(돈, 보상, 지역개발, 지원금, 낭비, 경제적 피해), 위험 프레임 요소들(불안, 안전, 위험, 송전탑, 환경오염, 사고, 핵), 특징부여 프레임 요소들(정부, 한수원, 지자체)에 해당된다. 결국 2010년에는 갈등관리 프레임, 손익 프레임, 위험 프레임, 특징부여 프레임에 해당되는 핵심단어들이 많이 등장하였다.

2011년에는 일본, 원전, 조용, 주민, 사람들, 문제, 사고, 알고 있음, 언론, 우리순으로 단어 빈도수가 높게 나타났다. 이러한 결과는 일본 원전사고, 지역주민의 반응, 원전사고에 대한 언론보도 등이 핵심이슈로 다루어지고 있음을 나타낸다. 그리고 손익 프레임(경기, 혜택, 땅, 관광객), 갈등관리 프레임(조용, 기다림), 특징부여 프레임(정치권, 결정(권)), 상황요약 프레임(문제, 사실, 난리, 다름)이 많이 나타났다.

그리고 2010년과 2011년에 나타난 단어들의 공출현관계에 의한 단어 네트워크를 구성하여, 단어들이 서로 연결되어 있는 특성에 따라 갈등 이슈들과 갈등 프레임들의 특성을 분석하고 있다.

(4) 갈등 키워드 네트워크 분석

위에서 소개한 연구사례들로는 사회적 사건의 갈등쟁점(갈등 이슈)에 대한 갈등 키워드 네트워크 분석 전체를 파악하기 어렵다. 이 분석과정을 정리해서 설명하면 다음과 같다.

첫째, 사회적 사건의 기록문헌을 확보한다. 기록문헌은 보고서, 언론기사, 논문 등과 같은 일반문헌과 주요 행위자들을 대상으로 인터뷰해서 얻은 면담텍스트 등을 말한다. 사회적 사건의 기록문헌은 사건의 맥락을 파악하는 데 활용되며(사건일지 작성), 주요 행위자들을 파악하는 데도 활용되고, 이후 키워드 분석의 대상이 된다. 그러므로 객관적이고 체계적인 과정을 통해 기록문헌을 수집하여야 한다.

둘째, 기록문헌을 토대로 갈등쟁점을 도출한다. 갈등쟁점(issue, agenda)만 도출할 수 있는 경우와 각 갈등쟁점에 대한 대안까지 도출할 수 있는 경우로 나눌 수 있다. 갈등쟁점은 사회적 갈등사건의 주요 주제(topic)이며 프레임이다. 이것이 심준섭(2011)의 연구에서 제시된 갈등 프레임이다. 이러한 갈등쟁점은 사회적 텍스트에서 도출하든지, 심준섭(2011)의 연구처럼 미리 만들어서 사용할 수 있다. 중요한 것은 갈등쟁점을 분석하고자 하는 목적에 의해 결정하여야 한다는 것이다.

셋째, 각 갈등쟁점과 관련된 키워드들을 도출한다. 이 작업은 사회적 사건의 기록문헌에서 키워드들을 추출하고, 이들을 갈등쟁점(갈등행위자, 갈등주제, 갈등 프레임)을 나타내는 요소들로 분류한다. 갈등쟁점별로 기록문헌(언어 텍스트 집단)을 구분할 수 있거나, 특정한 시기별(연도별, 갈등단계별)로 구분할 수 있으면, 이후 과정에서 보다 의미 있는 분석이 가능하다. 각각의 갈등쟁점별로 나누거나, 시기로 나누어 키워드 분석을 할 수 있기 때문이다.

넷째, 갈등쟁점과 키워드의 개체들을 사용하여 갈등 키워드 네트워크를 구성하고 분석한다. 2-모드(갈등쟁점×키워드) 행렬을 만들고, 이것을 갈등쟁점과 키워드의 1-모드 행렬로 변환하여 분석하면 된다.

5 사례 : 밀양 송전탑 사건의 네트워크 분석

이 사례는 2016년도 8월에 출판한 학위논문의 지도과정에서 저자가 분석 프로세스를 정의하고, 그에 따른 논문작성을 지도하였으며, 네트워크 데이터에 대한 분석을 지원한 논문[25)]의 일부 내용이다. 하나의 사회적 사건에 대한 네트워크 모델링 과정을 자세히 살펴볼 수 있는 사례이다. 밀양 송전탑 사건은 제5차 장기 전력수급계획에 따라 시작된 신고리-북경남 송전선로 건설사업을 의미하며, 다양한 행위자들이 복합적으로 연관된 사건이다. 2000년부터 시작되었으며, 2016년 6월 현재까지 진행되고 있다. 이 사건은 정부, 한국전력공사, 시민단체, 밀양주민들 등의 이해관계자들 간의 갈등이 심각하게 나타났으며, 그 갈등이 장기간에 걸쳐 지속되고 있다. 이 연구는 지난 10여 년간 진행되어 온 사회적 사건을 네트워크 분석방법으로 설명하려는 것이다. 특히 사회적 사건의 주요 이해관계자(행위자)들을 중심으로 네트워크를 구축하여 그 내용을 파악한다.

사회적 사건의 행위자 네트워크는 사건일지를 작성하고, 주요 행위자들을 파악하며, 그들의 협력 네트워크를 구성하여, 네트워크의 특성을 파악한다. 행위자의 협력 네트워크는 두 가지 유형으로 구성하였다. 첫째, 주요 세부사건들의 공동참여관계를 토대로 구성한 협력 네트워크와 사건의 주요 쟁점에 대한 대안의 지지(찬성)관계를 토대로 하는 협력 네트워크이다. 예를 들어, '제5차 장기 전력수급계획 확정'이라는 주요 사건에 대해 주요 역할을 수행한 정부와 한국전력공사는 참여관계의 협력 네트워크의 노드가 된다. 그리고 '송전선로 건설'이라는 쟁점에 대한 '찬성'의 대안을 지지하는 행위자가 A와 B라면, 이들은 대안지지관계의 협력 네트워크의 노드가 된다.

25) 이현아(2016), "밀양 송전탑 사건의 기록화에 관한 연구—행위자 네트워크 분석을 중심으로," 석사학위논문, 부산대학교 대학원, 기록관리협동과정.

1) 사건일지 작성

사건일지는 밀양 송전탑 사건 관련 논문, 언론기사, 백서를 참고하여 작성하였다. [표 4-12]는 밀양 송전탑 사건의 사건일지 일부분이다. 날짜순에 따라 일련번호를 부여하고, 이에 대한 주요 내용을 작성하였다.

표 4-12 밀양 송전탑 사건의 사건일지

번호	날짜	주요 내용
1	2000년 1월	정부(현, 산업통상자원부), 제5차 장기 전력수급계획 확정 발표
2	2001년 5월	한전, 765kV 신고리 원전-북경남 송전선로 경유지 및 변전소 부지 선정
3	2003년 10월 23월	송전선로 입지선정협의회 최적경과지 확정
4	2005년 8월	• 한전, 환경영향평가서 초안 공람 및 주민설명회 개최 • 765kV 송전선로 건설사업 밀양지역 경과지 5개 면별 주민설명회 개최
5	2005년 10월	환경영향평가 실시
6	2007년 11월	정부(현, 산업통상자원부)의 송전선로 건설사업 승인

밀양 송전탑 사건은 2000년 제5차 장기 전력수급계획 확정부터 시작해서 현재까지 진행되고 있는 사건이다. 2015년 5월 기준으로 전체 133개의 주요 사건을 정리하였다. 그리고 전체를 갈등 잠재기, 갈등 표출기, 갈등 증폭 및 교착기, 갈등 완화기, 갈등 재증폭 및 교착기, 갈등의 심화기, 갈등의 사회적 확산기로 구분되는 7개 시기로 나누었다.

표 4-13 | 밀양 송전탑 사건의 시기 구분과 주요 사건

시기 구분	주요 사건
갈등 잠재기 (2000년 1월~2005년 5월)	• 정부, 제5차 장기 전력수급계획 확정 • 송전선로 입지선정협의회 최적경과지 확정
갈등 표출기 (2005년 5월~2007년 11월)	• 환경영향평가 실시 • 정부(현, 산업통상자원부)의 사업 승인
갈등 증폭 및 교착기 (2007년 11월~2009년 10월)	• 정부, 765kV 신고리-북경남 송전선로 건설사업 실시계획 승인 고시 • 한전에서 본격적인 공사 착수
갈등 완화기 (2009년 10월~2011년 4월)	• 국민권익위 주관 '765kV 건설사업 갈등조정위원회' 출범 • 밀양시민연대와 주민들, 단식투쟁 돌입
갈등 재증폭 및 교착기 (2011년 4월~2012년 1월)	• 이치우 어르신 분신 사망(당시 74세) • 고 이치우 어르신 추모 및 밀양대책위 출범
갈등의 심화기 (2012년 1월~2014년 6월)	• 밀양 탈핵희망버스 개최 • 한전-밀양 주민 '공사 중단 및 전문가협의체 통한 대안 연구' 합의(국회 산업위 중재), 열흘만에 공사 중단 • 전국송전탑반대네트워크 발족 • 유한숙 어르신(당시 74세) 음독
갈등의 사회적 확산기 (2014년 6월~현재)	• 밀양송전탑 행정대집행 단행 • 경남 밀양 765kV 송전탑 공사가 사실상 마무리됨 • 밀양, 청도, 당진, 서산, 여수 지역주민들이 참여해 「송주법」 헌법소원 제기 • 밀양 투쟁 10주년 기념일 • 〈밀양 송전탑 반대 투쟁 백서〉, 〈밀양, 10년의 빛〉 발간

2) 주요 행위자 도출

다음으로 사건일지에 나타난 주요 행위자들을 파악한다. 행위자들을 정하는 기준은 두 가지로, 첫째, 밀양 송전탑 사건과 직접적인 관련이 있을 것, 둘째, 유사한 성격의 행위자일 경우 그 상위의 단체로 묶는 것이다. 이러한 기준을 바탕으로 정부, 한국전력공사, 대책위원회를 중심으로 하여 밀양 송전탑 사건과 관련된 총 22가지의 행위자들을 도출하였다. 이들은 밀양 송전탑 사건과 관련하여 이해관계(가치, 입장)를 가지고 밀양 송전탑 사건에 자신의 의견과 요구사항을 표명한 이해관계자들을 의미한다. [표 4-14]는 이를 정리한 것이다.

표 4-14 밀양 송전탑 사건 내 행위자

번호	행위자	번호	행위자
1	정부(산업통상자원부, 정홍원 국무총리)	12	언론사-2(KBS, SBS, MBC, 조선일보 등)
2	한전(한국전력공사)	13	전문가협의체
3	밀양주민-찬성(송전탑 찬성)	14	반대네트워크(전국송전탑반대네트워크)
4	밀양주민-반대(송전탑 반대)	15	희망버스(밀양희망버스기획단)
5	대책위원회(765kV대책위원회)	16	갈등조정위원회
6	경찰(밀양경찰서, 경남경찰청)	17	새누리당
7	사법기관(검찰, 법원)	18	녹색당
8	밀양시청(엄용수 밀양시장)	19	민주당(민주통합당)
9	시민연대	20	통진당(통합진보당)
10	종교기관(프란치스코 교황, 올리베따노 베네딕도 수녀회 등)	21	정의당
11	언론사-1(JTBC)	22	경실련(경제정의실천시민연합)

3) 주요 사건에 참여한 행위자 파악

여기서는 밀양 송전탑 사건의 일지에서 주요 사건을 도출하고, 그 사건에 어떤 행위자가 참여하고 있는지를 파악하였다. 주요 사건은 밀양 송전탑 사건 관련 논문, 언론기사, 765kV 대책위원회에서 발간한 백서를 바탕으로 정리하였다. 분석 요목은 시기 구분, 주요 내용, 대표사건, 날짜, 행위자로 하였다. [표 4-15]는 주요 사건순으로 참여행위자를 정리한 것이다.

표 4-15 | 주요 사건에 참여한 행위자 파악

시기 구분	주요 사건	사건내용	날짜	참여 행위자
갈등 잠재기 (2000년 1월~2005년 5월)	제5차 장기 전력수급계획 확정	정부(현, 산업통상자원부), 제5차 장기 전력수급계획 확정 발표	2000년 1월	1, 2
	송전선로 경유지 및 변전소 부지 선정	한전, 765kV 신고리 원전-북경남 송전선로 경유지 및 변전소 부지 선정	2001년 5월	1, 2
	송전선로 최적경과지 확정	송전선로 입지선정협의회 최적경과지 확정	2003년 10월 23일	1, 2
갈등 표출기 (2005년 5월~2007년 11월)	주민설명회 개최	• 한전, 환경영향평가서 초안 공람 및 주민설명회 개최 • 765kV 송전선로 건설사업 밀양지역 경과지 5개 면별 주민설명회 개최	2005년 8월	1, 2, 3, 4
	환경영향평가 실시	환경영향평가 실시	2005년 10월	1, 2
	송전선로 건설 승인	정부(현, 산업통상자원부)의 송전선로 건설사업 승인	2007년 11월	1, 2

4) 쟁점대안에 지지한 행위자 파악

여기서는 갈등을 유발하는 주요 쟁점들을 밀양 송전탑 사건에서 분류하였다. [표 4-16]은 전체 사건일지에서 파악된 주요 쟁점을 정리한 것이다.

표 4-16 | 사건일지에서 파악된 주요 쟁점

쟁점	개수	쟁점	개수
주민집회	12	전력수급계획	8
송전선로 건설	7	희망버스	5
갈등조정	4	토지보상	4
행정대집행	3	소송	2
전문가협의체	2	전자파	2
단식투쟁	1	친환경 초전도케이블	1

표 4-17 주요 쟁점대안을 지지한 행위자 파악

<table>
<tr><th>시기 구분</th><th>주요 내용</th><th>쟁점
(agenda)</th><th>대안
(option)</th><th>주요 행위자
(actors)</th></tr>
<tr><td rowspan="3">갈등 잠재기
(2000년 1월~
2005년 5월)</td><td>정부(현, 산업통상자원부), 제5차 장기 전력수급계획 확정 발표</td><td>전력수급계획</td><td>송전선로
건설 찬성</td><td>1, 2</td></tr>
<tr><td>송전선로 경유지 및 변전소 부지 선정</td><td>전력수급계획</td><td>송전선로
건설 찬성</td><td>1, 2</td></tr>
<tr><td>송전선로 최적경과지 확정</td><td>전력수급계획</td><td>송전선로
건설 찬성</td><td>1, 2</td></tr>
<tr><td rowspan="3">갈등 표출기
(2005년 5월~
2007년 11월)</td><td rowspan="2">765kV 송전선로 건설사업 밀양지역 경과지 5개면별 주민설명회개최</td><td rowspan="2">전력수급계획</td><td>송전선로
건설 찬성</td><td>1, 2, 3</td></tr>
<tr><td>송전선로
건설 반대</td><td>4</td></tr>
<tr><td>정부(현, 산업통상자원부)의 송전선로 건설사업 승인</td><td>전력수급계획</td><td>송전선로
건설 찬성</td><td>1, 2</td></tr>
</table>

[표 4-16]의 주요 쟁점을 중심으로 이를 사건일지에 있는 각 주요 내용에 적용하였다. 각 쟁점별로 행위자들이 어떤 관점을 가졌는지로 나누었고, 행위자들이 어떤 관점에 있는지를 파악하여 이를 나누었다. [표 4-17]은 사건일지에서 파악된 주요 쟁점에 대해 서로 다른 대안을 지지하는 행위자들을 정리한 것이다. 예를 들어, 765kV 송전선로 관련 5개 면별 주민설명회에서 송전선로 건설 찬성과 반대의 두 가지 대안으로 나누어지며, 각 대안을 지지하는 행위자를 각각 포함했다.

5) 사건-참여관계의 행위자 네트워크 구성

사건일지에서 파악한 총 133건의 사건에서 총 22개의 행위자가 참여하고 있다. 우선 사건별 참여행위자를 나타내는 표를 만들었다. [표 4-18]은 밀양 송전탑 사건의 주요 사건에 참여한 행위자의 사례이다. 사건번호와 참여행위자로 구분하였다.

표 4-18 | 사건-참여관계의 행위자

사건번호	참여행위자
사건-1	1, 2
사건-2	1, 2
사건-3	1, 2
사건-4	1, 2, 3, 4
사건-5	1, 2

이 표를 대상으로 사건-참여관계의 행위자 행렬을 코딩해야 한다.

첫째, [표 4-19]와 같이 사건과 참여행위자 간의 이원 모드 노드리스트를 만들었다.

표 4-19 | 사건-참여관계별 행위자 노드리스트 사례

사건번호	참여행위자			
사건-1	1 (정부)	2 (한전)		
사건-2	1 (정부)	2 (한전)		
사건-3	1 (정부)	2 (한전)		
사건-4	1 (정부)	2 (한전)	3 (밀양-찬성주민)	4 (밀양-반대주민)
사건-5	1 (정부)	2 (한전)		

둘째, 이원 모드 노드리스트는 이원 모드 행렬(사건×행위자)로 변환하였다. [표 4-20]은 5건의 사건과 10개의 행위자를 사례로 구성한 행렬의 일부이다.

표 4-20 이원 모드 행렬(사건×행위자) 사례 일부

사건번호	행위자-1	행위자-2	행위자-3	행위자-4	행위자-5
사건-1	1	1	0	0	0
사건-2	1	1	0	0	0
사건-3	1	1	0	0	0
사건-4	1	1	1	1	0
사건-5	1	1	0	0	0

셋째, 이원 모드 행렬(사건×행위자)은 행위자의 사건 참여행위에 따라 일원 모드 행위자 행렬(행위자×행위자)을 구성하였다. 유사도계수는 행위자-행위자 간의 관계는 행위자가 사건들의 참여여부에 달려 있으므로, 동시참여 관계를 나타내는 내적 계수(sum of cross-products)를 사용하였다. [표 4-21]은 내적 계수의 결과를 나타내는 가중 데이터의 행위자 행렬(행위자×행위자)의 일부 내용이다.

표 4-21 사건-참여관계의 행위자 가중 행렬

행위자 \ 행위자	1	2	3	4	5	6	7	8	9	10	11
1 (정부)	75	66	26	51	41	13	5	6	19	0	1
2 (한국전력)	66	79	23	54	41	15	9	7	19	0	2
3 (밀양주민-찬성)	26	23	30	30	23	2	0	3	4	0	1
4 (밀양주민-반대)	51	54	30	105	89	21	9	6	41	2	2
5 (대책위원회)	41	41	23	89	89	18	8	5	40	2	2
6 (경찰)	13	15	2	21	18	21	1	3	14	0	0
7 (사법기관)	5	9	0	9	8	1	15	2	4	0	0
8 (밀양시청)	6	7	3	6	5	3	2	9	2	0	0
9 (시민연대)	19	19	4	41	40	14	4	2	45	2	1
10 (종교기관)	0	0	0	2	2	0	0	0	2	2	0
11 (언론사-1)	1	2	1	2	2	0	0	0	1	0	3

마지막으로, 위의 가중 행렬을 행위자의 사건 동시참여관계에 따라 이진 행렬로 변환하였다. 가중 행렬은 네트워크 분석을 위해 이진 행렬로 변환하였다. 본 논문에서는 행위자들이 밀양 송전탑 사건과 관련하여 행위자가 사건에 얼마나 중심적인 역할을 하는지를 알아보고자 하는 것이므로 가중 행렬을 이진 행렬로 변환하여 중심성을 분석하고자 한다. 관계의 강도를 나타내는 가중치를 가지는 행렬에서 행렬 셀의 값이 특정한 기준값 이상이면 1로 표시하고, 기준값 이하이면 0으로 변환하여 만든다. 행위자들 간의 동시참여 빈도를 나타내는 내적 계수값의 평균이 1.44이며, 이를 기준으로 1보다 큰 값을 가진 경우에 양 노드 간의 관계를 맺도록 설정하였다. [표 4-22]는 변환된 이진 행렬을 나타낸 것이다.

표 4-22 사건-참여 관계에서의 이진 행렬의 일부

행위자 \ 행위자	1	2	3	4	5	6	7	8	9	10	11
1 (정부)	0	1	1	1	1	1	1	1	1	0	0
2 (한국전력)	1	0	1	1	1	1	1	1	1	0	1
3 (밀양주민-찬성)	1	1	0	1	1	1	0	1	1	0	0
4 (밀양주민-반대)	1	1	1	0	1	1	1	1	1	1	1
5 (대책위원회)	1	1	1	1	0	1	1	1	1	1	1
6 (경찰)	1	1	1	1	1	0	0	1	1	0	0
7 (사법기관)	1	1	0	1	1	0	0	1	1	0	0
8 (밀양시청)	1	1	1	1	1	1	1	0	1	0	0
9 (시민연대)	1	1	1	1	1	1	1	1	0	1	0
10 (종교기관)	0	0	0	1	1	0	0	0	1	0	0

이를 바탕으로 총 22개의 노드로 구성된 행위자 네트워크를 시각화하고, 다양한 분석을 수행하였다.

6) 쟁점대안-지지관계의 행위자 네트워크 구성

전체 22개의 행위자 중에서 10개의 행위자가 밀양 송전탑 사건과 관련하여 쟁점대안에 지지 입장을 밝힌 것으로 나타났다. 우선 쟁점대안-지지관계와 관련된 행위자의 표를 만들었다. [표 4-23]은 밀양 송전탑 사건의 쟁점대안에 지지입장을 밝힌 행위자들을 표로 구성한 사례이다.

표 4-23 쟁점대안-지지관계의 행위자 일부

갈등쟁점대안	지지행위자
갈등쟁점대안-1	1, 2
갈등쟁점대안-2	1, 2
갈등쟁점대안-3	1, 2
갈등쟁점대안-4	1, 2, 3
갈등쟁점대안-5	4

쟁점대안-지지관계의 행위자 데이터를 기반으로 하여 이를 갈등의 쟁점대안을 지지한 행위자의 노드리스트로 만들면 [표 4-24]와 같다.

표 4-24 쟁점대안-지지관계의 행위자 노드리스트 일부

사건번호	행위자		
쟁점대안-1	1 (정부)	2 (한전)	
쟁점대안-2	1 (정부)	2 (한전)	
쟁점대안-3	1 (정부)	2 (한전)	
쟁점대안-4	1 (정부)	2 (한전)	3 (밀양-찬성주민)
쟁점대안-5	4 (밀양-반대주민)		

노드리스트를 만든 후 이를 바탕으로 행위자 가중 행렬을 구성하였는데, 그 결과는 [표 4-25]와 같다. 이 표에서 번호는 앞서 지정한 행위자 번호를

따랐다.

[표 4-25]의 가중 행렬을 행위자의 동시 지지관계에 따라 이진 행렬로 변환하였다. 사건-참여관계의 행위자 이진 행렬로 변환하는 방법과 같이 가중

| 표 4-25 | 쟁점대안-지지관계의 행위자 가중 행렬

No.	행위자	1	2	3	4	5	6	8	9	11	15
1	정부	34	34	11	0	0	10	3	0	0	0
2	한전	34	40	11	0	0	13	4	0	0	0
3	밀양주민-찬성	11	11	15	3	2	2	1	0	0	0
4	밀양주민-반대	0	0	3	45	38	0	0	21	2	5
5	대책위원회	0	0	2	38	38	0	0	20	2	5
6	경찰	10	13	2	0	0	13	3	0	0	0
8	밀양시청	3	4	1	0	0	3	4	0	0	0
9	시민연대	0	0	0	21	20	0	0	21	1	5
11	언론사-1	0	0	0	2	2	0	0	1	2	0
15	희망버스	0	0	0	5	5	0	0	5	0	5

| 표 4-26 | 쟁점대안-지지관계의 행위자 이진 행렬

No.	행위자	1	2	3	4	5	6	8	9	11	15
1	정부	0	1	1	0	0	1	1	0	0	0
2	한전	1	0	1	0	0	1	1	0	0	0
3	밀양주민-찬성	1	1	0	1	1	1	1	0	0	0
4	밀양주민-반대	0	0	1	0	1	0	0	1	1	1
5	대책위원회	0	0	1	1	0	0	0	1	1	1
6	경찰	1	1	1	0	0	0	1	0	0	0
8	밀양시청	1	1	1	0	0	1	0	0	0	0
9	시민연대	0	0	0	1	1	0	0	0	1	1
11	언론사-1	0	0	0	1	1	0	0	1	0	0
15	희망버스	0	0	0	1	1	0	0	1	0	0

행렬을 이진 행렬로 변환하였다. 이때 동시참여수의 평균이 0.98이므로, 0보다 큰 값을 가진 경우라면, 양 노드 간의 관계를 맺도록 설정하였다. [표 4-26]은 이진 행렬을 나타낸 것이다.

이를 바탕으로 구성된 네트워크를 시각화하였다. 쟁점대안-지지관계의 행위자 중 입장을 나타낸 총 10개의 행위자들 간의 네트워크 분석결과는 [그림 4-3]과 같다.

그래프상에서 가장 많이 연결이 된 노드는 '밀양주민-찬성'으로 6개의 노드와 연결되어 있다. 이외에 '밀양주민-반대', '대책위원회'가 5개의 노드와 연결되어 있다. 그래프를 봤을 때 왼쪽에 있는 5개의 행위자들은 쟁점대안들에 반대 측 프레임을 갖는 행위자들이며, 오른쪽에 있는 5개의 행위자들은 찬성 측 프레임을 갖는 행위자들이라 할 수 있다.

그림 4-3 ▌쟁점대안-지지관계의 행위자 네트워크

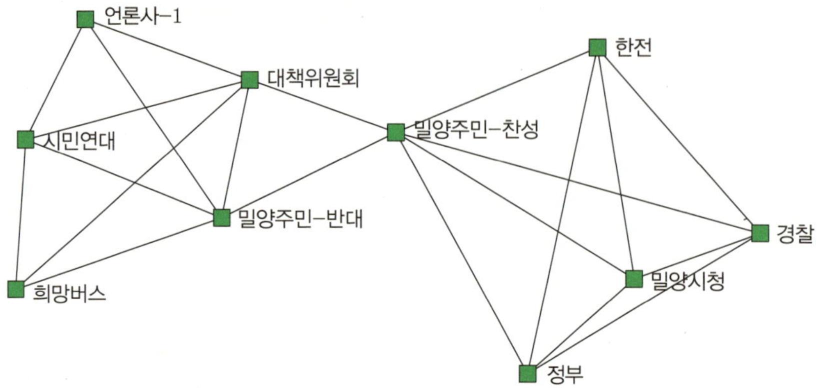

한편, [그림 4-3]에서 각 노드가 이어지지 않는 경우 갈등관계에 있을 것이라고 추론할 수는 있으나, 이어지지 않는 경우라고 해서 반드시 두 노드 간에 갈등관계가 존재한다고는 볼 수 없다. '정부'와 '밀양주민-반대'의 경우 두 노드 간에 직접 연결되는 경우는 없지만, 이들 간에 갈등관계가 반드시 있다고는 볼 수 없기 때문이다. 물론 이러한 쟁점대안-지지관계의 데이터를 토대로 밀양 송전탑 사건의 시기별로 행위자들 간의 관계를 토대로 네트워크를 구성하고 분석할 수도 있다.

6 요약

이 장에서 다른 사건 네트워크 분석과 관련하여 기존의 연구사례에 나타난 주요 특징은 다음과 같다. 정책 네트워크 분석 영역의 연구문헌은 많은 편이고, 최근 들어 재난 네트워크 분석 연구문헌도 가끔 등장하고 있으며, 특정한 사업과 관련된 네트워크 분석의 연구사례는 드물다. 기존의 정책·재난 네트워크는 행위자들의 협력관계와 갈등관계를 중심으로 분석하며, 일부 연구문헌은 갈등사안을 구성하는 단어관계를 분석하고 있다. 행위자들의 협력관계·갈등관계의 유형, 조작적 정의, 관계 데이터 수집방법이 연구사례들마다 달라 다소 혼란스럽다고 할 수 있다. 네트워크 분석의 수준도 시각화, 네트워크의 기본속성, 중심성 분석 수준에 머물고 있다.

이 장에서는 사건 네트워크 모형을 협력관계 네트워크와 갈등관계 네트워크로 우선 구분하였다. 네트워크 데이터 수집의 관점에서 보면, 협력관계 데이터는 다양한 방식으로 수집이 가능하지만, 갈등관계 데이터 수집은 어려운 점이 많다. 따라서 사건 네트워크 분석에서 갈등관계의 분석을 위한 다양한 연구가 이루어져야 할 것이다.

사회적 사건(정책, 재난, 사업)은 사회과학연구에서 중요한 대상이며, 사건 네트워크로 모델링하고 분석하는 작업은 기존의 사회적 사건의 분석연구에서 파악할 수 없는 다양한 정보와 지식을 얻을 수 있다. 따라서 사회적 사건에 대한 보다 통합된 분석모형을 개발하여, 체계적인 접근을 할 필요가 있다. 여기에는 다음과 같은 내용들이 포함되어야 한다. 첫째, 사건의 하위 네트워크들을 제대로 정의하여야 한다. 협력 네트워크와 갈등 네트워크뿐만 아니라 행위자 네트워크와 단어 네트워크에 대한 정의가 요구된다. 둘째, 관계 데이터의 유형, 정의, 수집방법을 고민하여야 한다. 행위자 간 협력·갈등관계, 갈등사안에 대한 키워드·감성단어관계 등이 해당된다. 그리고 데이터의 수집방법(설문조사, 면담조사, 마이닝 조사 등)에 대한 절차를 잘 정리해야 한다. 넷째, 사건 네트워크 분석 수준이 확장되어야 한다. 행위자의 협력·갈등관계 네트워크의 분석 수준 확장, 갈등사안의 키워드·감성단어관계 네트워크의 분석 수준 확장 등이 요구된다.

CHAPTER 5

지식 네트워크 분석방법

1. 지식 네트워크의 정의
2. 인용 네트워크
3. 저자 네트워크
4. 키워드 네트워크
5. 등장인물 네트워크
6. 법안의 공동발의 네트워크
7. 지식 네트워크의 분석사례
8. 지식 네트워크의 분석 실습사례

Chapter 05

지식 네트워크 분석방법

1 지식 네트워크의 정의

지식 네트워크(knowledge network)는 각종 문헌정보를 구성하는 지식개체의 유형과 패턴을 공간적인 위치나 분포로 보여주는 그래프 또는 네트워크를 말하며, 이것은 지식지도(knowledge map) 또는 과학지도(science map)라 한다. 지식지도는 특정한 정보로부터 지식을 추출해내고자 하는 노력의 결과물 중의 하나이다.[1] 대량의 정보 속에 숨겨져 있는 특별한 유형의 패턴을 찾아서 그 의미를 파악할 수 있도록 가시적인 형태의 결과물을 보여주는 것이다.[2] 지식지도는 특정 도메인 지식의 현황분석이나 R&D 지식지도와 같이 각종 연구자원에 대한 정보를 네트워크 형태로 구축한 것들이 해당된다. 또한 지식경영 분야에서 조직 내부의 개인적 수준으로 잠재되어 있는 지식뿐만 아니라 조직의 지식역량을 가시화하는 것도 지식지도의 유형에 포함된다.

지식 네트워크는 주로 문헌정보학에서 문헌에 포함된 각종 지식개체들을 계량적으로 분석하는 방법인 계량정보학(informetrics)에 네트워크 분석이 합쳐지면서 만들어진 개념으로 보면 된다. 문헌정보학에서 지식개체들은 학술논문, 연구보고서, 특허문헌 등 학술과 연구활동의 산물들을 의미한다. 그리고 계량정보학은 정보학의 한 분야로 발전해 왔으며, 수학적 방법을 적용하

1) 원동규 등(2009), 사회과학 분야 학술연구 지식지도(knowledge map)의 개발 및 구현, 연구보고서, KISTI, p.4.

2) 이광희 등(2007), 지식지도 작성을 위한 기초연구, 한국학술진흥재단.

여 각종 정보현상을 계량적으로 분석하였다. 계량정보학에서 인용분석, 저자 분석, 키워드 분석 등은 주로 지식개체들의 서지적 요소(문헌, 저자, 키워드 등)들의 특성을 분석하는 것이기에, 계량서지학(bibliometrics)이라는 이름으로도 사용되고 있다.

지식 네트워크의 계량정보 분석은 다음과 같은 과정을 통해 생성된다. ① 정보자원으로부터 지식개체(knowledge object)를 추출한다. 지식개체의 사례로는 인용문헌, 저자, 키워드 등이 해당된다. ② 지식개체들 간의 지식관계를 파악한다. 인용관계, 공저관계, 키워드 동시출현관계 등이 해당된다. ③ 지식개체를 노드로, 지식관계를 링크로 하는 지식 네트워크를 생성한다. ④ 생성된 지식 네트워크로부터 다양한 특성을 분석하고 해석한다.

지식 네트워크 구축을 위한 주요 정보자원의 유형은 학술논문, 연구보고서, 특허문헌 등과 같은 학술문헌들을 대상으로 한다. 이러한 문헌들에서 생성되는 지식 네트워크는 지식개체에 따라 인용 네트워크, 저자 네트워크, 키워드 네트워크 등이 된다. 한편 지식 네트워크는 학술문헌 이외에도 다양한 문학작품이나 예술작품으로까지 확장이 가능하다. 여기에는 소설, 연극, 영화, 드라마 등이 해당되며, 텍스트 형태로 된 것뿐만 아니라 동영상으로 된 것들도 포함된다. 이러한 작품문헌들을 대상으로 할 경우, 대부분 작품의 키워드 네트워크가 대상이 된다. 작품문헌의 키워드는 작품적 개체(work entity)라고 할 수 있으며, 작품의 주제적 자질을 나타내는 키워드, 등장인물과 같은 인물개체, 공간과 장소를 나타내는 개체 등이 해당된다. 네트워크 분석과 관련해서는 언어 네트워크 영역에서 충분히 다른 키워드 네트워크와 등장인물 네트워크가 관심을 많이 받고 있다. 한편, 국회에서는 각종 법안을 발의하여 행위를 한다. 법안(또는 법률안)은 법률의 안건이나 초안을 의미하며, 발의를 통해 국회에서 법안이 논의되고, 그 결과 국회의 의결로 법(또는 법률)이 제정되거나 폐기된다. 우리나라의 경우 국회의원이나 정부에서 법안을 발의하게 되는데, 특히 국회의원의 가장 중요한 활동 중의 하나가 법안발의라는 행위이다. 따라서 얼마나 많은 법안발의를 했는지에 따라 국회의원을 평가하기도 한다. 국회의원의 법안발의는 대표발의와 공동발의라는 두 가지 유형의 구분이 있다. 대표발의를 한 국회의원을 대표발의자, 공동발의는 공동발의자라고 한다. 이처럼 법안의 발의관계를 기반으로 법안 공동발의 네트워크를 구축하여, 국회의원들 간의 법안발의에 나타나는 협력관계를 파악할 수 있다. 일종의 협력 네트워크이며, 학술저작물의 공동연구 네트워크와 유사한 특성을 나타낸다.

따라서 이 장에서는 지식 네트워크의 범주를 인용 네트워크, 저자 네트워크, 키워드 네트워크, 등장인물 네트워크, 법안공동발의 네트워크의 영역으로 한정하여 설명한다.

2 인용 네트워크

인용 네트워크는 오래 전부터 계량정보학 분야에서 인용분석(citation analysis)의 영역으로 논의되어 왔던 것이다. 문헌 A가 문헌 B를 인용하였을 경우, 인용 네트워크는 인용한 문헌(인용문헌, citing document)과 인용된 문헌(피인용문헌, cited document)이 서지적(주제적) 관계가 있다는 것을 전제로 한다. 인용분석은 이러한 인용관계를 계량적으로 분석하여 문헌들 간의 연결구조를 규명하는 것을 말한다.

문헌들 간의 인용관계를 네트워크로 표현한 것이 인용 네트워크이다. 인용문헌과 피인용문헌 각각은 노드가 되며, 인용관계는 링크로 연결된다. 이러한 인용 네트워크는 다음과 같은 특성을 가진다.[3] 첫째, 인용 네트워크는 인용문헌에서 피인용문헌으로 향하는 후진방향으로 만들어진다. 피인용문헌은

3) 이수상(1999), "지식사회학의 연구방법으로서 인용분석," 한국도서관·정보학회지, 30(2), p.159.

인용문헌보다 먼저 생산된 선행문헌이며, 인용에 의해 인용문헌과 연결된다. 이것은 인용문헌과 피인용문헌 간에 존재하는 시계열적인 특성을 말한다. 따라서 인용문헌은 피인용문헌을 인용하지만, 역으로의 인용관계는 존재할 수 없다는 것이다. 둘째, 특정한 문헌의 인용활용도나 인용영향력에 대한 분석은 인용그래프의 해당 문헌에서부터 전진방향으로 연결고리를 추적하여 측정할 수 있다.

문헌의 인용 네트워크는 문헌들이 노드가 되고 이들 간의 인용관계로 형성되는 구조이다. 인용하는 문헌과 피인용문헌들이 존재하며, 그들 간의 인용관계를 통해 의미 있는 정보를 파악하려는 목적으로 인용 네트워크를 구성하고 분석한다. 대체로 이것을 문헌들 간에 구성되는 지식구조 또는 지적 구조라 한다. 문헌들 간의 인용관계로 구성되는 지식구조(지적 구조)를 파악하기 위해 인용 네트워크로 모델링하는 것이다. 그러므로 인용 네트워크의 기본적인 개체는 특정한 지식을 담고 있는 문헌을 대상으로 하지만, 모든 문헌들을 대상으로 하지는 않는다. 대체로 학술논문이나 특허처럼 인용관계가 명확한 문헌들에 관심을 둔다. 학술논문과 특허에는 다양한 문헌들을 인용하고 있다. 피인용문헌들의 유형이 다양하지만, 학술논문은 학술논문끼리, 특허는 특허끼리 동일한 속성을 가지는 문헌개체들 간의 인용에 관심이 더 많다. 그러므로 이들은 각각 학술논문 인용 네트워크, 특허 인용 네트워크가 된다.

한편, 학술논문은 특정한 학술지에 수록되므로 학술논문의 상위개체가 되는 학술지들 간의 인용관계를 다룰 수도 있다. 이것은 학술지 인용 네트워크이다. 학술논문에서 논문의 저자와 피인용논문들의 저자들 간에 형성되는 인용관계에 관심을 둘 경우, 이것은 저자 인용 네트워크가 되지만, 그다지 관심이 많은 편은 아니다. 정리하면, 인용 네트워크에서 인용관계에서 그동안 관심을 많이 받은 개체는 학술논문, 학술지, 특허이다.

1) 빈도 기반의 인용분석

인용분석의 초창기는 인용문헌과 피인용문헌의 단순한 차원의 인용계수에 기반한 분석에 치중하였다. 가장 기본적인 인용계수는 총인용수(total citations)이며, 학술논문인 경우 해당 논문이 출판된 이후 피인용된 총횟수인 인용빈도를 말한다. 특정 저자 A가 출판한 논문이 10편이 있다고 하면, 각 논문마다 총인용수가 계산되고, 10편 모두의 총인용수를 합한 것은 저자 A의 총인용수가 된다. 물론 학술지 단위에서 총인용수도 계산할 수 있다. 아무튼 총인용수는 특정한 논문, 저자, 학술지의 인용영향력의 정도를 나타내는 데 가장 많이 사용하는 계수(지표)이다. 특허문헌도 마찬가지의 적용이 가능하다. 특정한 특허 1편, 특허저자, 특허저자가 속한 기관·국가 등으로 계산이 가능하다.

인용분석에서 인용의 영향력은 총인용수가 가장 기본적이지만, 영향요인(Impact Factor : IF)도 중요한 지표이다. 영향요인은 주로 학술잡지를 대상으로 하는 계수이며, 학술지의 명성을 상대적으로 비교하는 데 많이 사용한다. 유진 가필드(Eugene Garfield)가 1955년에 고안한 것으로, 영향력지수라고도 한다. 인용요인의 값은 현재의 시점에서 지난 2년간 발표된 학술잡지의 논문들이 받은 총인용수로 계산한다. 학술잡지 X의 사례로 영향요인의 계산법을 살펴보면 다음과 같다.

- 2012년도 학술잡지들에 실린 모든 논문들에서 학술잡지 X의 논문들이 100번 인용되었다. 이 중에서 학술잡지 X의 2010년도 논문들은 40회, 2011년도 논문들은 30회 인용되어 전체 70회 인용되었다.
- 학술잡지 X의 2010년도 발표논문은 22편, 2011년도 발표논문은 23편, 전체 45편의 논문이 발표되었다.

이 조건에서 학술잡지 X의 2012년도 인용요인을 계산하면, 전체 인용빈도 70회를 발표된 논문 45편으로 나눈(70/45) 값(1.56)이 된다. 이처럼 한 학술잡지의 영향력은 발표된 논문들의 수보다는 그 논문들이 인용되는 수에 영향을 많이 받는다. 학술잡지마다 다른 값이 나오고, 연도별 값에도 차이가 난다.

그림 5-1 | 인용빈도분포와 h-지수[4)]

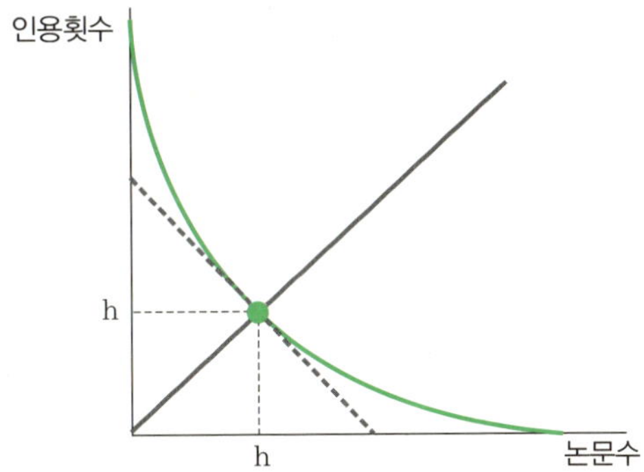

개인 단위의 인용 영향력지수는 전체 발표한 학술논문들에 대한 총인용수(피인용수)가 가장 대표적인 지표이지만, 2005년 물리학자 허쉬(Jorge Hirsch)가 제안한 h-지수(h-index)도 의미가 있는 지표이다.

한 연구자는 그동안 N_p개의 논문들을 발표하였고, 이 중에서 h개의 논문은 최소 h번 이상씩 인용되었고, 나머지 (N_p-h)개의 논문은 모두 개별 인용빈도가 h번 이하라면, 그 연구자의 h-지수는 h가 된다. 어떤 연구자의 h-지수가 h라는 것은 그가 발표한 논문들 가운데 최소한 h회 이상의 인용을 받고 있는 논문의 수가 h라는 것이다. 이러한 h-지수는 연구자의 개별 연구 성과를 평가하기 위한 척도로 만들어졌으며, 생산성과 누적연구의 영향력을 제공하여 연구 생산성과 영향력을 동시에 파악하는 것이 가능하다.

4) Hirsch, J. E.(2005), "An Index to Quantify an Individual's Scientific Research Output," *Proceedings of the National Academy of Sciences of the United States of America*, 102, pp.16596-16572.

2) 인용 네트워크 분석

지금까지 살펴본 총인용수, 인용요인, h-지수는 인용문헌과 피인용문헌의 관계에서 얻은 데이터를 기반으로 계산한다. 그러나 1963년에 MIT의 케슬러(M. M. Kessler)가 제안한 서지결합법(bibliographic coupling), 1973년대 스몰(Henry Small)이 소개한 동시인용 분석(co-citation analysis)과 같이, 인용하는 문헌들 간의 관계와 피인용된 문헌들 간의 관계를 조명하는 새로운 분석기법들이 등장하게 된다. 물론 인용문헌들을 대상으로 서지결합법과 동시인용 분석을 수행한다. 한편 1980년대 이후 저자동시인용 분석(author co-citation analysis)과 저자서지결합 분석(author bibliographic coupling analysis)과 같은 인용저자를 중심으로 하는 분석기법이 등장되면서 인용분석은 더욱 확장된다.

서지결합관계는 두 문헌이 특정한 문헌을 동시에 인용하는 경우의 관계를 말한다.[5] 케슬러가 1963년에 제시한 서지결합법은 동시인용과 반대되는 개념의 인용분석방법이다.[6] 두 개의 서로 다른 문헌 A, B가 제3의 문헌 C를 동시에 인용하였을 때 두 문헌 A, B는 서로 주제적으로 관련되어 있다는 가설을 기반으로 하며, 이때 두 문헌 A, B는 서지적으로 결합되어 있다고 한다. [그림 5-2]처럼 문헌 A가 문헌 W, X, Y를 인용하고, 문헌 B가 문헌 X, Y, Z를 인용하는 경우 문헌 A와 B는 서지적으로 결합되어 있는 관계가 된다. 두 문헌 X와 Y를 공동으로 인용하고 있기 때문이다. 이처럼 공통으로 인용하는 문헌의 수를 서지결합빈도(서지결합도 또는 서지결합강도)라 하며, 문헌 A와 문헌 B의 서지결합빈도는 2가 된다. 공통으로 인용하는 문헌이 많은 경우(서지결합빈도가 높을수록) 두 문헌은 주제적으로 밀접한 관계를 가질 개연성이 높다.

5) Kessler, M. M.(1963), "An Experimental Study of Bibliographic Coupling Between Technical Papers," *IEEE Transactions on Information Theory*, 9(1), pp.49-51.

6) Kessler, M. M., 앞의 논문.

그림 5-2 | 서지결합관계와 동시인용관계의 사례

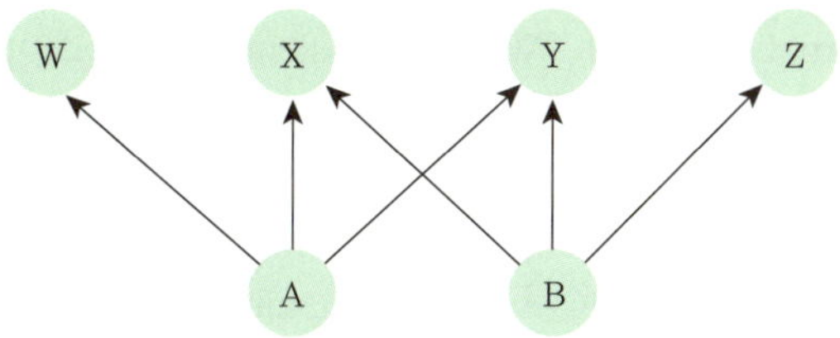

동시인용관계는 두 문헌이 특정 문헌에 동시에 인용되는 경우의 관계를 말한다. 동시인용을 제안한 사람은 스몰(H. Small)인데, 그는 동시인용이 된 문헌의 집합이 특정 학문분야의 하위주제 간의 지적인 관계성을 나타내며 이 하위주제들이 연결되어 그 학문 분야의 전체적인 구조를 나타낸다고 하였다.[7] [그림 5-2]에서 보면 두 문헌 X와 Y는 문헌 A와 B에 동시적으로 인용되고 있으며, 문헌 W와 Y는 문헌 A에, 문헌 X와 Z는 문헌 B에 동시인용되고 있다. 이처럼 두 문헌의 짝을 동시인용하는 문헌의 수를 동시인용빈도(동시인용도 또는 동시인용강도)라 한다. 즉 문헌 X와 Y는 문헌 A와 B에서 동시에 인용하므로 동시인용빈도가 2이며, 문헌 W와 Z의 동시인용빈도는 1이 된다. 동시인용하는 문헌이 많을수록(동시인용빈도가 높을수록) 두 문헌은 주제적으로 밀접한 관계를 가질 개연성이 높다.

서지결합관계는 인용하는 원문헌의 입장에서 본 것이기에 시간의 추이와는 무관한 정적 연결의 관계를 나타낸다. 반면에 동시인용관계는 인용되는 문헌의 입장에서 본 것이기에 시계열적으로 변할 수 있는 동적 연결의 관계를 나타낸다. 즉 서지결합도는 시간과 관계없이 일정하지만, 동시인용도는 시간에 따라 계속 증가할 수 있다는 것이다.[8]

7) Small, H.(1973), "Co-citation in the Scientific Literature: A New Measure of the Relationship Between Two Documents," *Journal of the American Society for Information Science*, 24(4), pp.265-266.

8) 민윤경(1993), "인용분석의 이론적 고찰," 도서관학보(이화여자대학교 도서관학과), 11, p.125.

문헌의 서지결합관계나 동시인용관계에 대한 분석은 클라리베이트 어낼리틱스(Clarivate Analytics)사의 'Web of Science'와 엘스비어(Elsevier)사의 'Scopus' 서비스의 핵심 서비스 기능으로 제공되고 있다. Web of Science는 SCI(Science Citation Index, 과학기술 분야), SSCI(Social Sciences Citation Index, 사회과학 분야), A&HC(Art & Humanities Citation Index, 인문예술 분야) 등의 형식으로 다양한 학술저널들에 대한 인용색인 기반의 DB를 제공하고 있다. Scopus도 인용색인 기반의 DB를 제공하고 있으며, Web of Science보다 더 많은 학술저널들을 대상으로 한다.

Web of Science 이외의 인용색인 기반의 학술 DB 서비스에서도 인용 네트워크의 분석과 시각화 기능을 제공하고 있다. [그림 5-3]은 2011년에 발표된 한 논문에 대한 인용지도이며, 이 논문에서 인용한 10건의 인용된 문헌(cited references)과 이 논문을 인용한 2건의 인용한 문헌(citing articles)을 시각화한 것이다.

그림 5-3 | Web of Science의 인용 네트워크 사례

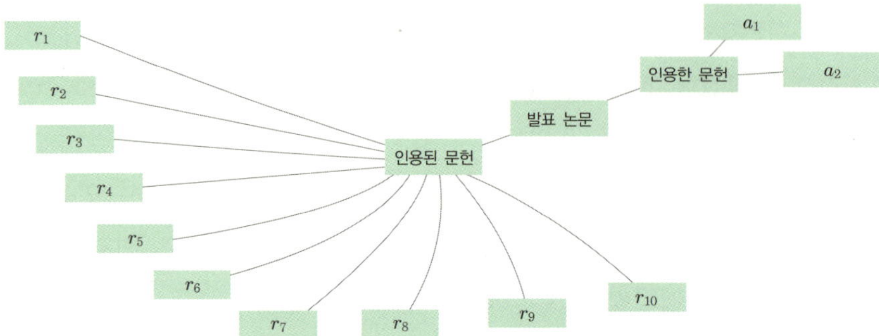

문헌들 간의 인용 네트워크에 대한 개념은 명확한데, 관련된 연구는 그다지 많지 않은 편이다. 인용 네트워크 그 자체를 구성하고 분석하는 연구는 거의 없고, 문헌동시인용관계의 인용 네트워크 분석을 다루는 국내 논문으로는 안민호의 연구[9)]와 이재윤의 연구[10)]가 있다. 이 논문들은 인용 네트워크

에 대한 개념과 방법을 이해하고, 활용하는 데 도움이 많이 된다. 이처럼 인용 네트워크는 문헌들 간의 인용보다 저자들 간의 인용 네트워크, 즉 인용관계의 저자 네트워크에 대한 연구가 더 많다.

3 저자 네트워크

학술적 활동의 산물인 학술 지식은 저자들의 협력과 상호작용에 의해 만들어진다. 이처럼 특정한 학술 지식을 생산하는 데 복수의 저자들이 공동연구의 형태를 취하였을 경우, 그들의 관계를 네트워크로 표현한 것이 저자 네트워크(author network)이다. 저자 네트워크는 특정한 학술 지식을 생산하는 데 있어 복수의 저자들이 공동저작(coauthorship)이라는 행위로 협력하였을 때, 그들 저자들의 관계를 표현한 것이다. 공동연구의 결과는 다양한 형태의 학술 지식으로 나타나며, 저자 네트워크의 연구는 학술논문에 한정한 공동연구관계에 관심을 많이 가져왔으며, 연구보고서나 특허문헌에도 적용이 된다. 그러므로 저자 네트워크는 공저 네트워크(coauthorship network) 또는 공저자 네트워크라 하며, 공동연구(또는 협력)의 관점에서는 공동연구 네트워크(collaboration network)가 된다. 저자 네트워크에서 노드는 저자(연구자)이며, 링크는 공동연구 또는 협력이라는 학술적 관계를 나타낸다.[11)]

저자 네트워크는 학술논문에 나타나는 저자(연구자)들을 대상으로 하는 저

9) 안민호(2006), "논문 동시인용 유형으로 본 커뮤니케이션이론의 연결망 분석," 한국언론학보, 50(1), pp.162-191.

10) 이재윤(2015), "문헌동시인용 분석을 통한 한국 문헌정보학의 연구전선 파악," 정보관리학회지, 32(4), pp.77-106.

11) 이수상(2010), "공저 네트워크 분석에 관한 기초연구," 한국도서관·정보학회지, 41(2), pp.297-315.

자 네트워크를 기본으로 한다. 그리고 문헌의 동시인용과 서지결합법의 개념을 저자의 영역에 활용하여 구성하는 저자동시인용 네트워크와 저자서지결합 네트워크도 포함된다. 결국 저자 네트워크는 공저 네트워크, 저자동시인용 네트워크, 저자서지결합 네트워크의 세 가지 유형으로 구분된다.

저자동시인용 네트워크(author co-citation network)는 저자동시인용관계의 네트워크를 말한다. 두 저자(A와 B)의 저자동시인용관계는 특정한 제3의 저자 C에 의해 동시에 인용된 경우에 형성된다. 저자 C가 생산한 학술논문에 저자 A와 B의 논문들이 동시에 인용하였다는 의미이다. 이처럼 저자동시인용관계는 동시에 인용한 문헌을 대상으로 하는 동시인용관계와 달리 저자들을 대상으로 하는 동시인용관계이다. 저자동시인용관계의 분석은 1981년 화이트와 그리피스(H. White & B. Griffith)의 연구에 의해 처음으로 소개되었으며,[12] 피인용관계의 저자들을 대상으로 하는 지적 구조를 파악하는 데 매우 유용하다. 두 저자가 여러 논문에서 자주 동시인용이 되면 될수록 그들은 주제적으로 매우 밀접한 관계가 있다는 것을 전제하고 있다. 이때 저자는 특정한 개인의 저자 그 자체를 지칭하기보다 해당 저자가 생산한 논문의 전체를 의미하는 것으로 보아야 한다. 그렇게 함으로써 동시인용되는 빈도가 높은 저자들일수록 그들은 주제적인 연관성이 높은 지적 구조를 나타낸다고 할 수 있다.

저자서지결합 네트워크(author bibliographic coupling network)는 저자서지결합관계의 네트워크를 말한다. 두 저자(X와 Y)의 저자서지결합관계는 두 저자(X와 Y)가 각각의 논문에서 특정한 제3의 저자 Z의 논문을 인용한 경우를 말한다. 저자서지결합관계의 분석은 1963년 케슬러(M. M. Kessler)의 연구에 의해 처음으로 소개된 서지결합 분석[13]에서 사용하는 문헌 단위의 분

12) White, H. D. & Griffith, B. C.(1981), "Author Co-citation: A Literature Measure of Intellectual Structure," *Journal of the American Society for Information Science*, 32(3), pp.163-171.

13) Kessler, M. M.(1963), "Bibliographic Coupling Between Scientific Papers,"

석을 저자 단위의 분석으로 변경한 개념이다. 두 저자가 특정한 저자의 문헌들을 자주 인용할수록 두 저자는 주제적으로 매우 밀접한 관계가 있다고 전제할 수 있다. 서지결합빈도가 높은 저자들일수록 그들은 주제적인 연관성이 높은 지적 구조를 나타낸다는 것이다.[14)]

4 키워드 네트워크

키워드 네트워크는 특정한 주제 영역의 문헌 집합으로부터 키워드(단어)를 추출하고, 각 키워드 쌍의 동시출현(co-occurrence)빈도를 계산하여, 이 빈도로부터 키워드 간의 유사도(연관도)를 계산하여 네트워크를 구성하고, 다양한 분석을 수행하는 방법이다. 여기서 중요한 개념은 문헌집단의 키워드들이 동시출현하는 빈도를 통해 유사도를 분석한다는 동시단어 분석이다. 영어로는 co-word 분석이라 하며, 한글로는 동시출현단어 분석, 단어동시출현 분석, 공기어 분석 등으로 알려진 계량정보학의 아주 중요한 분석기법의 하나이다. 키워드 네트워크 분석은 키워드 기반의 언어 네트워크 분석이다.

동시단어 분석과 같은 키워드 네트워크 분석은 언어 네트워크 분석이라고 부르기도 한다. 주로 커뮤니케이션 영역에서 많이 사용하는 분석기법으로서 노드는 '개념'이 되고, 개념 간의 연결은 링크로 표현되는 네트워크를 분석하게 된다.[15)] 언어로 된 메시지에서 의미(개념)를 가지는 용어를 추출하고, 그

American Documentation, 14(1), pp.10-25.

14) 이재윤(2008), "서지적 저자결합분석: 연구동향 분석을 위한 새로운 접근," 정보관리학회지, 25(1), p.178.

15) 심홍진 외(2011), "언어 네트워크 분석을 통한 스마트폰과 소셜미디어 이용자의 미디어 이용형태에 관한 탐색적 연구," 한국방송학보, 25(4), pp.82-138.

들을 연결하는 네트워크를 생성하고 분석하게 된다. 용어(의미)들 간의 관계를 형성하여 메시지의 내용을 분석하는 것이기에 커뮤니케이션 영역에서 많이 사용하던 내용분석방법을 심화시킨 것으로 볼 수 있다. 또한 이것은 일종의 담론분석방법이며, 담론을 구성하는 개념(키워드)들의 다양한 관계를 파악할 수 있다.

5 〉 등장인물 네트워크

1) 등장인물 분석

등장인물은 소설, 동화, 만화, 연극, 영화, 비디오 게임 등의 작품에 나오는 인물이다. 여기서 인물(人物)이란 반드시 사람을 대상으로 하는 것이 아닌, 작품 속에서 의인화한 동물이나 신화적 존재, 생명이 없는 대상까지 모두 포함한다. 등장인물을 말하는 캐릭터(character)는 작품 속에서 등장하는 대상뿐만 아니라 마스코트와 같이 상징성을 목적으로 한 대상과 등장인물을 상품화한 제품 등도 포함하는, 좀 더 포괄적인 의미를 담는다. 국립국어원에서는 캐릭터를 순화시킨 표현으로 특징물(特徵物)이란 단어를 지정하였다(위키백과 등장인물 참조).

작품에서 등장인물은 고유한 개성을 가진 인물이다. 박경리의 대하소설 〈토지〉에는 등장인물이 무려 583명이 등장한다.[16] 소설가 박경리가 대단하다고 할 수 있는 이유는 다양하지만, 〈토지〉에서 거의 600명에 가까운 등장인물들에게 제각기 다른 개성을 부여했다는 것은 놀랄만한 일이다. 소설, 연극, 영화, 드라마 등에서 서로 다른 개성을 지닌 등장인물을 분석하는 것은

16) 이상진(2002), 박경리대하소설 토지 인물사전, 나남.

전체 이야기(스토리)의 맥락을 분석하는 데 유용할 뿐만 아니라 등장하는 인물의 성격을 분석하는 데 활용이 가능하다.

2) 등장인물 네트워크 분석

문학과 예술 작품들은 다양한 인물들이 출현하여 복잡한 관계망 속에서 사건들을 전개시켜 나감으로써 독자에게 고유한 주제를 전달하고 있다. 이들 인물관계는 크게 협력 및 우호, 갈등 및 대립으로 구분될 수 있으며 사건 속에서 얽히고 풀리며 복잡한 관계망을 형성하게 된다. 작품의 등장인물 분석의 한 방법으로서 등장인물 네트워크 분석은 소설, 영화, 연극, 드라마 등의 창작작품에서 인물이라는 개체를 나타내는 키워드를 추출하고, 그들 간의 관계를 파악하여, 적절한 네트워크를 구성하고 분석하는 것을 말한다. 한편, 작품에서 인물은 주로 사람을 의미한다면, 등장인물 네트워크는 작품이라는 경계에 속하는 사람들 또는 의인화된 특징물들의 사회 네트워크라 할 수 있다. 작품이라는 매체에 등장하는 인물을 키워드로 하는 키워드 네트워크가 된다.

작품의 등장인물 네트워크 분석과 관련된 국내 학술논문을 검토해보면, 주로 소설을 대상으로 하는 사례들이다. 나관중의 소설 〈삼국지〉를 대상으로 하는 이윤경 외(2009)의 연구, 박경리의 대하소설 〈토지〉를 대상으로 하는 김상락(2006)의 연구와 김학용(2012)의 연구, 그리고 한글과 영문으로 작성된 6편의 소설을 대상으로 하는 박경미·김성환·조환규(2013) 등의 연구가 있다.[17]

소설과 같은 작품의 등장인물에 대한 네트워크 분석에서는 등장인물 네트

17) 김상락(2006), "문학작품 속에서의 복잡계 연결망: 『토지』를 중심으로," 문학동네, 13(3), pp.1-17. 이윤경·신현일·구자을·김학용(2009), "소설 삼국지 등장인물 네트워크의 동적 변화 분석," 한국콘텐츠학회논문지, 9(4), pp.364-371. 김학용(2012), "대하소설 토지 등장인물 네트워크의 동적 변화 분석," 한국콘텐츠학회논문지, 12(11), pp.519-526. 박경미·김성환·조환규(2013), "소설 등장인물의 텍스트 거리를 이용한 사회구성망 분석," 한국콘텐츠학회논문지, 13(4), pp.427-439.

워크를 구성하는 방법이 매우 중요하다. 등장인물 네트워크 자체는 인물의 관점에서는 사회 네트워크의 일종이며, 특징물의 관점에서는 인물이라는 키워드 네트워크라 할 수 있다. 이러한 네트워크는 적절한 목적에 부합하는 분석기법들을 적용하면 된다. 아무튼 분석대상의 작품을 결정한 다음 등장인물 네트워크의 구성은 등장인물의 추출과 관계설정의 과정으로 나누어진다.

등장인물 추출방법은 수작업 추출과 자동 추출로 구분할 수 있다. 수작업 추출은 분석대상 작품의 내용을 검토하면서 등장인물들을 확인하는 방법을 말한다. 이윤경 등이 구성한 소설 〈삼국지〉 등장인물 네트워크는 황석영이 번역한 10권의 번역본을 4번 읽고 직접 추출하였다고 한다.[18] 작품의 내용을 직접 읽으면서 수작업으로 추출하는 것에는 많은 시간과 노력이 요구되는 단점이 있지만, 보다 정확하게 추출할 수 있는 장점도 있다. 한편, 자동 추출은 분석대상 작품의 디지털 텍스트에서 등장인물이라는 개체명을 인식하여 추출하는 것을 말한다. 일종의 정보 추출방법이며, 박태근과 김승훈이 제안하는 한국어 소설로부터 인물명 및 등장인물을 추출기법을 참조할 수 있다.[19] 영화나 TV 드라마에서는 동영상에서 등장인물의 얼굴을 인식하여 추출하는 기법을 사용할 수 있다.

어떠한 방식으로든 등장인물을 파악한 다음, 등장인물들 간의 관계를 설정하여야 한다. 관련된 연구문헌들을 보면, 대체로 인물들 간의 동시출현(또는 동시등장)관계를 사용한다. 이 경우, 동시출현의 조건을 나타내는 범위를 설정하여야 한다. 등장인물들은 작품의 전체 영역에서 등장하는데, 작품을 특정한 범위로 구분하고, 그 범위 내에서 동시출현하는 조건을 부여하게 된다. 작품의 특정한 범위는 시간이나 공간을 기준으로 구분하는 장 또는 장면(scene), 장(chapter), 희곡의 막(act) 등을 말한다. 이렇게 구성한 것을 등장인물 네트워크(character network)라고 한다. 대체로 방향성이 없는 가중치

18) 이윤경 등, 앞의 논문.

19) 박태근·김승훈(2016), "한국어 소설에서 유정명사용 조사 기반의 인물 추출기법," 한국 IT서비스학회지, 15(3), pp.115-125.

네트워크로 구성된다.

등장인물을 파악하는 또 다른 방식은 작품에서 대화문(dialog)을 파악할 수 있다면, 대화의 화자(speaker)와 청자(listener)를 식별하여, 그들 간에 주고받는 대화의 양(대사량)을 가중치로 하여 인물 간 대화 네트워크를 구성할 수 있다. 대화를 강조하고, 동시출현관계의 등장인물 네트워크와 비교하여 대화인물 네트워크(dialog network) 또는 대화 네트워크라 할 수 있다. 대화인물 네트워크는 방향성이 있고, 가중치를 가지는 네트워크로 구성된다. 한편 대화는 혼자 대화하는 독백, 양자 간 대화, 다자 간 대화 등으로 나누어지므로, 이를 반영한 대화인물 네트워크를 구성하여야 한다. 한편 대화인물 네트워크는 등장인물들 간의 대화량보다 감정적 관계로 구성할 수도 있다. 각 등장인물 쌍의 대화 텍스트를 사용하여 감정분석(부정적 감정, 긍정적 감정)을 수행하고, 그 결과 부정적 관계와 긍정적 관계를 코딩하는 방식이다.[20]

이외에도 분석의 목적에 따른 인물들 간의 관계를 파악하여 구성할 수 있다. 김학용은 대하소설 〈토지〉의 등장인물 네트워크를 독특한 방식으로 구성하였다. 먼저 등장인물의 파악은 앞서 언급한 이상진의 〈토지인물사전〉에 등장하는 583명의 인물로 선정하였다. 그리고 사전에서 인물 표제어를 설명할 때 등장하는 인물들이 있으면, 이들과 관계를 설정하고, 표제어 설명에서 등장하는 인물이 없으면 〈토지〉의 본문에서 처음으로 등장하는 인물과 관계가 있는 것으로 구성하였다.

한편, 박경미 등은 소설 텍스트에서 등장인물에 해당되는 인명에 해당되는 개체명을 자동으로 추출하고, 추출된 인물들이 등장하는 텍스트의 위치정보를 확인하는 작업을 하였다. 그런 다음 그들 사이의 위치적 거리를 계산하여 연관관계를 설정하고, 연관성 가중치를 계산하여 등장인물 네트워크를 구성하고 있다.[21]

20) Nalisnick, Eric T.(2013), "Automatic Methods for Tracking Sentiment Dynamics in Plays," *Theses and Dissertations*, Lehigh University.

21) 박경미 등, 앞의 논문.

이렇게 구성한 등장인물 네트워크는 하나의 작품 전체를 대상으로 하는 정적인 네트워크와 작품 내 시간의 흐름에 따라 동적인 네트워크로 구성할 수 있다. 전자의 경우 작품 전체에 나타나는 등장인물들의 관계에 나타나는 구조적인 특성을 파악하는 데 용이하고, 후자의 경우 등장인물들이 작품의 시간적 전개과정에서 나타나는 동적인 변화의 특성을 파악하는 데 용이하다.

6 법안의 공동발의 네트워크

법안(法案)은 법률의 안건이나 초안을 말하는 법률안이다. 우리나라의 법안은 국회의원, 정부, 그리고 기타(연구원, 위원회 등)단체가 주체가 되어 제안할 수 있다고 한다. 정부는 단독으로 법안을 제안할 수 있지만, 절차가 복잡하고 시간도 많이 소요되므로 대체로 국회의원을 통해 제안할 수 있다. 그래도 법안발의는 입법기관인 국회의원의 주요 역할이기에, 국회의원들을 통해 발의되는 것이 대부분이다. 이것을 의원발의 법안이라고 한다. 한편 특정한 국회의원이 어떤 법안의 기초작업과정을 통해 적절한 법안을 만들고 나면, 해당 국회의원은 본인(대표발의자) 포함 10인 이상의 찬성자들이 연서한 서명부와 함께 국회의장에게 그 법안을 제출하게 된다. 법안의 제출 이후 심사, 질의토론, 표결 등의 여러 과정을 거쳐 최종 통과여부가 결정된다. 국회의원들이 제출하는 법안처럼, 지방자치단체의 지방의원들은 조례안을 제출한다. 조례안도 법안처럼 공동발의의 형식을 갖는다.

법안의 공동발의 네트워크는 법안발의에 참여한 국회의원들로 구성하는 네트워크이다. 하나의 법안에는 최소 10명의 국회의원들이 발의에 참여하므로, 이들 간에는 공동참여관계가 형성된다. 그리고 복수의 법안들을 대상으로 하면, 법안의 공동발의 네트워크가 구성된다. 법안의 공동발의 네트워크의 구성대상이 되는 법안들은 특정 기간에 발의된 법안(예 제19대 국회), 특정 주제와 관련하여 발의된 법안(예 「성폭력방지 및 피해자보호 등에 관한 법안」)으로 나누어 접근할 수 있다. 한편, 법안의 공동발의에 참여하는 국회의원들은 한 정당에 소속되거나 복수의 정당들에 소속될 수 있다. 이 경우 정당 간의 관계도 파악이 가능하다.

아무튼 법안 공동발의 네트워크는, 국회의원이라는 행위자들이 법안발의라는 공동의 행위를 수행하는 관계에 집중한 행위자 네트워크의 관점에서 보면, 사회 네트워크의 유형이 된다. 그러나 법안이라는 문헌을 구성하는 주요 개체(발의자)의 관점에서 보면, 지식 네트워크라 할 수 있다. 이 경우 국회의원들은 법안이라는 문헌에 대한 저자의 역할과 유사하므로 저자 네트워크와 유사하다고 할 수 있다.

법안 공동발의 네트워크는 공동발의라는 행위에 초점을 맞추면, 방향성이 없는 일종의 협력 네트워크가 된다. 그러나 법안의 공동발의 네트워크에서 대표발의자와 공동발의자를 구분하고, 대표발의자의 요청으로 서명한 공동발의자들 간에 방향성을 고려하는 겨우, 방향성을 가지는 네트워크로 구성할 수 있다. 분석의 목적에 따라 선택할 수 있다.

7 지식 네트워크의 분석사례

1) 동시인용 네트워크

이재윤(2015), "문헌동시인용 분석을 통한 한국 문헌정보학의 연구전선 파악," 정보관리학회지, 32(4), pp.77-106.

이 연구는 문헌동시인용 분석에 해당되며, KCI 웹사이트로부터 문헌정보학 분야 핵심논문 159개와 이들이 인용한 논문 1,212개를 수작업으로 수집, 2004년부터 2013년까지 10년 동안의 한국 문헌정보학의 연구전선(research fronts)을 구체적으로 파악하려는 의도의 논문이다. 데릭 솔라 프라이스(Derek de Solla Price)가 제안한 연구전선의 개념은 활발한 연구가 이루어지고 있는 주제 분야를 의미한다.[22] 이러한 연구전선은 현재 연구논문들 간에 인용이 빈번하게 발생하고 있는 것이기에 인용분석을 통해 파악이 가능하다. 특히 문헌의 동시인용 분석이 효과적이라고 한다. 문헌의 동시인용 분석은 특정 분야의 지적 구조를 분석하는 데도 유용하다.

이 논문에서 제시한 연구문제는 다음과 같다. 첫째, 2004년부터 2013년까지 10년 동안 한국 문헌정보학의 연구전선을 형성한 핵심문헌과 주제는 무엇인가? 둘째, 각 연구전선 주제의 인용 영향력은 어떠한가? 셋째, 각 연구전선 주제의 성장추세는 어떠한가? 넷째, 각 연구전선 주제의 핵심문헌을 인용한 후속 논문들은 어떤 학문 분야에 속하는가? 이러한 연구문제에 따라 한국 문헌정보학 분야 핵심논문 159개 핵심문헌들이 인용한 1,212개 피인용논문들을 이용하여 동시인용빈도를 산출한 후, 동시인용강도를 코사인계수 공식으로 정규화하였다. 동시인용 네트워크는 159개 핵심문헌 중 다른 문헌과 동시인용되지 않은 6개를 제외한 153개 사이의 동시인용관계를 네트워크로 표현하였다.

안민호(2006), "논문 동시인용 유형으로 본 커뮤니케이션이론의 연결망 분석," 한국언론학보, 50(1), pp.162-191.

이 연구는 커뮤니케이션 저널에 실린 연구논문들 간의 연결구조를 파악

22) Price, Derek J. de Solla(1965), "Networks of Scientific Papers," *Science*, 149(3683), pp.510-515.

하는 것으로, 1999년부터 2003년까지(5년)의 〈한국언론학보〉, *Journal of Communication* : *JOC*, *Human Communication Research* : *HCR*의 3개 저널에 실린 실증연구방법을 사용한 논문들을 대상으로 하고 있다. 전체 519편 논문들 중에서 실증연구에 해당하는 326편이다. 사실 이 연구는 연구논문들 간의 인용관계이기보다, 연구논문들에서 다루고 있는 커뮤니케이션 이론들이며, 전체 251개 이론들이다. 서로 중복되는 것들이 있으므로 〈한국언론학보〉에서 80개, *JOC*에서 89개, *HCR*에서 114개의 이론들을 포함하고 있다.

각 저널 단위로 이론들의 연결망을 구성하고 있는데, 두 이론이 특정한 논문에서 언급될 경우 관계를 설정하는 방식으로 네트워크를 구성하고 있다. 일종의 동시출현 네트워크이며, 노드개체가 이론이라는 특징이 있다. 이런 이유 때문에 저자는 논문의 제목에서 '논문동시인용'이라는 개념을 사용한 것 같다.

2) 한국영화 주요 배우 · 감독 네트워크

류설리 등(2013). "한국영화 주요 배우 · 감독 네트워크 분석과 네트워크 불평등에 관한 연구 : 2008–2012 영화를 중심으로," 문화경제연구, 16(1), pp.47–71.

이 연구는 영화상영관입장권 통합전산망 자료인 kobis 사이트(www.kobis.or.kr)를 기준으로 최근 5년간(2008~2012년) 상영된 한국영화 약 700여 개 작품 중에서 매년 상위 20위 안에 2번 이상 이름을 올린 스타급 감독(12인) 및 배우들(59인) 사이의 공동작업 연결망(전체 71인)의 구조를 구체적으로 파악하기 위한 목적에서 수행되었다. 사회 네트워크는 동일한 영화에 어떤 스타급 감독과 배우가 함께 작업해서 영화를 제작했는가를 측정하는 공동작업의 연결망(co–work network)이다.

만약 A라는 영화의 감독이 B이고 배우가 C이면 B와 C는 서로 한 번 관계를 맺은 것으로 간주하여 공동작업의 연결망을 구성하였다. 그리고 B라는 감독이 C라는 배우와 만나 또 다른 영화를 만들었다면 이들은 2회의 관계를 맺은 것으로 간주하여 공동작업의 빈도 데이터로 사용하였다. 그리하여 최근 5년간 상위 20위에 오른 영화의 감독과 주연급 배우를 공동작업 행렬의 열(column)과 행(row)에 서로 다른 행위자로 설정하여 엑셀 파일에 기록하였다. 이러한 작업으로 감독과 배우의 이원모드 네트워크를 구성하여 분석하고 있다.

3) 저자 네트워크

최일영・이현수(2014), 『기업경영연구』에서의 공동연구 네트워크 분석, 기업경영연구, 21(4), pp.103-123.

이 연구는 1994~2012년(총 19년) 동안 〈기업경영연구〉에 게재된 논문 639편을 대상으로 저자 네트워크 및 연구기관 네트워크를 구성하였다. 저자 네트워크는 전체 709명의 저자 데이터의 공동연구관계를 대상으로 구성하였으며, 연구자 네트워크도 248개의 연구기관 데이터에 나타난 공동연구관계를 이용하였다. 각각의 네트워크에 대해 밀도, 평균 최단길이, 직경 등을 이용한 네트워크 구조분석, 컴포넌트 분석, 연결정도 중심성 및 매개중심성을 이용한 중심성 분석을 통해 지식의 흐름을 분석하였다.

김희전・조현양(2010), "저자동시인용 분석과 저자서지결합 분석에 의한 지적 구조분석," 정보관리학회지, 27(3), pp.283-306.

이 연구는 저자동시인용 분석과 저자서지결합 분석기법을 적용하여, 1999

년부터 2009년까지의 학술지 〈한국사회복지학〉과 〈사회복지연구〉를 대상으로 국내 사회복지학 분야의 지적 구조를 분석하는 것이다. 두 학술지에 수록된 학술논문은 전체 910건이다. 지적 구조의 분석은 저자동시인용 분석과 저자서지결합 분석으로 나누어진 저자 네트워크를 구성하는 작업과 저자 네트워크를 분석하는 작업으로 구분된다.

저자동시인용 분석에 의한 저자 네트워크를 구성하는 작업은 각 논문에 등장하는 전체 저자들을 선정하는 단계, 피인용빈도가 높은 대표저자들(국내 저자 46명)을 선정하는 단계, 저자동시인용빈도를 계산하여 행렬을 구성하는 단계, 저자 쌍의 유사도를 계산하는 피어슨 상관계수 행렬을 구성하는 단계이다. 이 행렬에서 저자동시인용관계의 저자 네트워크를 구성할 수 있다.

저자서지결합 분석에 의한 저자 네트워크를 구성하는 작업은 분석방법만 다를 뿐이지, 저자동시인용 분석에 의한 작업단계와 거의 유사하다. 각 논문에 등장하는 전체 저자들을 선정하는 단계, 발표논문수빈도가 높은 대표저자들(국내 저자 43명)을 선정하는 단계, 43명의 저자와 46명의 피인용빈도를 나타내는 저자 프로파일 행렬(또는 벡터)을 구성하는 단계, 저자 프로파일 행렬 간 연관도(코사인 유사도계수와 피어슨 상관계수 사용)를 산출하여 43명 저자들 간의 저자서지결합 행렬을 산출하는 단계이다. 이 행렬에서 저자서지결합관계의 저자 네트워크를 구성할 수 있다.

이 논문에서는 저자동시인용관계와 저자서지결합관계의 저자 네트워크들을 구성하지 않고, 피어슨 상관계수에 의한 행렬값을 이용한 저자들의 군집분석과 다차원 척도의 저자지도를 구성하고 있다. 그리고 각 군집에 해당되는 저자들의 주제명을 파악하여 지적 구조를 설명하고 있다.

4) 등장인물 네트워크

김학용(2012). "대하소설 토지 등장인물 네트워크의 동적 변화 분석," 한국콘텐츠학회 논문지, 12(11), pp.519-526.

이 연구는 이상진의 〈박경리 대하소설 토지 인물사전〉(나남, 2002)에 등장하는 총 583명의 인물을 토대로 소설 토지의 등장인물들의 동시출현관계를 파악하여 대하소설 토지 등장인물 네트워크를 구성하고 있다. 인물 표제어를 설명하는 과정에 등장하는 인물들은 표제어에 등장하는 인물과 관계가 있는 것으로 구성하였다. 그런데 표제어 인물을 설명하는 데 등장하는 인물이 없는 경우는 본문에서 처음으로 등장하는 인물과 관계가 있는 것으로 구성하였다. 실제 구축된 전체 네트워크는 629개의 노드로 구성되며, 이는 사전 표제어에는 나오지 않지만 표제어에 나오는 인물을 설명하는 과정에 등장하는 인물이 추가되었기 때문이다. 그리고 소설의 전개과정에 나타나는 인물 네트워크의 동적인 변화를 살펴보기 위하여 전체 소설을 구성하는 5부 각각의 네트워크를 구성하였다.

이윤경 등(2009). "소설 삼국지 등장인물 네트워크의 동적 변화 분석," 한국콘텐츠학회 논문지, 9(4), pp.364-371.

이 연구는 황석영이 번역한 나관중의 〈삼국지〉 10권의 번역본을 4번 읽고 직접 추출하였다. 여기에 등장하는 인물은 총 1,119명이며 인간관계는 3,604개였다. 등장인물을 마디점(노드)으로 하고 인간관계를 연결선(링크)으로 하여 네트워크를 구축하였다. 그리고 삼국지에 등장하는 기간을 4기로 분류하여, 시기별 인물 네트워크들을 구성하였다.

5) 법안 공동발의 네트워크

이병규 · 염유식(2012), "중개 위치 점유의 증가와 감소에 관한 연구: 제17대 대한민국 국회의 대표발의 연결망을 바탕으로," 한국사회학, 46(4), pp.137-175.

이 연구는 '국회 의안정보시스템'에 올라와 있는 17대 국회의 법안 8,593개 중에서 예 · 결산안과 기타법안을 제외한 법률안 7,490개 중 위원장, 정부, 의장 등이 아닌 의원들이 발의한 법안 5,728개의 법안을 분석의 대상으로 삼았다. 각각의 법안에서 대표발의한 의원과 공동발의에 서명한 의원들의 명단을 코딩하였다. 그리고 17대 국회의 임기가 시작한 이후부터 발의된 모든 의원발의 법안들을 3개월 단위로 나누어 4년간 총 16개의 시기별 자료를 만든 뒤, 각 시기별로 총 322명의 국회의원들 간의 법안 대표발의관계를 연결망 행렬 자료로 변환하여 전체 16개의 공동발의 네트워크를 구성하여 분석하고 있다.

저자들은 이 네트워크를 대표발의 연결망이라 부르고 있으며, 이 네트워크에서 중개 위치를 측정하여 그 특성을 분석하는 것을 목적으로 하고 있다. 중개 위치(brokerage position)란 중개 행위가 가능한 구조적 위치를 의미하며, 중개자 점수라는 개념으로 측정하고 있다. 중개자 점수는 하나의 관계망에서 행위자가 중개 위치를 점유한 횟수를 말한다. 네트워크에서 나타나는 중개자 점수를 토대로 시기별 국회의원 1인당 중개 횟수와 중개 위치 상위 10% 국회의원들의 분포, 시기별 중개 위치 점유 횟수와 중개 위치의 상실, 유지, 생성 비율 등의 데이터를 확보하여 국회의원들의 중개 위치에 관한 특성들을 분석하고 있다.

박상운(2015), "18대 국회 의원대표발의 법안연결망과 정치자금," 사회과학연구, 41(3), pp.295-315.

이 연구는 18대 국회의원의 법안발의활동에서 형성된 의원의 영향력이 정치자금 모금에 미치는 영향을 분석하고 있다. 의원 대표발의 법안연결망이라는 용어를 사용하고 있으며, 연결망지수들인 연결정도 중앙성, 근접 중앙성, 사이 중앙성, 위세 중앙성을 독립변수로 사용하고, 중앙선거관리위원회에 정보공개 청구를 통해 수집한 정치자금 모금액을 종속변수로 사용하고 있다.

먼저, 18대 국회 의원들이 대표발의한 법안 10,736개 중에 철회법안을 제외하고 국회의원×국회의원(330명×330명)의 매트릭스(matrix)를 구성하였다. 단순히 공동 발의자 명단에 자신의 이름을 포함시켜 실적을 쌓음으로써 생기는 연결의 허위관계를 최소화하려는 이유로 공동발의자가 아닌 대표발의자로 데이터를 구성하였다. 예를 들어, 대표발의자인 김우남 의원이 김동철, 김영록, 김춘진, 김효석, 이용희, 이찬열, 조경태, 조정식, 최인기 의원에게 법안발의를 제안하는 경우, 대표발의자 김우남 의원은 9명의 공동발의 의원들에게 연결되는 형식이다. 결국 이 네트워크는 대표발의자가 동료의원들에게 제안이라는 방향을 가지는 행위의 방향성이 있는 네트워크(directed network)가 된다.

6) 기타 네트워크

양화진(2013), "사회 네트워크 분석을 통한 지식 네트워크의 국토공간 구조분석," 국토계획, 48(6), pp.235-248.

이 연구는 공동특허를 통한 지식 네트워크의 공간적 특성을 분석하고 있다. 특허자료는 특허청에서 운영하고 있는 공개특허 검색사이트인 KIPRIS에서 세 가지 연도별(2000년, 2005년, 2010년)로 검색한 자료이다. 공개특허자료에서 특허발명자 데이터를 수집하고, 발명자정보에서 각 특허별 발명에 참여한 인원수를 파악하고, 이를 기준으로 발명자의 기여도에 대한 가중치를 환산하였다. 그리고 발명자의 거주지 데이터를 수집하였다. 특허의 공동발명관계에서 공동특허 발명자 네트워크를 구축하였다.

그리고 연결정도 중심성이 높은 발명자를 파워노드(상위 100의 발명자)와 매개 중심성이 높은 파워노드(상위 100의 발명자)를 파악하여, 이들의 공간적 위치를 파악하였다.

8 지식 네트워크의 분석 실습사례

1) 학술논문 저자 네트워크 분석[23)]

(1) 분석대상 논문의 수집

KCI에 등재된 기록관리학 분야의 학술지 중 가장 대표적인 학술지인 〈한국기록관리학회지〉와 〈기록학연구〉를 분석대상으로 선정하였다. 국내의 기록관리학 분야를 선정한 이유는 다음과 같다. 첫째, 국내의 기록관리학 분야는 주제적 경계가 명확하며, 대부분의 학술논문들은 위의 두 가지 학술지에 집중적으로 투고되어 있다. 둘째, 연구자집단의 규모가 그다지 크지 않은 주제 분야이므로, 특정한 분석을 위해 개별 연구자들의 파악이 용이하다. 즉 다른 주제 영역보다 세 가지 연구자 네트워크를 구성하고, 각 네트워크에 나타

23) 이 사례는 필자의 논문의 일부이다. 이수상(2013), "연구자 네트워크의 중심성과 연구성과의 연관성 분석," 한국도서관·정보학회지, 44(3), pp.405-428.

난 구조적인 특성들을 파악하고, 관련된 의미를 이해하는 데 상대적으로 용이하다는 것이다.

분석대상의 데이터는 투고논문과 인용논문의 서지사항이다. 투고논문은 저자가 생산하여 해당 학술지에 투고한 학술논문이며, 인용논문은 투고논문에 나타난 참고문헌 중에서 학술지 논문이다. 데이터의 수집대상은 한국연구재단의 KCI에서 인용논문의 수집이 상대적으로 용이한 2005년부터 2012년까지 8년간 〈한국기록관리학회지〉와 〈기록학연구〉에 게재된 투고논문과 인용논문이다. 두 학술지에 게재된 서평, 이슈페이퍼, 컨퍼런스 참가기 등은 논문의 형식이 아닌 것들이기에 투고논문에서 제외하였다. 또한 참고문헌에 나타난 단행본, 석·박사 학위논문, 학술대회 발표논문 등은 수집대상의 인용논문에서 제외하였다.

〈한국기록관리학회지〉의 경우 전체 투고논문은 155건이며, 인용논문은 1,286건, 〈기록학연구〉는 전체 투고논문은 158건이며, 인용논문은 576건으로 나타났다. 분석대상의 투고논문은 전체 313건, 인용논문은 1,862건이다.

표 5-1 전체 투고논문과 인용논문의 수

구분	한국기록관리학회지	기록학연구	전체
투고논문	155건	158건	313건
인용논문	1,286건	576건	1,862건

(2) 공저 네트워크의 구성

[표 5-2]에서처럼 전체 논문 313건에서 등장하는 저자수는 총 445명으로 나타났다. 이는 동일한 저자가 여러 번 논문을 투고할 수 있으므로, 중복을 인정하여 계산한 것이다. 즉 지난 8년간 313건의 논문에 등장한 저자 전체의 빈도이다. 평균 저자수는 전체 등장 저자수(445명)를 전체 논문수(313건)로 나눈 값으로 1.42명이다. 즉 논문 1건의 저작에 참여한 저자는 평균 1.42명

이라는 것을 의미한다.

표 5-2 전체 논문의 기초통계

전체 논문수	저자수		평균 저자수	저자별 평균 논문수
	등장	실제		
313	445	258	1.42	1.72

한편, 2개 학술지에 투고된 논문들에 실제로 나타나는 저자들 중에서 동명이인 조사작업을 거쳐 중복을 제외한 실제 저자수 전체는 258명이다. 그리고 저자별 평균 논문수는 전체 논문수(313건)를 실제 저자수(258명)로 나눈 값(1.72)이다. [표 5-3]에서 보면, 가장 많은 논문을 투고한 저자의 논문수는 14건이며, 2건 이상 투고한 저자는 78명(약 30%)으로 조사되었다. 대부분의 저자는 1건(약 70%)을 투고한 것으로 나타났다.

표 5-3 저자수와 논문 건수

건수	1건	2건	3건	4건	6건	7건	8건	9건	11건	13건	14건	합계
저자수	180	43	18	4	4	3	1	2	1	1	1	258
비율(%)	69.7	16.6	6.9	1.6	1.6	1.2	0.4	0.8	0.4	0.4	0.4	100

이러한 데이터를 토대로 258명 전체에 대한 공저 네트워크의 구조적 형태는 [그림 5-4]와 같다. 공저 네트워크는 논문(313건)과 전체 고유 저자수(258명)에 대한 이원모드 행렬을 기초로 저자 간의 일원모드 행렬로 변환하여 구성한다.

그림 5-4 | 공저 네트워크의 구조적 형태

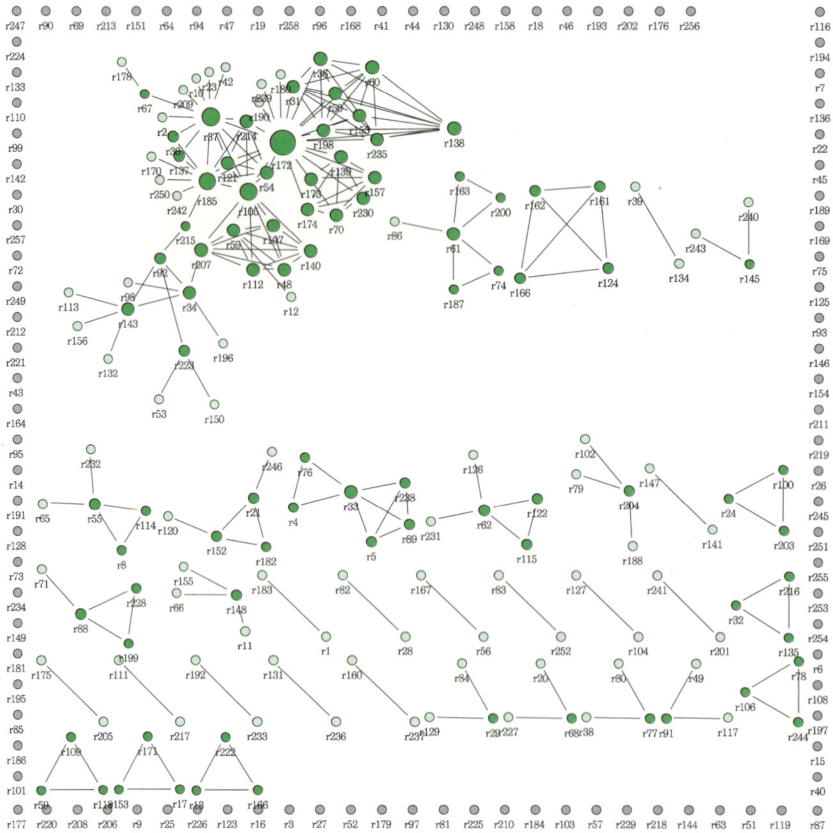

(3) 저자동시인용 네트워크의 구성

① 대표저자 선정

분석대상 저자들은 [표 5-1]의 인용논문에서 가장 많이 인용된 횟수를 중심으로 선정하였다. 인용빈도는 균등계수방법을 사용하여 계산하였다. 인용논문이 복수저자인 경우, 각 저자들의 인용빈도의 합을 1이 되도록 하기 위하여, n명의 복수저자들 모두에게 1/n의 값을 할당하였다. 이와 같은 방법으로 부여한 균등계수를 바탕으로 인용빈도가 높은 저자 50명을 대표저자로 선정하였다. 가장 높은 인용빈도는 64.92이고, 50번째 인용빈도는 6.41이다. 공저 네트워크와 서지결합 네트워크의 연구자들은 국내 연구자들이며 이들과 비교를 위하여, 외국인 저자들은 대표저자에서 제외하였다.

② **저자동시인용빈도 행렬 작성**

대표저자 50명을 중심으로 형성되는 1,225쌍((50×50−50)/2)을 대상으로 동시인용빈도를 산출하고, 이를 토대로 저자동시인용빈도 행렬을 작성하였다.

③ **상관계수 행렬분석**

저자동시인용빈도 행렬에 나타나는 동시인용빈도수를 토대로 저자들 간의 유사성을 측정할 수 있다. 동시인용관계의 네트워크를 구성하는 방법은 두 가지를 고려할 수 있다. 첫째, 동시인용빈도값을 직접 이용하여 저자들 간의 동시인용관계의 네트워크를 구성하는 방법이다. 동시인용빈도의 크기가 중요하므로, 주로 가중 네트워크 그대로 분석에 사용한다. 둘째, 저자들 간의 동시인용 패턴의 유사성을 피어슨 상관계수로 구하여 동시인용 패턴의 유사성관계 네트워크를 구할 수 있다. 이것은 이진 네트워크로 변환하여 사용할 수 있다. 여기서는 다른 네트워크들과 비교를 위하여 후자의 방법을 사용하였다. 즉 저자들 간의 동시인용 패턴의 유사도를 상관관계로 구하고, 특정한 상관계수값(0.4)을 기준으로 두 저자의 유사성을 판단한 것이다.

④ **저자동시인용 네트워크의 생성**

두 저자가 유사한 인용패턴을 가진 경우 두 저자 간에는 링크를 부여하여 이진 형태의 저자동시인용 네트워크를 생성하였다. 이러한 과정을 거쳐 구성한 50명의 저자동시인용 네트워크의 구조적 형태는 [그림 5-5]와 같다.

그림 5-5 ▌저자동시인용 네트워크의 구조적 형태

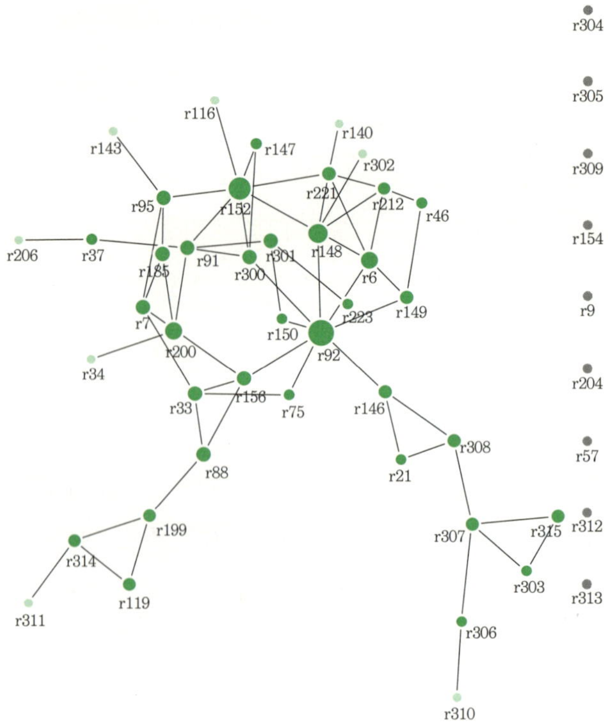

(4) 저자서지결합 네트워크의 구성

① 저자 선정

분석대상 저자들은 저자가 투고한 논문수를 기준으로 선정하였다. 투고논문수 2회 이상을 기준으로 하였으며, 분석대상 투고논문 313건에 등장하는 실제저자 258명 중 상위 50명의 저자를 선정하였다.

② 피인용저자 선정

피인용저자는 인용논문에서 인용된 빈도수를 기준으로 선정하였다. 피인용수 7회 이상을 기준으로 하였으며, 분석대상 투고논문 313건의 인용논문에 나타난 저자들을 대상으로 상위 50명의 피인용저자를 선정하였다. 피인용수의 기준에 따라 선정되는 저자들이 달라질 수 있고, 이후 저자서지결합 네트워크의 구성에 영향을 미칠 수 있다. 여기서는 분석대상 저자수 50명과 같은 크기의 피인용저자들을 선정하였다.

③ 저자서지결합 행렬 작성

투고빈도 2회 이상을 기준으로 선정된 저자 50명의 각 저자들이 피인용빈도 7회 이상인 피인용저자 상위 50명을 각각 몇 회씩 인용하였는가를 계산하여 저자-피인용저자 간 인용빈도를 추출하였다. 이 인용빈도에는 자기인용도 포함시켰다. 저자-피인용저자 간 인용빈도를 이용하여 저자 프로파일 벡터를 구성하였다. 이렇게 저자 50명은 가로축에 배열하고, 피인용저자 50명은 세로축에 배열하여 저자와 피인용저자의 행렬을 구성한 것이다. 그리고 피어슨 상관계수를 적용하여 가로의 저자 프로파일 벡터 간 유사도를 파악하여, 저자서지결합 행렬을 작성한다. 저자들 간의 서지결합적 유사도는 상관계수값(0.4)을 기준으로 구분하였는데, 이것은 상관계수가 0.4 이상이면 두 저자는 유사한 서지결합 패턴을 나타낸다고 판단한 것이다.

④ 저자서지결합 네트워크의 생성

유사한 서지결합 패턴을 가지는 저자들 간에 링크를 부여하여 이진 형태의 저자서지결합 네트워크를 생성하였다. 이러한 과정을 거쳐 구성한 50명의 저자서지결합 네트워크의 구조적 형태는 [그림 5-6]과 같다.

그림 5-6 | 저자서지결합 네트워크의 구조적 형태

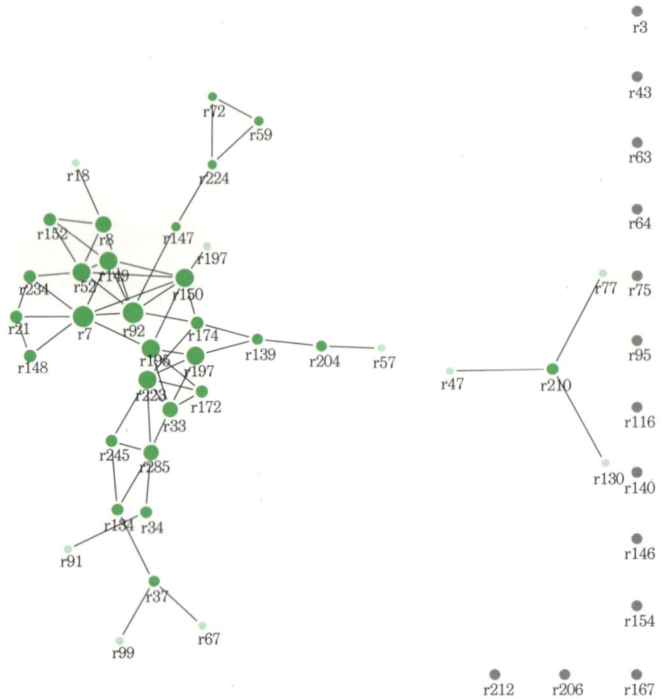

2) 고전소설 〈구운몽〉의 등장인물 네트워크 분석[24)]

여기서는 고전소설 〈구운몽〉의 등장인물관계의 네트워크 분석을 통하여 그 특징을 살피고, 현실과 꿈, 협력관계와 갈등관계 사이의 차이를 밝히며, 이를 바탕으로 등장인물 네트워크 분석이 소설의 인물 형상과 구조를 밝히는 데 어떠한 도움을 줄 수 있는지 가능성을 밝히는 데 그 목적이 있다.

연구대상은 조선시대 문인 서포 김만중(西浦 金萬重, 1637~1692)의 소설 〈구운몽〉이다. 〈구운몽〉은 현재 다양한 이본(異本)이 전해지고 있는데, 그 가운데서도 노존본(老尊本)이 선본(善本)으로 평가되므로, 노존본의 현대어

24) 여기 소개되는 내용은 2015년 필자의 부산대학교 대학원 '정보네트워크론' 강의에서 대학원생 구홍진이 발표한 논고의 일부이다.

번역본[25]을 주된 텍스트로 삼아 분석을 시도하였다.

소설 속 등장인물들이 같은 공간에 함께 출현할 경우 인물 사이에 관계가 있는 것으로 보고 등장인물을 노드로, 동시출현을 엣지로 설정하였다. 이러한 네트워크를 구현하기 위하여 먼저 텍스트를 씬(scene) 단위로 분할하였다. 고전소설인 〈구운몽〉을 영상 재현을 전제하는 시나리오 단위인 씬으로 분할하는 것이 다소 어색할 수 있다. 그러나 씬은 이야기 속 등장인물들이 대면해서 관계를 형성해가는 실제적 시공간이기 때문에 등장인물들의 관계망을 구현해내기 위한 분절 단위로 기능할 수 있다.

〈구운몽〉은 현실과 꿈의 구조로 나누어져 있으며, 소설 속 주요 등장인물들은 대부분 현실과 꿈에서 대응관계를 이루고 있다. 주요 등장인물은 다음과 같다.

- **양소유(성진)**: 성진은 육관대사의 제자로 실수를 범한 벌로써 인간계의 양소유로 다시 태어나게 된다. 양소유는 양처사와 유부인의 아들로 태어나 일찍부터 남다른 능력을 발휘하며 과거에 급제하고, 많은 공을 세워 높은 벼슬에 이른다. 여덟 낭자를 부인으로 맞이하고 자식을 둔 노년에 인생의 무상함을 느끼고 불가에 귀의하고자 한다.
- **육관대사**: 남악 형산의 이름난 승려로 성진의 스승이다. 성진의 어리석음을 깨치기 위해 성진과 여덟 선녀를 인간계로 내보낸다.
- **진채봉**: 진어사의 딸로 양소유와 가장 먼저 인연을 맺는 인물이다. 양소유와 하룻밤의 인연 후 역적으로 몰리고 고아가 되었으나 이후 궁녀가 되어 이소화의 시비가 된다. 양소유와 주고받은 시를 계기로 재회하여 첩이 된다.
- **계섬월**: 낙양의 명기로 천진교의 잔치에서 양소유의 글 솜씨를 눈여겨보고 인연을 맺는다.
- **정경패**: 정사도의 딸로 양소유의 처로서 결연한다. 이후 공주인 이소화와

25) 정규복・진경환(1996), 구운몽, 한국고전문학전집 27, 고려대학교 민족문화연구소.

양소유의 혼담으로 파혼의 위기에 처하나 여성으로서의 능력을 인정받아 태후의 양녀가 되어 영양공주가 된다.

- 가춘운: 부모가 죽고 고아가 된 것을 정사도가 거두어 정경패의 시비이자 친구로서 자랐다. 정경패와 같은 남자를 모시고자 하여 양소유의 첩이 된다.
- 적경홍: 하북의 명기로 계섬월과는 친한 사이이다. 남장을 한 채 양소유를 속였으며, 계섬월로 분장해 양소유와 하룻밤의 인연을 맺는다.
- 심요연: 토번의 자객으로 양소유가 토번국을 칠 때 양소유의 침실에 잠입하나 본래 목적은 스승이 일러준 대로 인연이 있는 남자를 만나기 위함이었다. 이에 따라 양소유와 연을 맺고, 후에 월왕의 사냥터에서 양소유를 찾아와 재회한다.
- 백능파: 동정용왕의 딸로 백능파와 강제 혼인을 하려 한 오현 태자를 양소유가 물리치고 백능파와 인연을 맺는다. 이후 월왕의 사냥터에서 심요연과 함께 양소유를 찾아와 재회한다.
- 이소화: 황태후의 딸이자 천자의 누이로 통소소리를 계기로 하여 양소유와 인연을 맺는다. 양소유와 자신의 혼인을 위해 정경패를 내쫓으려는 태후와 천자를 설득하고 일곱 여인과 두루 자매관계를 맺고자 한다.

(1) 데이터 처리과정

〈구운몽〉을 시공간의 분절에 따라 씬 단위로 구분하면 모두 110개의 씬으로 나눌 수 있다. 그 가운데 현실은 16개, 꿈은 94개의 씬이다. 현실에 해당하는 씬은 성진이 여덟 선녀를 만나 세속에 욕망을 갖게 되는 도입부(#1~#11)와 양소유가 용궁에서 수레를 타고 남악 형산을 구경하는 장면(#69), 양소유가 꿈 속의 누각에서 세 선녀를 만나는 장면(#82), 성진이 꿈에서 깨어 깨달음을 얻는 종결부(#108~#110)이다. 독특한 점은 양소유의 일대기 자체가 성진의 꿈인데, 양소유가 꿈을 꿀 때 다시 현실로 나와 육관대사나 선녀를 만난다는 점이다. 즉 꿈 속의 꿈은 다시 현실로 빠져나가는 독특한 구조를 가지고 있다. 그 외에 소설의 대부분의 내용이 양소유의 성공담 및 결연담이라 할 수 있는 꿈 속의 이야기로 이루어져 있으며, 현실은 이러한 꿈을 액자식으로 감싸는 역할을 하고 있다.

| 표 5-4 | 씬 분할표 예시

#1. 형산(고사)
쪽수 : 12~13
등장인물 : 위부인, 옥황상제, 선동, 옥녀
주요 사건 : 위부인이 형산을 평정하다.

#2. 형산(당나라)
쪽수 : 14~17
등장인물 : 육관대사, 제자들, 성진, 용왕, 문을 지키는 도인, 선녀1, 선녀2, 선녀3, 선녀4, 선녀5, 선녀6, 선녀7, 선녀8
주요 사건 : 성진이 용왕에게 인사드리러 가고, 팔 선녀가 육관대사에게 인사하러 오다.

#3. 연화봉
쪽수 : 18~19
등장인물 : 선녀1, 선녀2, 선녀3, 선녀4, 선녀5, 선녀6, 선녀7, 선녀8, 화상
주요 사건 : 팔 선녀가 폭포에서 놀다.

| 표 5-5 | 씬별 등장인물표 예시

씬	인물								
#1	위부인	옥황상제	선동	옥녀					
#2	육관대사	제자들	성진	용왕	문을 지키는 도인	선녀1	선녀2	선녀3	…
#3	선녀1	선녀2	선녀3	선녀4	선녀5	선녀6	선녀7	선녀8	

분할된 각 씬의 등장인물을 모두 표기하여 씬 분할표를 작성하였다. 단순히 대화나 회상 속에서 언급된 경우가 아닌 해당 장면에 실존하는 경우만 등장하는 것으로 보았으며, 이에 따라 고사 속 인물 등은 등장한 것으로 보지 않았다. 수가 정해진 복수의 인물들은 각 수를 뒤에 붙여 분리하였으며, 수가

정해지지 않은 복수의 인물들은 복수 표기 그대로 하나의 인물군으로 간주하였다.[26] 한 번의 등장에 그치거나 내용 전개에 있어 중요한 역할을 담당하지 않는 인물 또한 모두 기재하였으며, 인명이 드러나지 않은 경우 소설 속 표기를 그대로 사용하였다.[27]

표 5-6 씬-등장인물의 2노드 파일 예시

씬	문을 지키는 도인	선동	선녀1	선녀2	선녀3	선녀4	선녀5	선녀6	선녀7	선녀8	…
#1	0	1	0	0	0	0	0	0	0	0	…
#2	1	0	1	1	1	1	1	1	1	1	…
#3	0	0	1	1	1	1	1	1	1	1	…

표 5-7 등장인물의 1노드 파일 예시

등장인물	문을 지키는 도인	선동	선녀1	선녀2	선녀3	선녀4	선녀5	선녀6	선녀7	선녀8
문을 지키는 도인	1	0	1	1	1	1	1	1	1	1
선동	0	1	0	0	0	0	0	0	0	0
선녀1	1	0	2	2	2	2	2	2	2	2
선녀2	1	0	2	2	2	2	2	2	2	2
선녀3	1	0	2	2	2	2	2	2	2	2
선녀4	1	0	2	2	2	2	2	2	2	2
선녀5	1	0	2	2	2	2	2	2	2	2
선녀6	1	0	2	2	2	2	2	2	2	2
선녀7	1	0	2	2	2	2	2	2	2	2
선녀8	1	0	2	2	2	2	2	2	2	2
…	…	…	…	…	…	…	…	…	…	…

26) 예를 들어, 두 시녀는 시녀1, 시녀2로 나누었으나, 도사들, 신하들 등은 나누지 않고 그 자체를 하나의 인물 단위로 보았다.

27) 문을 지키는 도인, 이웃 사람들, 병사 등.

씬별 등장인물을 나열한 파일을 UCINET을 이용하여 씬-등장인물의 2노드 파일로 변환하였고, 이를 다시 총 106명의 등장인물의 1노드 파일로 변환하였다. 변환방법은 'sum of cross-product(overlaps)'를 택하였다.

이 경우 한 인물의 교차 지점에는 해당 인물이 등장한 총횟수가 채워지는데, 위와 같은 상황으로 작업 시 그래프를 그리면 각 인물마다 자신과 함께 등장했다는 의미로 자기 자신에게 되돌아가는 원이 생기게 된다. 엣지값을 높인 그래프를 그릴 경우에도 문제가 생기므로, 인물의 교차 지점에 해당하는 셀값은 모두 0으로 수작업 변환하였다.

(2) 전체 네트워크 구성

그림 5-7 | 전체 네트워크 그래프

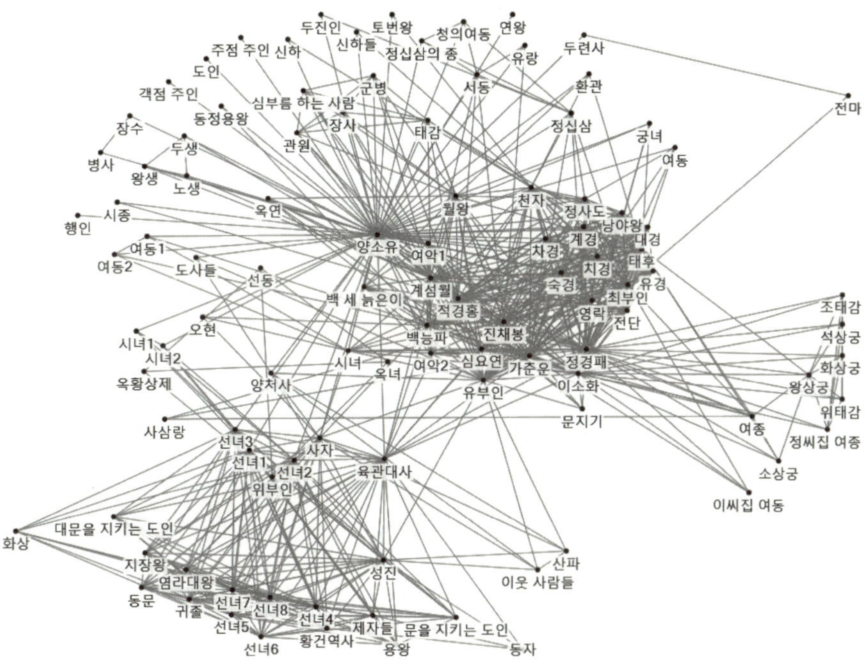

CHAPTER 6

복잡계 네트워크 분석방법

1. 복잡계 분석
2. 복잡계 네트워크
3. 복잡계 네트워크의 분석사례

Chapter 06

복잡계 네트워크 분석방법

복잡계 네트워크는 이전의 네트워크들과 달리 아주 어려운 개념과 수식을 이해해야 하는 분야이다. 사회나 자연에서 복잡계로 설명되는 현상들이 있으며, 이 복잡계 현상들 중에서 네트워크로 모델링할 수 있는 것이 복잡계 네트워크이다. 이 장은 필자가 작성한 논문[1])에서 언급한 내용을 토대로 복잡계와 복잡계 네트워크에 대해 설명하고 있으며, 이러한 특성을 나타내는 국내 연구사례들을 소개하고 있다.

1 복잡계 분석

복잡계(complex system)는 겉모습이 혼란스럽고 무질서해 보이지만, 일정한 구조와 질서를 유지하는 시스템을 의미한다. 대규모의 구성요소들이 복잡하게 상호작용하는 구조에서 나타난다. 시스템의 구성요소들은 의외로 단순한데, 거기서 나타나는 현상이 복잡하다는 것을 말한다. 여기서 복잡성(complexity)은 뒤죽박죽 엉켜있는 혼란 상태를 나타내는 영어의 'complicated'와 다른 의미이며, 겉으로는 혼란한 상태로 보이지만, 함께 짜여져・엮어져 있는 것이기에 실제로는 질서가 있는 상태를 나타낸다. 복잡성은 한자의 '複(겹옷)'과

1) 이수상(2013), "우리나라 공공도서관의 규모에 나타나는 복잡계 현상에 관한 연구," 한국도서관・정보학회지, 44(4), pp.399-419.

'雜(섞는다)'을 의미한다. 여러 빛깔의 실을 섞어서 옷을 만들거나, 씨줄과 날줄로 함께 섞어서 겉으로는 쉽게 드러나지 않는 '일정한 패턴'의 질서와 구조를 만든다는 의미를 가진다.[2] 사물이나 사건의 복잡성은 상호 간에 짝지어지고 연결된 요소들 간의 미묘한 관계 속에, 그리고 시스템과 환경 간의 관계 등에 의해 만들어진다. 우리가 사는 세계는 복잡성으로 가득하며, 일상의 사회·경제현상에서 느끼는 복잡함이 자연현상에서 연구해온 복잡성과 본질적으로 매우 비슷하다고 한다.[3]

복잡계현상을 나타내는 어떤 시스템(자연 또는 사회의 시스템)의 특징을 간략하게 설명하면 다음과 같다. 해당 시스템은 다양한 구성요소로 구성된다. 그러한 구성요소들은 비선형적인 상호작용을 일으킨다. 그 결과 구성요소들은 멱함수분포를 나타낸다. 멱함수분포는 시스템에 창발(創發, emergence)현상이 일어나게 한다. 결국 복잡계현상의 시스템에서 구성요소들은 멱함수 법칙의 분포를 나타내어 창발이라는 새로운 질서가 만들어진다. 눈여겨 보아야 할 점은 시스템의 구성요소들이 어떠한 구체적인 특성을 가지는 멱함수 법칙의 분포를 나타내는가 하는 것이다.

1) 멱함수 법칙

복잡계의 대표적인 특성인 멱함수 법칙(power law)은 규모가 큰 사건이나 현상은 극단적으로 드물게 발생하고, 작은 것이 매우 자주 발생하는 현상을 말한다. 한자 표현의 멱(冪)은 영어의 power(또는 exponent)를 나타내는 말이며, 수학에서는 거듭제곱이라 한다. 거듭제곱은 하나의 수를 여러 번 곱하는 연산과 같은 형태이며, a를 n번 제곱(또는 거듭제곱)한 a^n으로 표시한다. 이때 n은 거듭제곱의 크기를 의미하는 거듭제곱지수 또는 멱지수라 한다. 따

2) 이수상(2012), 네트워크 분석방법론, 논형, p.107.
3) 윤영수·채승병(2005), 복잡계 개론, 삼성경제연구소, p.20.

라서 현실세계에서 얻은 규모(x)와 빈도(y)의 관계에서 거듭제곱 형태의 분포가 나타날 경우 멱함수 법칙이 나타난다고 말한다. 분포의 특징으로 보면, 매우 큰 값(y값)을 가지는 경우(x값)는 드물게 나타나며, 대부분 두터운 꼬리 모양으로 분포가 나타난다.

멱함수 법칙의 분포는 특정 규모를 기점으로 해서 일반적인 기대를 훨씬 뛰어넘는 빈도가 발생하는 비정상, 불평등, 이질성으로 상징되는 복잡계현상을 설명할 때 주로 사용한다. 이러한 멱함수 법칙을 나타내는 거듭제곱분포는 정규분포와 가장 대비되는 특성이다. 규모-빈도의 관계에 나타나는 빈도분포(frequency distribution)가 비선형의 곡선 그래프의 모양인지, 평균값을 중심으로 하는 종모양의 그래프인지에 따라 거듭제곱분포와 정규분포를 구분하기 때문이다. 거듭제곱분포와 정규분포의 차이를 정리하면 [표 6-1]과 같다.

표 6-1 | 거듭제곱분포와 정규분포의 차이

	거듭제곱분포	정규분포
그래프 형태	비선형의 곡선모양 그래프(불균등한 분포)	평균값을 중심으로 종모양 그래프(균등한 분포)
통계적 특성	• 평균값의 의미가 없음(평균이 중앙값보다 훨씬 큼) • 최소값과 최대값의 비율이 매우 큼 • 표준편차가 매우 큼	• 평균값의 의미가 있음(평균과 중앙값은 유사함) • 최소값과 최대값의 비율이 크지 않음 • 표준편차가 그다지 크지 않음
사례 비교	성인남자의 자산규모, 프로야구선수의 연봉, 웹의 링크구조, 항공노선구조 등	성인남자의 키, 프로야구선수의 타율 등
발생 원인	개체들 간의 상호작용 있음	개체들 간의 상호작용 없음

이러한 특성의 멱함수 법칙을 나타내는 복잡계현상은 소설 텍스트에 나타난 단어의 빈도, 논문의 인용빈도, 웹의 방문빈도, 출판된 도서의 판매수, 지진의 진도규모, 전쟁의 강도(사망자수), 부유층의 부의 크기, 도시의 인구수 등[4] 뉴만(M. E. Newman)이 제시한 사례가 많이 알려져 있다. 국내에서 발

견된 사례는 기업규모 분포,[5] 도시인구규모 분포,[6)7)] 주택가격 분포,[8] 건축·도시 공간 분포,[9] TV 시청량 분포,[10] 대학공동연구 R&D 네트워크의 연결 중심성 분포[11] 등이 있다.

2) 멱함수 법칙의 판별

멱함수 또는 멱함수 법칙은 규모-빈도에서 거듭제곱분포가 나타나는 사회계 또는 자연계의 독특한 현상을 말한다. 임의의 변수에 대해 그것을 거듭제곱한 수식의 형태로 분포가 나타난다는 것이다. 수학적으로 설명하면, 종속변수 y는 독립변수 x에 특정한 수만큼 거듭제곱한 것에 비례하는 함수관계를 말하며, 수식으로는 (수식 1)과 같다.

(수식 1) $y = x^{a}$

4) Newman, M. E. J.(2005), "Power Laws, Pareto Distributions and Zipf's Law," *Contemporary Physics*, 46, pp.327-329.
5) 최희갑·박원석(2006), "Zipf 분포를 활용한 지역별 사업체규모 분포 특성," 지역연구, 22(2), pp.275-298.
6) 김경환(2007), "도시인구규모 분포와 도시인구성장 패턴에 관한 분석," 지역연구, 23(1), pp.27-41.
7) 윤소·윤성민(2013), "중국 도시인구규모의 확률분포 특징과 집중도 변화," 동북아경제연구, 25(2), pp.187-213.
8) 신동훈·장희순(2011), "주택가격의 양극화에 관한 연구," 주거환경(한국주거환경학회논문집), 9(2), pp.103-115.
9) 김민석(2010), "건축·도시 공간에서 나타나는 복잡계적 창발현상에 관한 실증적 연구," 대한건축학회논문집 계획계, 26(10), pp.175-182.
10) 안민호(2009), "시청행위의 복잡계적 특성에 관한 연구," 언론과 사회, 17(3), pp.116-150.
11) 홍성호·이만형(2012), "산학 공동연구 R&D 네트워크의 복잡계 특성과 지배적 피드백 루프: 거듭제곱법칙과 양의 피드백 루프를 중심으로," 한국시스템다이내믹스연구, 13(1), pp.113-131.

어떤 현상(사건)에서 가장 일반적인 경우, 종속변수 y는 현상의 빈도를 나타내고 독립변수 x는 현상의 규모를 나타낸다. a는 멱함수 법칙의 정도를 나타내는 지수인 거듭제곱지수(power 또는 exponent)라 한다. 즉 어떤 현상의 규모와 빈도 사이의 분포에서 거듭제곱지수가 나타날 경우, 멱함수 법칙이 나타난다고 한다. 이때 거듭제곱지수의 크기는 멱함수 법칙의 불균등성의 정도를 설명하는 데 사용한다. 모든 x값에 대해 멱함수 법칙 분포를 나타내기도 하고, 특정한 값 이상(상위의 값)의 x에 한정하여 멱함수 법칙 분포를 나타내기도 한다. 후자의 경우 특별히 분포의 꼬리 부분에서 멱함수 법칙을 따른다고 한다.

이처럼 특정 현상의 규모에 대한 빈도분포의 모양에서 멱함수 법칙의 존재 여부를 판단할 수 있다. 실제의 세계에서는 대체로 거듭제곱지수(a)의 값은 음수(−)가 된다. 따라서 수식은 (수식 2)와 같이 조정되어 사용한다. 거듭제곱지수는 양수(+)의 a값으로 판단하며, k는 전체면적을 1로 하는 데 사용되는 값(scaling factor)이며 0보다 큰 상수이다.

(수식 2) $y=kx^{-a} \quad (a>0,\ k>0)$

규모를 나타내는 변수 x와 빈도를 나타내는 y가 멱함수 법칙을 따를 경우, 이를 판별하는 데는 여러 가지 방법이 있다. 가장 쉬운 방법은 어떤 현상에 대해 수집한 규모와 빈도의 데이터를 $x-y$ 좌표에 나타나는 빈도분포의 모양을 시각적으로 판단하는 방법이다. 그래프가 정규분포의 모양이 아니라 (수식 2)로 설명이 되는 비선형의 곡선 그래프의 모양이라면 그것은 멱함수 법칙이 나타난다고 할 수 있다. 그러나 실제의 데이터에서 그래프가 거듭제곱지수를 가지는 비선형의 감소곡선인지 시각적으로 식별하는 것은 어려운 일이다. 따라서 (수식 3)과 같이 x와 y의 값에 로그(log)를 취한 $\log(x)$와 $\log(y)$ 값의 분포에서 우하향으로 감소하는 직선 그래프가 나타나면 판별이 조금 더 쉬워질 수 있지만, 이 또한 시각적 판단이 어려운 경우가 많다.

(수식 3) $\log(y) = \log(k) - a\log(x) \quad (a > 0,\ k > 0)$

일반적으로 멱함수 법칙을 따르는 사례와 빈도분포의 모양은 [그림 6-1]과 같다. 이것은 인구수라는 규모에 대한 도시의 빈도(비율)를 나타내고 있다. 좌측 그림은 곡선 형태의 빈도분포 그래프이며, 오른쪽 그림은 양변에 로그를 취하여 얻은 직선 형태의 분포 그래프이다.

그림 6-1 | 멱함수 법칙을 따르는 빈도분포의 모양[12)]

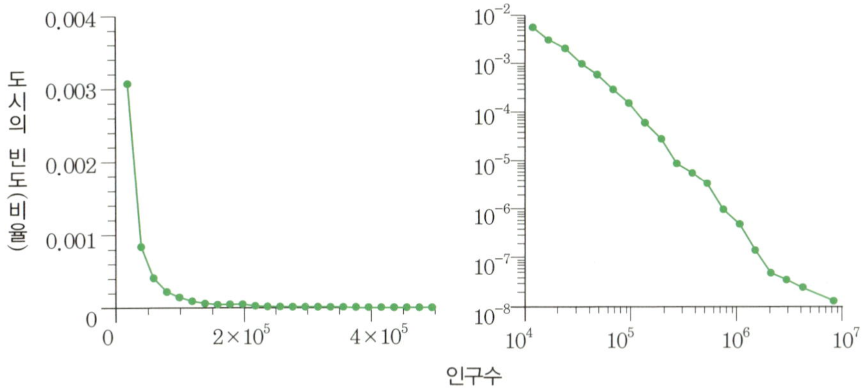

또 하나의 방법은 수학적으로 판별하는 경우이다. 규모를 나타내는 변수 x와 빈도를 나타내는 y의 실제 데이터를 $x-y$ 좌표에 표현한 비선형의 곡선 그래프에서 (수식 3)과 같이 양변에 로그를 취하여 직선 그래프로 변환한 다음, 회귀분석을 이용하여 거듭제곱지수의 값을 추정하는 방법이다. 이때 $\log(x)$와 $\log(y)$의 실제 데이터로 회귀분석에서 추정한 음의 기울기$(-a)$에서 a의 값이 바로 거듭제곱지수가 된다. 물론 추정한 기울기의 적합도는 회귀분석에서 얻어지는 R제곱값으로 판단한다. R제곱값은 추정한 기울기가 얼마

12) Newman, *op. cit.*, p.324.

나 적합한지를 나타내는 상관계수값이다. 그래서 이 값이 1에 가까울수록 직선함수가 실제 데이터를 잘 나타낸다고 할 수 있으며, 대체로 0.5 이상이면 적합하다고 판단할 수 있다. 이렇게 수학적으로 구한 a의 값이 0보다 크면, a의 값에 따라 멱함수 법칙을 나타내는 현상의 구체적 특성인 불균등성의 정도를 설명할 수 있게 된다.

한편, x와 y 변수에 어떤 데이터를 사용하고 어떤 수식을 사용하는가에 따라, a값의 설명은 달라진다. x는 규모, y는 빈도수를 나타내는 데이터를 사용하는 빈도분포의 (수식 3)에서 구한 기울기(a)는 통계적 왜곡(systematic bias)이 발생할 수 있어 신뢰할만한 값이 못되는 단점이 있다.[13)] 대안적 방법은 빈도의 누적분포(cumulative distribution)를 사용하는 방법이다. 즉 임의의 규모 x보다 크거나 같은 x값에 대한 빈도를 누적한 누적빈도 $p(x)$의 함수를 사용하는 경우이다. 이것을 수식으로 표현하면 (수식 4)와 같다.

(수식 4) $$p(x)=bx^{-a}=\frac{b}{x^a} \quad (a>0,\ b>0)$$

수식의 형태는 (수식 2)와 유사하지만, $p(x)$가 누적빈도라는 차이가 있다. 이때 누적빈도는 전체 빈도수에 대한 확률이나 비율로 환산하여 누적한 값을 많이 사용한다. $p(x)$가 확률분포(probability distribution)일 때 수식의 양변에 로그를 취하여 회귀분석으로 추정하는 기울기인 거듭제곱지수(a)값이 대체로 [2~3]의 범위에 있을 때, 멱함수 법칙이 나타난다고 할 수 있다.[14)]

누적빈도를 이용한 분포의 또 다른 유형은 (수식 5)와 같은 파레토분포를 사용할 수 있다.

13) *Ibid.*, p.326.

14) Clauset, A., Shalizi, C. R. and Newman, M. E. J.(2009), "Power-Law Distributions in Empirical Data," *SIAM Review*, 51(4), p.662.

(수식 5) $y=\left(\frac{x}{x_{\min}}\right)^{-p} \quad (p>0)$

$x_{\min}$은 x의 최소값을 의미한다. 즉 멱함수 법칙의 형태가 나타나는 x의 최소값이다. 모든 x값에 대해 멱함수 법칙 분포가 나타나지 않고, 특정한 값 이상에서 멱함수분포가 나타나는 경우이다. 즉 전체 분포의 꼬리 부분에서 멱함수 법칙이 나타나는 경우이다. 이처럼 꼬리 부분에 멱함수 법칙이 나타나는 경우 $x_{\min}$에 해당되는 x값을 파악해야 한다.

지프의 법칙을 이용하는 방법도 있다. 지프의 법칙(Zipf's law)은 어떤 현상에 나타나는 규칙성을 설명하는 이론이다. 특정한 소설 속에 등장하는 특정한 단어의 빈도분포, 도시의 인구수분포 등과 같이 규모와 순위가 반비례하는 규칙성이 있는 경우를 말한다. 대체로 r번째 순위의 규모는 첫 번째 순위의 규모에 비해 r배 반비례하는 규칙으로 설명한다. 그래서 순위-규모 법칙(rank-size rule)이라고도 하며, 이러한 분포를 지프분포(Zipf's distribution)라고 한다. 지프분포에서 x축은 규모(size)를 나타내며, y축은 그것의 순위(rank)를 나타내는 데이터로 표현한다. 지프분포는 누적분포의 일종이다. 이러한 지프분포를 수식으로 표현하면 (수식 6)과 같다.

(수식 6) $r(x)=cx^{-a}=\frac{c}{x^{a}} \quad (a>0,\ c>0)$

지프의 법칙은 순위(r)와 규모(x)는 반비례하는 형태이므로, 양변에 로그를 취한 직선의 기울기로 추정한 a의 값에 따라 해당 분포가 지프의 법칙을 따르는지 여부를 판단한다. 여기서 a는 불평등의 정도를 나타내는 거듭제곱지수이다. 니치(V. Nitsch)는 지프의 법칙과 관련하여 도시규모 분포를 분석한 29편의 논문에서 제시한 515개의 사례를 토대로 지프의 법칙을 나타낸다고 판단할 수 있는 거듭제곱지수의 추정치 범위를 [0.8~1.2]로 제안하였다.[15] 따라서 니치(Nitsch)의 제안을 근거로 기울기가 [0.8~1.2]의 범위인 경우 불평등의 형태가 지프의 법칙을 따른다고 하고, a의 값이 0.8보다 작으면 불균등성이 증가하고, 1.2보다 크면 불균등성이 감소한다고 할 수 있다.

정리하면, 멱함수 법칙에서 불평등성의 지수로 사용되는 거듭제곱지수는 회귀분석에서 기울기로 추정한다. 엄격한 추정이 요구되지 않는다면 지프분포의 수식을 사용하는 것이 기울기의 추정이 쉽고, 불평등성을 설명하는 것도 편리하다. 빈도분포나 누적분포에서 y축에 해당되는 빈도의 값에 따라(빈도수, 비율, 확률, 순위 등) 선형분포에서 추정되는 기울기는 다르게 나타나고, 멱함수 법칙이라 판단할 수 있는 기울기의 범위를 결정하는 것이 어려운 문제이기 때문이다. 그렇지만 니치(Nitsch)가 분석한 도시규모 분포의 515개의 사례에서 거듭제곱지수의 추정치범위를 [0.49~1.96]로 조사[16]한 것을 근거로 하여, 지프분포에서 거듭제곱지수의 추정치가 대략 [0.5~2.0] 범위 내의 값이면, 해당 분포에서는 멱함수 법칙이 나타난다고 판단해도 무난할 것이다.

3) 멱함수 법칙의 특징

멱함수 법칙의 현상은 x축(특정한 개체의 규모)과 y축(해당 개체의 빈도)으로 표현되는 분포에서 거듭제곱함수(멱함수)의 관계를 나타내는 경우이다. 멱함수 법칙의 현상에서 나타나는 특징을 정리하면 다음과 같다. 첫째, 규모-빈도의 분포를 시각적으로 살펴보면, 소수의 개체(규모)만이 큰 값(빈도)을 가지고, 대다수의 개체들은 작은 값을 가지는 구조가 관찰된다. 그동안 이러한 소수의 개체(규모)는 대부분 예외로 인식하였다. 그리고 x의 값이 커지면 y의 값도 0이 되지만, 지수함수와 비교하여 천천히 0이 되는 특징이 있다. 둘째, 대부분 개체의 규모에서는 아주 낮은 빈도를 나타내므로 분포의 모양에

15) Nitsch, Volker(2005), "Zipf zipped," *Journal of Urban Economics*, 57(5), p.90.
16) *Ibid.*, p.90.

서 두텁고 긴 꼬리(fat-tail, long-tail)가 나타날 수 있다. 셋째, 이러한 구조에서는 중앙값, 평균 등과 같은 척도(scale)가 전체를 대표하고 설명하는 의미가 없다. 즉 멱함수 법칙의 현상에서는 척도가 없는(scale-free), 무척도의 특징이 나타난다. 넷째, 멱함수 법칙의 현상은 불균등성(unevenness)을 나타낸다. x축은 규모이고 y축은 빈도로 표시될 경우, 거듭제곱지수(a)의 크기에 따라 전체 현상의 불균등성을 판별할 수 있다. 지프분포에서는 a의 값이 작은 경우를 불균등성이 높다고 하고, 큰 경우는 불균등성이 낮다고 한다. 물론 x축과 y축의 데이터의 유형에 따라 해석은 달라진다. 다섯째, 멱함수 법칙의 현상은 자기유사성(self-similarity)의 특징이 나타난다.

멱함수 법칙의 현상을 나타내는 주요 유형으로 파레토 법칙, 롱테일 법칙, 지프의 법칙이 있다. 파레토 법칙은 빈도의 상위 20%가 전체의 80%를 가지는 구조를 나타낸다. 롱테일 법칙은 하위에 두텁고 긴꼬리가 형성되는 구조에 관심을 가지는 경우이다. 그리고 지프의 법칙은 규모와 빈도 사이에 반비례의 관계가 나타나는 경우이다. 이들 모두는 멱함수 법칙이 나타나는 현상을 설명하는 특징이 된다.

결국 정리하면, 복잡계에서의 멱함수 법칙은 어떤 현상이 무질서에서 질서로 변화하는 창발현상의 특징을 설명하는 것이다. 주로 비평형 복잡계에서 나타나는 현상으로 구성요소들 간에 양극화, 부익부빈익빈, 승자독식 등의 현상이 나타난다.

2 > 복잡계 네트워크

1) 복잡계 네트워크의 관심

자연계나 사회계에 존재하는 복잡계현상을 모델링하는 방법의 하나가 네트워크이며, 그러한 네트워크가 바로 복잡계 네트워크이다. 복잡계 네트워크는 사회현상이나 자연현상 이면에 작동하는 메커니즘의 하나(복잡계 사회현상)를 네트워크로 표현한 것을 말한다. 바라바시(A. Barabási) 등의 웹구조연구 이후 관심이 증가하였으며, 21C 주요 연구 영역으로 급부상하게 되었다.[17)]

사회나 자연의 시스템이 네트워크로 형성되어 있고, 네트워크의 노드 간 연결구조에 복잡계현상이 나타날 때 이를 복잡계 네트워크라 한다. 노드의 연결정도(degree) 분포에서 불평등성이 나타나는 것으로, 극소수의 노드(허브)에 엄청나게 많은 링크가 집중되고 대다수의 노드들은 소수의 링크만을 가지는 구조를 말한다. 네트워크의 연결구조에서 발생하는 복잡성을 의미한다. 이를 달리 표현하면, 노드의 연결정도 분포에 멱함수 법칙이 나타난다는 것이다.

네트워크의 복잡계문제는 연결구조 이외에도 나타날 수 있지만, 현단계의 주된 관심사는 연결구조에 있다는 것이 더 어울린다고 할 수 있다. 아무튼 노드의 연결정도 분포에 멱함수 법칙이 나타난다는 것은 네트워크에서 영향력이 아주 높은 개체(사람, 웹사이트, 도시 등)가 발생한다는 것을 의미한다. 가장 많이 언급되는 사례는 한 국가 또는 국제적 규모의 항공노선 네트워크에서 극소수의 도시에 집중되는 현상, 국제적 규모의 해운·항만 네트워크에서 특정한 항만들만 붐비는 현상, 웹사이트 링크의 대부분이 극소수의 웹사이트로 집중되는 현상 등이다. 바라바시는 이러한 네트워크를 무척도 네트워

17) 알버트 바라바시, 강병남·김기훈 공역(2002), 링크 : 21세기를 지배하는 네트워크 과학, 동아시아, pp.117-122.

크(scale-free network)라고 하였다.18)

정리하면, 복잡계 네트워크에서는 링크의 연결 패턴에 선호적 연결현상이 나타난다. 예외적이라고 할 만큼 극히 많은 링크를 가지는 소수의 허브 또는 커넥터가 생겨난다는 설명과 같다. 이 경우 노드의 연결정도 분포가 멱함수(거듭제곱) 법칙을 나타낸다고 한다. 종종 무척도 네트워크는 연결정도 분포가 정규분포를 나타내는 무작위 네트워크와 [그림 6-2]와 같이 비교하여 설명한다.

그림 6-2 | 무작위 네트워크와 무척도 네트워크의 사례

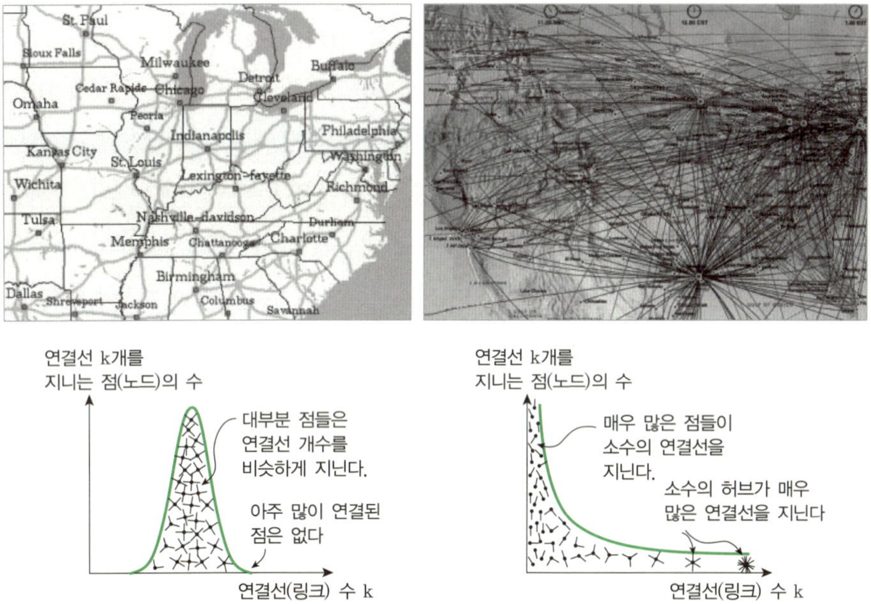

(a) 고속도로 네트워크　　(b) 항공노선 네트워크

무작위 네트워크(random network)는 1950년대 말 에르도스-레니(Erdös-Renyi)에 의해 만들어진 네트워크이며, 네트워크의 노드들은 특정 확률에 따라 서로 무작위로 연결되어 있는 것을 말한다. 즉 네트워크에서 대부분의 노

18) 알버트 바라바시, 강병남·김기훈 공역, 앞의 책 참조.

드들은 평균적으로 균일한 링크수를 가지는 균일한 네트워크이다.[19] 물론 균일한 링크수는 특성을 설명하기 위한 표현이고, 실제로는 각 노드의 링크수 분포를 살펴보면 대체적으로 통계적인 분포(정규분포, 포와송분포, 가우스분포 등)로 나타난다.

이 모델에서 노드의 차수가 정규분포, 포와송분포라는 것은 종형 곡선의 분포로 그려진다. 종 모양 분포의 꼬리 부분은 평균 링크수로부터 지수적으로 감소하므로 차수가 아주 많다거나 아주 적은 노드가 거의 존재하지 않음을 의미한다. 즉 정점인 평균값에 의해 지배되는 네트워크의 모양을 나타낸다. 대부분의 링크 개수는 평균값(정점)을 나타내며, 소수의 링크 또는 다수의 링크 개수를 가지는 노드들의 수는 극히 적다.

무척도 네트워크(scale-free network)는 바라바시, 알버트, 정하웅 등에 의해 인터넷 웹페이지 네트워크를 설명하는 모형으로 만들어진 네트워크 모델이다.[20] 연결정도 분포가 멱함수(거듭제곱) 법칙을 준수한다는 것이 발견된다. 즉 전형적인 척도(예 링크의 연결정도 평균값 또는 최대값)가 없는 무척도 네트워크 또는 척도 없는 네트워크이다. 여기서 "척도가 없다"는 것은 네트워크에서 측정한 척도에 의미가 없다는 말이다. 예를 들어, 한 국가의 고속도로 네트워크에서 도시의 연결정도 평균값이 4라고 하면, 고속도로에서 도시들 간에는 평균 4개의 연결도로들을 가진다는 의미로 해석이 가능하다. 그러나 항공노선 네트워크의 경우, 도시 간 연결정도 평균값이 측정이 되더라도 그것이 통계의 평균이라는 척도가 되지 못한다.

네트워크에서 멱함수분포가 나타난다는 것은 해당 네트워크에 독특한 현상들이 있다는 것을 의미한다. 첫째, 링크의 연결 패턴에서 선호적 연결현상

19) Erdős, P. and Rényi, A.(1959), "On Random Graph I," *Publ. Math. Debrecen*, 6, pp.290–297.

20) Albert, Réka, Jeong, Hawoong, and Barabási, Albert–László(1999), "The Diameter of the WWW," *Nature*, 401(6749), pp.130–131. 알버트 바라바시, 강병남·김기훈 공역, 앞의 책.

이 나타난다. 둘째, 예외적이라고 할 만큼 극히 많은 링크를 가지는 소수의 허브 또는 커넥터가 발견된다. 셋째, 좁은 세상 네트워크 현상이 나타난다. 구체적인 사례로는 웹사이트 연결구조, 영화배우 연결망, 논문인용 연결망, 단백질 상호작용 연결망, 공동저작 연결망 등이다.

좁은 세상 네트워크(small-world network)와 관련된 가장 유명한 것은 하버드대학의 밀그램(Milgram)의 유명한 편지전달 실험을 통해 알려진 '6단계 분리 법칙(six degrees of separation)'이다. 미국 서부에 있는 두 도시 오마하(Omaha, Nebraska)와 위치타(Wichita, Kansas)에 사는 사람들에게 동부 보스턴(Boston, Massachusetts)에 사는 어느 주식중개인에게 편지를 전달하게 하는 실험이었다. 편지를 받은 사람은 해당 주식중개인을 알면 직접 전달하면 되고, 모르면 목표인을 알만한 지인(친구나 친지 등)한테 전달하도록 하였다. 편지와 함께 이름표를 적는 엽서가 있어, 보낼 때 발신인을 표시하고, 그것을 하버드대학으로 보내어 전달과정을 추적하도록 하였다. 전체 296건의 편지 중에서 232건은 목표인에 도착하지 않았고, 64건만 최종적으로 전달되었다. 이처럼 지인 네트워크(acquaintanceship network)로 전달된 64건의 평균 경로길이가 5.5였으며, 따라서 6단계만 거치면 전달이 가능하다는 '6단계 분리' 라는 개념이 만들어졌다. 물론 밀그램은 '6단계 분리'라는 개념을 사용하지 않았다. 이것은 시작하는 사람에서 목표인 사이에 5명만 거치된 된다는 것으로, 우리가 살고 있는 사회는 아주 방대하고 복잡해 보이지만, 사람들이 서로 얽혀있기에, 좁은 세상 네트워크로 이해할 수 있다.[21)]

그러나 이 이론은 소수의 모집단만을 사용했다는 비판과 함께 제대로 평가 받지 못했다. 하지만 1994년 올브라이트 칼리지의 세 학생(Craig Fass, Brian Turtle, and Mike Ginelli)이 케빈 베이컨(Kevin Bacon)의 6단계 게임을 만들었는데, 이것은 영화배우인 베이컨과 얼마나 가깝게 연결되는지를 풀어내는 게임이다. 영화에 함께 출연한 관계를 1단계로 하여, 다른 배우들이 베이컨

21) Milgram, Stanley(1967), "The Small-World Problem," *Psychology Today*, 1(1), pp.61-67.

과 몇 단계로 연결되는지를 찾아내는 것이다. 대부분의 배우들이 베이컨과 6단계 이하로 연결이 되었다. 그들은 이러한 내용을 담은 〈케빈 베이컨의 6단계〉라는 책을 1996년에 발간하였고, 이는 좁은 세상 네트워크의 한 사례로서 유명해진다. 베이컨이 수많은 장르에서 다작으로 출연하였기 때문에 관계찾기가 가능해졌다.

사실 좁은 세상 네트워크는 미국 수학자인 와츠와 스트로가츠(Watts & Strogatz)가 제안한 네트워크 모델이다. 외견상으로 전혀 관련이 없거나 매우 멀리 떨어져 보이는 사람이나 사물들 사이가 실제로는 매우 짧은 링크에 의해 연결되는 현상을 일컫는다.[22] 와츠와 스트로가츠는 좁은 세상 네트워크를 설명하기 위해 군집화계수와 특성경로길이의 지표를 도입하였다. 즉 좁은 세상 네트워크는 다음의 특성을 가지는 단순한 그래프의 네트워크라고 하였다.[23] 첫째, 군집화계수(clustering coefficient)의 값이 크게 나타난다. 네트워크에서 각 노드는 상대적으로 잘 연결된 이웃노드들과 연결되어 있어 군집화계수의 값이 크게 나타난다는 것이다. 둘째, 특성경로길이(characteristic path length)의 값이 작게 나타난다.[24] 구성원들 간의 평균 거리(average length)를 의미하며, 이것의 값이 적다는 것은 네트워크에서 각 노드 간에 지름길(short-cut connections)이 존재한다는 것이다. 이처럼 좁은 세상 네트워크는 국지적(local)으로 연결성이 높고, 전역적(global)으로 도달이 가능하다는 것이다. 따라서 가까운 이웃노드들 간에는 서로 연결되어 군집화(응집)되어 있으며, 멀리 떨어져 있는 노드들도 군집 내 특정 노드에 의해 연결되어 지름길이 형성되어서, 네트워크 내 모든 노드들에 대한 연결거리가 급격하게 짧아지게 되는 좁은 세상이 된다는 것이다.

---

22) 이재열 · 장덕진(2005), 새로운 조직 패러다임의 특성과 전망, 연구보고서, 정보통신정책연구원, p.34.

23) Watts, D. J. and Strogatz, S. H., "Collective Dynamics of 'Small-World' Networks," *Nature*, 393(6684), pp.440-442.

24) 군집화계수와 특성연결길이에 대한 구체적인 개념과 계산방법은 이수상(2012)의 책 〈네트워크 분석방법론〉의 VI장에서 자세하게 다루고 있다.

2) 복잡계 네트워크의 특성

현재까지 복잡계 네트워크의 연구는 좁은 세상 네트워크와 무척도 네트워크의 두 가지 유형의 네트워크를 중심으로 연구되어 왔다. 좁은 세상 네트워크는 군집화계수의 값이 크게 나타나고, 특성경로길이의 값이 작게 나타나는 네트워크이다. 이러한 특성으로 인해 노드들의 군집화의 정도가 커지고, 서로 간의 연결거리가 짧아지게 되므로 전체적으로 좁은 세상의 구조를 나타내는 것이다. 무척도 네트워크는 네트워크의 연결정도 분포(degree distribution)에 멱함수 법칙이 나타나는 경우이다. 소수의 노드들만이 연결정도의 값이 과도하게 크게 나타나는 허브(또는 커넥터)의 특성을 나타내며, 대부분의 노드들은 극소수의 연결정도값을 나타내는 것이다.

[그림 6-4]는 노드들의 연결정도값(x축)과 그러한 값을 가지는 노드들의 빈도(y축)를 묘사한 것이다. 정규분포는 평균값을 중심으로 좌우로 완만한 경사를 나타내면 감소하는 패턴을 나타낸다. 네트워크에서 연결정도 분포가 정규분포를 나타낸다면, 노드의 연결정도의 빈도비율이 평균값을 정점으로 좌우의 값이 나누어지는 등의 고유한 척도를 가지게 된다. 한편, 눈에 띄는 정점(평균값)을 가지고 있으며, 이것은 대부분의 노드들이 거의 같은 개수의

그림 6-3 | 연결정도 분포의 사례

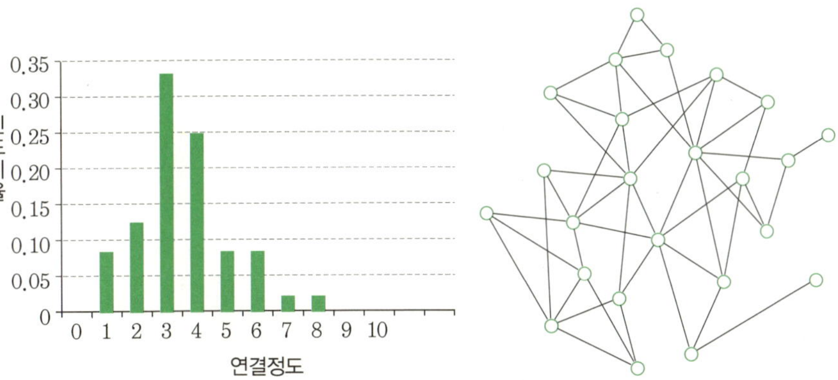

그림 6-4 | 연결정도 분포의 유형

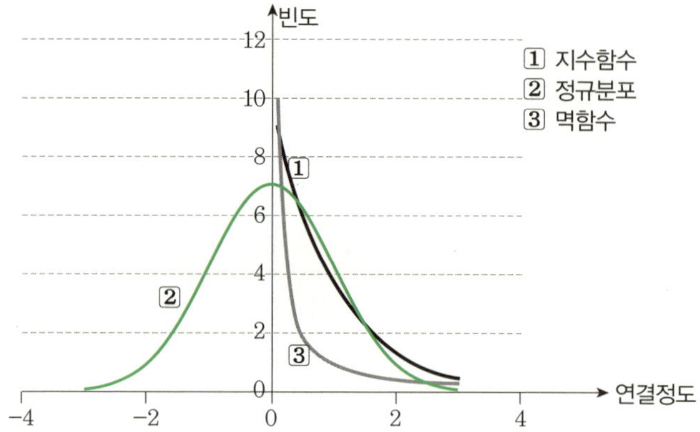

링크를 갖는 포와송분포를 나타낼 수도 있다. 이 경우 정점 좌우에서 분포가 급격히 감소하게 되는데, 이는 평균값으로부터 상당히 멀리 떨어지는 경우가 극히 드물다는 것을 의미한다.25) 이처럼 연결정도의 빈도가 종형 모양의 정규분포・포와송분포로 나타나는 네트워크를 무작위 네트워크라 한다.

반면에 연결정도의 분포가 멱함수분포를 나타낼 수가 있다. 멱함수분포에서는 특정한 정점이 없고, 전체를 규정짓는 노드들도 발견하기 어렵다. 단지 작은 연결정도의 값을 가지는 수많은 노드에서 큰 연결정도의 값을 가지는 극소수의 허브노드(hub node)에 이르는 연속적인 값의 분포를 가지고 있을 뿐이다. 이러한 허브의 존재는 예외적이라고 할 만큼의 큰 연결정도의 값을 나타내기도 한다. 그래서 이러한 패턴을 나타내는 경우, 무척도 네트워크라 한다.

한편, 멱함수는 생긴 모양이 유사한 지수함수의 분포를 나타낼 수도 있다. 그러나 지수함수에서는 오른쪽으로 가면, 빈도가 금방 '0'이 된다. 멱함수에서는 천천히 '0'이 된다는 것에 차이가 난다. 그래서 멱함수에서는 긴꼬리 형태를 나타내는 분포라고 한다. 연결정도가 큰 노드의 빈도는 극히 낮게 나타

25) 알버트 바라바시, 강병남・김기훈 공역, 앞의 책, p.44.

나지만, 노드들이 존재한다는 의미를 나타낸다.

3 복잡계 네트워크의 분석사례

그동안 발표된 네트워크 분석과 관련된 국내의 학술논문에서 복잡계 네트워크를 분석한 논문들은 많지 않다. 논문의 제목이나 본문 내용에서 복잡계 네트워크라는 표현을 사용하였지만, 실제적으로 그러하지 못한 경우의 논문들도 많았기 때문이다. 그래도 내용상 관련이 있다고 판단되는 몇 가지 사례들을 간추려서 검토하면 다음과 같다.

김상락(2006), "문학작품 속에서의 복잡계 연결망: 『토지』를 중심으로," 문학동네, 13(3), pp.1-17.

이 연구는 복잡계 네트워크의 논의에 대한 초창기 논문에 해당된다. 실제 네트워크가 복잡계 특성을 가지는지에 대한 증명을 하지 않고, 시각적으로 드러난 모양으로 그러한 표현을 사용하고 있다. 이후 관련된 논문에서 복잡계적 특성을 조금 설명하고는 있다.[26)]

박경미・김성환・조환규(2013), "소설 등장인물의 텍스트 거리를 이용한 사회구성망 분석," 한국콘텐츠학회논문지, 13(4), pp.427-439.

26) 김상락(2009), "복잡계 연결망: 소설 구성에 주는 시사점," 시민인문학, 17, pp.231-243.

이 연구는 소설에서 등장인물이 되는 개체명을 인식하고, 각 등장인물의 이름이 등장하는 위치정보(문장)를 파악하여, 등장인물을 노드로 하고, 노드들 간의 관계는 위치정보(문장) 사이의 거리를 나타내는 연관성으로 측정하여 등장인물들 간의 네트워크를 구축하고 있다. 연구자들은 이러한 등장인물 사회망을 거리 기반 네트워크라고 한다.

이렇게 구축한 등장인물 네트워크가 멱함수 법칙을 따르는 척도 없는 네트워크인지 분석한다. 실험을 위해 한글과 영문으로 작성된 소설을 각각 3개씩 총 6개의 소설을 이용하였다. 소설은 〈삼국지〉(한글), 〈토지〉(한글), 〈해리포터〉(한글), *Harry Potter*(영문), *War and Peace*(영문), *Gone with the wind*(영문)이다.

먼저 등장인물의 출현빈도를 살펴보았다. [그림 6-5]와 같이 전체 등장인물의 출현빈도는 멱함수 법칙을 따르고 있다고 한다. x축은 등장인물 번호, y축은 출현빈도를 나타내며, x, y축 모두 log 눈금 간격을 사용하였다. 그런 다음, 등장인물의 출현빈도가 높은 것은 여러 등장인물과 인접해 있을 확률이 높기 때문에 여러 다른 등장인물들과 연결될 확률이 높다고 판단하고 있다. 이것을 등장인물 출현빈도와 연결된 노드와의 상관관계를 통해 밝히고 있다. 결론적으로 제안된 방법으로 구축한 등장인물 네트워크는 등장인물 출현빈도에서 멱함수의 법칙이 나타나고, 출현빈도가 높은 등장인물의 노드들

그림 6-5 | 등장인물 출현빈도

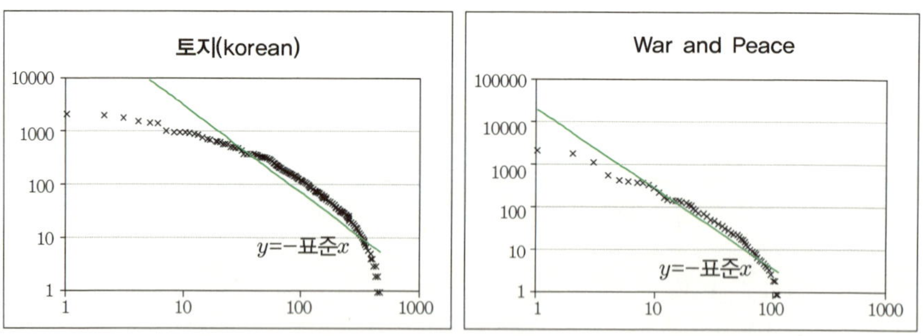

은 다른 노드들과 연결이 많을 것이므로 연결정도의 수가 많아진다. 이것으로 등장인물 네트워크가 멱함수 법칙을 따른다고 하고 있다.

고재우 등(2015), "사회 네트워크 분석방법을 활용한 국내 여객항로 분석연구," 한국항해항만학회지, 39(3), pp.217-222.

이 연구에서는 2005년부터 2013년까지 한국해운조합 홈페이지에 게시되어 있는 〈연안해운통계연보〉를 바탕으로 국내 11개 지역별 110여 개의 국내 여객항로 데이터를 분석하고 있다. 대상이 되는 네트워크는 노드의 연결정도 분포가 [그림 6-6]처럼 멱함수분포의 형태를 보인다.

그림 6-6 | 국내 여객항로 네트워크에서 노드의 분포

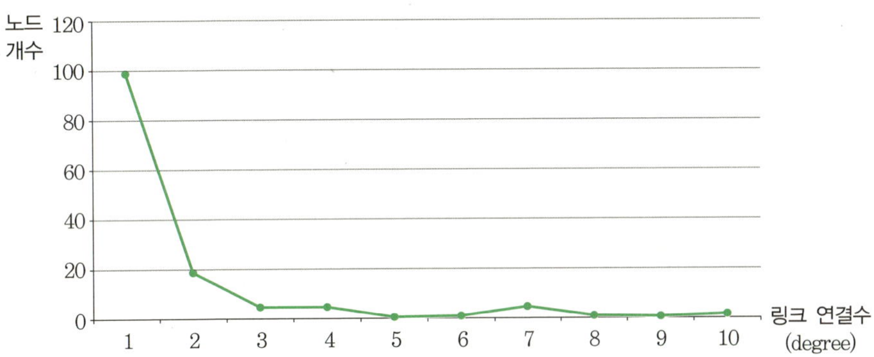

정재현・홍장표(2015), "대기업과 중소기업 간 거래 네트워크 구조와 특성," 중소기업연구, 37(4), pp.77-103.

이 연구에서는 각 노드를 기업으로 보고 기업과 기업의 연결을 다른 기업으로부터 납품받는 거래관계(매입거래)로 본다. 즉 노드는 기업, 관계는 매입

거래관계로 파악하여 네트워크를 구성하고 있다. 업종별 네트워크가 엄밀히 척도 없는 네트워크인지는 이러한 멱함수 법칙을 잘 따르는지 통계적으로 검증하는 것인데, 5대 업종(자동차, 조선, 전자, 통신, SW)에서의 네트워크들 모두 최소 94% 이상으로 멱함수 법칙에 들어맞는다는 것을 보여주고 있다. 대체적으로 보면 기울기가 급한 순서가 자동차>소프트웨어>조선>전자>전기통신 순서임을 확인할 수 있다.

그림 6-7 ▌5대 업종의 네트워크의 멱함수 형태

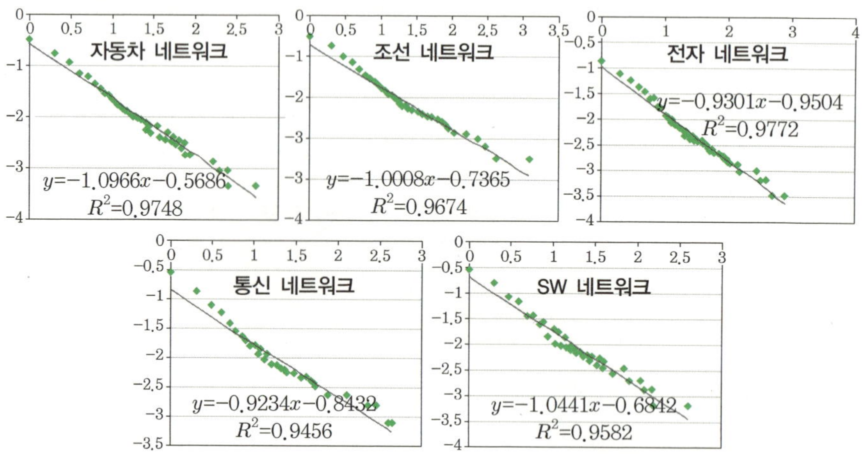

김경태 · 송재민(2016), "네트워크 중심성 지표를 활용한 서울시 상습침수지역에 위치한 도로 네트워크 중심성 특성 분석," 한국지역개발학회지, 28(3), pp.89-108.

이 연구는 소수의 노드가 허브의 역할을 하고 다수는 일반노드인 경우 노드 간의 관계에서 멱함수적 특성이 나타난다고 하고, 이러한 네트워크를 척도 없는 네트워크라 이론적으로 정리하고 있다. 그리고 인간의 수송과 자원의 이동 그리고 인간생활에 필수불가결한 송수관, 전력선, 도로 등의 사회 기반시설에 대한 네트워크를 대상으로 하고 있다. 네트워크의 멱함수적 특성은 중심성지수를 측정하여 분석하였다. 중심성 지수는 연결정도 중심성, 근접 중심성, 그리고 매개 중심성을 대상으로 하고 있다.

연구의 공간적 범위는 서울시를 대상으로 도로 네트워크를 5대 권역의 9개 생활권(도심권, 서북권, 서남권 1, 2&3, 동북권 1&2, 동남권 1&2)으로 나누어 각 생활권을 도로 네트워크의 중심성 분석단위로 하였다. 서울시 전체 도로 네트워크의 경우, 노드수가 87,176으로 연산가능 데이터수를 초과하여 도로 네트워크 분석 시 비교적 유사한 인구수 및 면적을 가지고 있는 '2020 서울도시기본계획안'에 제시한 서울시의 9개 생활권을 대상으로 분석을 실시한 것이다. 서울시의 전체 도로 네트워크 중 상습침수지역에 위치한 도로 네트워크의 분석을 위해서는 서울시에서 선정한 34곳을 대상으로 하였다. 도로 데이터는 국가교통 DB센터의 교통주제도를 바탕으로 하였으며, 각 도로는 차량의 통행과 도로의 용량에 따라 위계별로 분류하였다. 도로 네트워크의 중심성 계산은 R 패키지의 tnet을 이용하여 계산하였다.

9개 생활권에 대한 도로 네트워크들의 중심성값들의 밀도는 [그림 6-8]과 같이 분석된다. 특히 그림 (b)를 살펴보면, 다른 중심성지표와 달리 매개 중심성의 로그-로그(log-log) 그래프는 선형함수의 형태를 나타내며, 멱함수 지수가 1.759를 나타낸다고 한다. 이러한 결과를 근거로 연구자들은 도로 네

그림 6-8 ▌ 서울시 전체 도로 네트워크의 중심성값과 멱함수분포

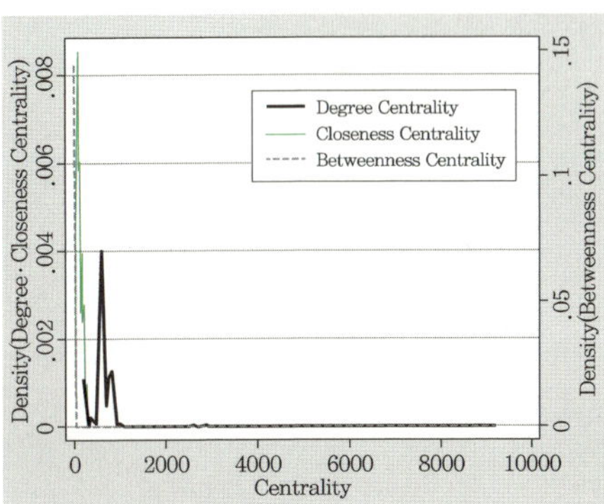

(a) 서울시 전체 중심성값 분포

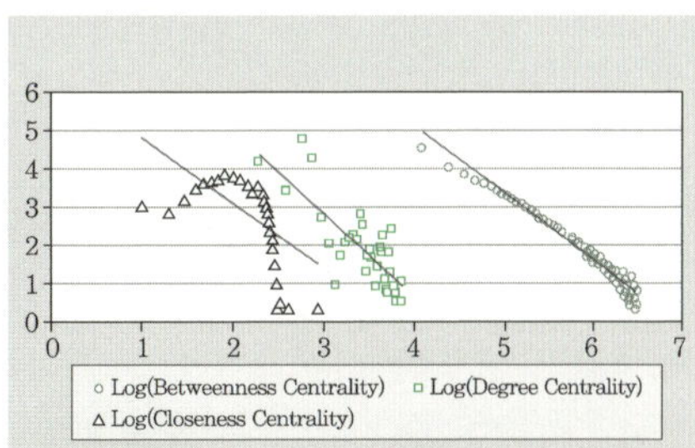

Degree	$y=-2.2056x+9.4518,\ R^2=0.64$
Closeness	$y=-1.7139x+6.4802,\ R^2=0.33$
Betweenness	$y=-1.7596x+12.178,\ R^2=0.96$

(b) 중심성값 $\log(x)-\log(y)$ 분포

트워크가 멱함수(power law)분포를 따른다고 한다. 매개 중심성 분포는 멱함수분포를 따르며, 이는 대부분의 교차점들이 0에 가까운 값을 가지는 반면 매개 중심성이 큰 교차점들은 소수임을 의미한다.

그리고 서울시가 지정한 34개의 상습침수지역에 위치한 도로의 네트워크에서도 유사한 방식으로 중심성값의 특성을 살펴보았다. 그 결과 매개 중심성(betweenness centrality)값의 분포에서 멱함수분포가 나타났다고 한다. 결국 일반 도로 네트워크뿐만 아니라 상습침수지역의 도로 네트워크 모두에서, 매개 중심성값에서 멱함수에 가장 가까운 분포를 보이고 있으며, 복잡계 네트워크로서의 특성을 나타낸다고 하고 있다.

참고문헌

강명구(2000), "정치뉴스에 나타난 한국 정치권력구조의 네트워크 분석: '동시 출현빈도'의 타당성 검증," 언론정보연구, 37, pp.93-130.

강범일·송민·조화순(2013), "토픽모델링을 이용한 신문 자료의 오피니언 마이닝에 대한 연구," 한국문헌정보학회지, 47(4), pp.315-334.

강병욱 등(2015), "사회 네트워크 분석과 텍스트마이닝을 이용한 배구 경기력 분석," 한국데이터정보과학회지, 26(3), pp.619-630.

강선아·김유신·최상현(2015), "텍스트마이닝을 이용한 사회 이슈 찬반 분류에 관한 연구," 한국데이터정보과학회지, 26(5), pp.1177-1173.

고재우 등(2015), "사회 네트워크 분석방법을 활용한 국내 여객항로 분석연구," 한국항해항만학회지, 39(3), pp.217-222.

곽기영(2014), 소셜 네트워크 분석, 도서출판 청람, p.89.

곽해운 등(2011), "트위터는 소셜 네트워크인가?: 네트워크 구조와 정보 전파의 관점," 언론정보연구(서울대학교 언론정보연구소), 48(1), pp.87-113.

국립재난연구원(2013), 재난관리 과정상의 갈등 이해당사자 사회 네트워크 특성 분석: 우면산 산사태 사례를 중심으로, 보고서.

권효숙(2011), "성공적 노화연구의 학문적 동향," 뇌교육연구, 특별호, pp.23-51.

김경식·김정련(2012), "무용학과 대학생의 공식적·비공식적 교우관계연결망과 자원교환: 관계적 연결망이론 검증," 한국스포츠사회학회지, 25(4), pp.127-147.

김경태·송재민(2016), "네트워크 중심성 지표를 활용한 서울시 상습침수지역에 위치한 도로 네트워크 중심성 특성분석," 한국지역개발학회지, 28(3), pp.89-108.

김경환(2007), “도시 인구규모 분포와 도시 인구성장 패턴에 관한 분석,” 지역연구, 23(1), pp.27-41.

김광구·신창현(2006), “국립서울병원 재건축에 따른 갈등영향분석,” 도시행정학보, 19(1), pp.143-173.

김동균·고인곤(2010), “브랜드 이미지 및 제품속성이 구매의도에 미치는 영향에 관한 연구: 대형승용차를 중심으로,” 기업경영연구, 17(4), pp.215-231.

김동래·권기석·정석봉(2015), “키워드 네트워크 분석을 통한 경영학연구의 지식구조 분석,” 의사결정학연구, 23(1), pp.111-125.

김동렬(2013), “의미 네트워크 분석법을 활용한 초등 예비교사들이 생각하는 과학에 대한 의미 분석,” 초등과학교육, 32(3), pp.327-345.

김만재·전방욱(2012), “언어네트워크 분석기법을 활용한 인간배아복제 신문보도 분석,” 생명윤리, 13(2), pp.19-34.

김민석(2010), “건축·도시 공간에서 나타나는 복잡계적 창발현상에 관한 실증적 연구,” 대한건축학회논문집 계획계, 26(10), pp.175-182.

김병석 등(2012), “사회 네트워크 분석기법을 이용한 온라인 공동체의 네트워크 구조 탐색,” *Entrue Journal of Information Technology*, 11(1), pp.59-72.

김복태 등(2013), “사회복지정책 결정구조의 정책 네트워크 분석: 노인장기요양과 모성보호제도를 중심으로,” 한국정책과학학회보, 17(1), pp.27-60.

김상락(2009), “복잡계 연결망: 소설 구성에 주는 시사점,” 시민인문학, 17, pp.231-243.

김병철(2007), “한국 언론의 자살 보도에 관한 코퍼스 언어학적 분석: 신문과 텔레비전 방송을 중심으로,” 스피치와 커뮤니케이션, 8, pp.252-275.

김상락(2006), “문학작품 속에서의 복잡계 연결망: 『토지』를 중심으로,” 문학동네, 13(3), pp.1-17.

김선덕 등(2016), “사회 연결망 이론에 근거한 아시안컵 축구 결승전 네트워크 분석,” 한국콘텐츠학회논문지, 16(5), pp.205-216.

김선덕·성태영·이만형(2015), “세종특별자치시 출범이 인접지역 인구이동 네트워크에 미치는 영향: 충청권 인구이동을 중심으로,” 한국지역개발학회지, 27(5), pp. 283-301.

김순양(2010), "정책과정분석에서의 정책 네트워크(Policy Network)모형: 이론적 · 실천적 적실성의 검토 및 제언," 한국정책학회보, 19(4), pp.177-210.

김영래 · 구본기(2012), "외래관광객 이동 네트워크의 공간적 특성분석: 일본인 최초-재방문 관광객의 특성을 중심으로," 관광연구, 27(1), pp.37-53.

김영래 · 박창규(2012), "지역관광의 공간 네트워크 구조와 특성분석," 관광연구저널, 26(1), pp.285-300.

김영일 · 김영준 · 김경일(2016), "K-LIWC를 이용한 비압박 상황의 거짓 태도 탐지," 인지과학, 27(2), pp.247-273.

김용학 · 김진혁(1992), "지역감정의 관계적 분석: 결혼 연결망을 중심으로," 한국사회학, 24(1), pp.65-84.

김용학(1987), "사회연결망 분석의 기초개념 : 구조적 권력과 연결망 중심성을 중심으로," 인문과학(연세대학교 인문과학연구소), 58, pp.141-163.

김용학(1987), "사회연결망 분석의 이론틀: 구조와 행위의 연결을 중심으로," 한국사회학, 21(1), pp.31-68.

김유호(2012), "의료민영화 논의에 따른 이슈용어의 연결 중심성 분석," 한국콘텐츠학회논문지, 12(8), pp.207-214.

김은성 · 정지범 · 안혁근(2009), 국가재난안전관리 정책패러다임에 대한 연구, 한국행정연구원, p.24.

김재경 등(2009), "사회 네트워크 분석을 이용한 충성고객과 이탈고객의 구매 특성 비교연구," 경영과학, 26(1), pp.183-196.

김진욱(2015), "영화흥행을 위한 빅데이터 활용효과에 관한 연구: 〈명량〉의 오피니언 마이닝 처리과정 중심으로," 한국엔터테인먼트산업학회논문지, 9(2), pp.81-90.

김판준 · 서혜란(2012), "프로파일링 기법을 이용한 국내 기록관리학 분야 지식 구조 분석," 한국기록관리학회지, 12(2), pp.29-50.

김학용(2012), "대하소설 토지 등장인물 네트워크의 동적 변화 분석," 한국콘텐츠학회논문지, 12(11), pp.519-526.

김형민(2009), "네트워크 분석방법의 국제정치학적 적용: 군사무기 이전의 사회연결망 분석," 한국정치학회보, 43(1), pp.301-357.

김형아 등(2011), "서울시 트위터 네트워크의 구조분석과 정책적 함의," 한국정책연구, 11(2), pp.95-114.

김혜영·이도길·강범모(2011), "사건명사의 공기어 네트워크 구성과 분석," 언어와 언어학, 50, pp.81-106.

김효동(2013), "18대 대선후보의 리트윗 네트워크 분석," 정치커뮤니케이션연구, 31, pp.91-125.

김효진(2008), "사회 네트워크 분석을 이용한 통근연구: 서울대도시권의 시간대별 통근," 지리교육논집, 52, pp.25-43.

김희전·조현양(2010), "저자동시인용 분석과 저자서지결합 분석에 의한 지적 구조분석," 정보관리학회지, 27(3), pp.283-306.

남길임·이수진(2012), "핵심어 분석의 절차와 쟁점: 국어국문학 분야 학술논문 핵심어를 중심으로," 텍스트언어학, 32, pp.89-121.

남춘호(2016), "일기자료 연구에서 토픽모델링 기법의 활용가능성 검토," 비교문화연구, 22(1), pp.89-135.

노연희 등(2012), "결혼이주여성의 사회적 연결망 특성에 대한 연구," 한국사회복지학, 64(2), pp.159-183.

도재학·강범모(2012), "관련어 네트워크를 활용한 유의어 분석: 책, 서적, 도서를 중심으로," 한국어의미학, 37, pp.131-157.

류민영(2013), "교원능력개발평가 정책 네트워크와 정책과정의 관계분석," 경북대학교 박사학위논문.

류상일(2008), "지방자치단체의 재난대응 네트워크 분석," 한국지방자치학회보, 20(1), pp.53-70.

류설리 등(2013), "한국영화 주요 배우·감독 네트워크 분석과 네트워크 불평등에 관한 연구 : 2008-2012 영화를 중심으로," 문화경제연구, 16(1), pp.47-71.

마누엘 카스텔, 김묵한 등 역(2003), 네트워크 사회의 도래, 한울아카데미.

마누엘 카스텔, 박행웅 역(2009), 네트워크 사회: 비교문화 관점, 한울아카데미.

민윤경(1993), "인용분석의 이론적 고찰," 도서관학보(이화여자대학교 도서관학과), 11, pp.110-142.

박경미 · 김성환 · 조환규(2013), "소설 등장인물의 텍스트 거리를 이용한 사회 구성망 분석," 한국콘텐츠학회논문지, 13(4), pp.427-439.

박대민(2014), "뉴스 정보원 인용에서의 폭발성과 언론의 편향성," 커뮤니케이션 이론, 10(1), pp.295-324.

박대원(2013), "뉴스 기사의 빅데이터 분석방법으로서 뉴스정보원연결망분석," 한국언론학보, 57(6), pp.234-262.

박득희 등(2015), "사회 네트워크 분석(Social Network Analysis)을 이용한 방한 외래 관광객의 관광목적지 선택 연구," 관광연구저널, 29(9), pp.5-19.

박득희 · 이계희(2014), "패키지 관광 상품에 포함된 관광목적지들 간의 사회 네트워크 분석," 한국산학기술학회논문지, 15(3), pp.1414-1423.

박상운(2015), "18대 국회 의원대표발의 법안연결망과 정치자금," 사회과학연구, 41(3), pp.295-315.

박성희(2009), "제17대 대통령 후보 합동 토론 언어 네트워크 분석: 북한 관련 이슈를 중심으로," 한국언론정보학보, 45(1), pp.220-254.

박시현 · 이원도 · 조창현(2012), "수도권 가구통행조사를 바탕으로 한 서울시 교통 네트워크 분석," 국토지리학회지, 46(2), pp.189-200.

박자현 · 송민(2013), "토픽모델링을 활용한 국내 문헌정보학 연구동향 분석," 정보관리학회지, 30(1), p.15.

박종민 · 박재진 · 이창환(2007), "1960년에서 2005년까지 우리나라 광고언어의 시대 차이 분석," 한국언론학보, 51(6), pp.394-423.

박종민 · 이창환(2011), "한국어 분석 프로그램(KLIWC)을 이용한 남북한 방송극의 언어문화 구조 차이 분석," 방송과 커뮤니케이션, 12(3), pp.5-30.

박지문 · 김성국 · 김한호(2015), "사회연결망을 이용한 굴 무역 네트워크에 관한 연구," 무역학회지, 40(2), pp.51-70.

박치성 · 정지원(2013), "텍스트 네트워크 분석: 사회적 인식 네트워크 분석을 통한 정책이해관계자 간 공유된 의미 파악 사례," 정부학연구, 19(2), pp.73-108.

박치성 · 정지원(2015), "원자력시설 갈등 네트워크 구조 특성에 관한 연구: 폐기물시설 및 행정시설과 비교를 중심으로," 행정논총, 53(1), pp.165-

203.

박태근・김승훈(2016), "한국어 소설에서 유정명사용 조사 기반의 인물 추출기법," 한국 IT서비스학회지, 15(3), pp.115–125.

배귀희・임승후(2010), "공공갈등과 네트워크 거버넌스 구조: 한탄강 댐 사례에서의 네트워크 특성과 주요 행위자들의 변화를 중심으로," 행정논총, 48(4), pp.107– 144.

배순한 등(2009), "온라인 커뮤니티의 중심성 변화에 대한 탐색적 연구 : 사회연결망 분석을 이용하여," 지식경영연구, 11(2), pp.17–35.

배윤조(2013), "치매노인의 사회 연결망과 삶의 질," 박사학위논문, 경북대학교 대학원 보건학과.

백현기(2012), "청소년 상담을 위한 마음의 병 온톨로지 설계에 관한 연구," 한국디지털콘텐츠학회논문지, 13(4), pp.547–557.

사이람(2010), NetMiner를 이용한 소셜 네트워크 분석(SNA), 1편: 프로그램 매뉴얼.

서원석・신원석(2012), "온라인 토론의 참여환경과 토론집단 크기에 따른 사회연결망 분석(Social Network Analysis)," 교육공학연구, 28(4), pp.757–779.

서종환・김경일(2009), "성폭력 가해자의 글에 나타난 언어・심리적 특성 분석," *Journal of the Korean Data Analysis Society*, 11(2), pp.717–730.

신규식・최회련・이홍철(2015), "신재생에너지 동향 파악을 위한 토픽 모형 분석," *Journal of the Korea Academia–Industrial Cooperation Society*, 16(9), pp.6411–6418.

신동훈・장희순(2011), "주택가격의 양극화에 관한 연구," 주거환경(한국주거환경학회논문집), 9(2), pp.103–115.

신현정・신상명(2011), "거버넌스 네트워크를 통한 정책 형성과정 분석: 학원교습시간 규제 정책," 교육행정학연구, 29(3), pp.169–194.

신효필(2005), "언어 자료의 통계 분석과 관련된 몇 가지 고려사항들," 어학연구, 41(3), pp.655–682.

심승진(2011), "동북아지역의 국제무역단위구조와 지역 간 네트워크 분석," 동북아경제연구, 23(3), pp.1–30.

심준섭(2011), "언어 네트워크 분석기법을 활용한 갈등 프레임의 분석," 한국행정학연구, 20(2), pp.183-212.

심준섭(2012), "제주 해군기지 건설을 둘러싼 지역주민과 공무원의 갈등 프레임 비교분석," 행정논총, 50(4), pp.221-249.

심준섭 · 김지수(2011), "원자력발전소 주변 지역주민의 갈등 프레임 분석: 후쿠시마 원전사고의 영향을 중심으로," 한국행정학보, 45(3), pp.173-203.

심홍진 외(2011), "언어 네트워크 분석을 통한 스마트폰과 소셜미디어 이용자의 미디어 이용형태에 관한 탐색적 연구," 한국방송학보, 25(4), pp.82-138.

안민호(2006), "논문 동시인용 유형으로 본 커뮤니케이션이론의 연결망 분석," 한국언론학보, 50(1), pp.162-191.

안민호(2009), "시청행위의 복잡계적 특성에 관한 연구," 언론과 사회, 17(3), pp.116-150.

안의정(2015), "계량적 접근에 의한 1930~40년대 대중가요 어휘연구," 어문논총, 63, pp.41-62.

알버트 바라바시, 강병남 · 김기훈 공역(2002), 링크: 21세기를 지배하는 네트워크 과학, 동아시아, pp.117-122.

양화진(2013), "사회 네트워크 분석을 통한 지식 네트워크의 국토공간 구조분석," 국토계획, 48(6), pp.235-248.

운소 · 윤성민(2013), "중국 도시인구규모의 확률분포 특징과 집중도 변화," 동북아경제연구, 25(2), pp.187-213.

운애선 · 권혁철(2010), "감정 온톨로지의 구축을 위한 구성요소 분석," 인지과학, 21(1), pp.157-175.

원동규 등(2009), 사회과학분야 학술연구 지식지도(knowledge map)의 개발 및 구현, 연구보고서, KISTI, p.4.

원소연(2013), 한국형 협력적 거버넌스 체계 구축방안연구: 네트워크 분석을 통한 재난안전분야 비교사례연구, 한국행정연구원, p.17.

유근준 · 이승곤(2013), "지오투어리즘 활성화를 위한 탐색연구: 사회네트워크 중심성 분석을 이용한 제주 지오파크를 중심으로," 한국사진지리학회지, 23(2), pp.49-64.

유영준(2012), "SKOS를 이용한 신학 시소러스의 온톨로지로의 변환에 관한 연구," 한국도서관·정보학회지, 43(3), pp.143-163.

유종덕(2013), "경기도 공공도서관 상호대차 네트워크 분석," 정보관리학회지, 30(2), pp.83-99.

윤경호·김남조(2015), "국가지질공원 지정으로 본 지오투어리즘(Geotourism)의 의미와 역할," 관광연구논총, 27(2), pp.53-82.

윤기찬·장한나(2014), "보건의료 입법과정에서의 정책네트워크 구조분석," 지방정부연구, 18(2), pp.259-283.

윤영수·채승병(2005), 복잡계 개론, 삼성경제연구소, p.20.

이관률·도묘연(2012), "비영리 민간단체의 협력네트워크 구조분석: 충청남도를 사례로," 한국지방자치학회보, 24(4), pp.135-159.

이광희 등(2007), 지식지도 작성을 위한 기초연구, 한국학술진흥재단.

이덕로(2012), "기초노령연금정책결정에 관한 사회연결망 분석: 정책옹호연합모형을 중심으로," 한국정책과학학회보, 16(3), pp.109-135.

이동일·이혜준(2012), "소비자 집단 인터뷰에서 의미 네트워크 응집 구조의 이해," 소비자학연구, 23(2), pp.249-272.

이병규·염유식(2012), "중개 위치 점유의 증가와 감소에 관한 연구: 제17대 대한민국 국회의 대표발의 연결망을 바탕으로," 한국사회학, 46(4), pp.137-175.

이상진(2002), 박경리대하소설 토지 인물사전, 나남.

이상훈·최정·김종우(2016), "영역별 맞춤형 감성사전 구축을 통한 영화리뷰 감성분석," 지능정보연구, 22(2), pp.97-113.

이수상(1999), "지식사회학의 연구방법으로서 인용분석," 한국도서관·정보학회지, 30(2), pp.155-178.

이수상(2010), "공저 네트워크 분석에 관한 기초연구," 한국도서관·정보학회지, 41(2), pp.297-315.

이수상(2012), 네트워크 분석방법론, 논형, p.107.

이수상(2013), "연구자 네트워크의 중심성과 연구성과의 연관성 분석," 한국도서관·정보학회지, 44(3), pp.405-428.

이수상(2013), "우리나라 공공도서관의 규모에 나타나는 복잡계 현상에 관한 연구," 한국도서관・정보학회지, 44(4), pp.399-419.

이수상(2014), "언어 네트워크 분석방법을 활용한 학술논문의 내용분석," 정보관리학회지, 31(4), pp.49-68.

이수상(2016), "한글 감정단어의 의미적 관계와 범주분석에 관한 연구," 한국도서관・정보학회지, 47(2), pp.51-70.

이연옥・박병현・장덕현(2012), "결혼이주여성에 대한 미디어의 인식에 관한 연구," 여성학연구, 22(2), pp.33-69.

이윤경・신현일・구자을・김학용(2009), "소설 삼국지 등장인물 네트워크의 동적 변화 분석," 한국콘텐츠학회논문지, 9(4), pp.364-371.

이재연(2016), "키워드와 네트워크 : 토픽모델링으로 본 『개벽』의 주제지도 분석," 상허학보 46, pp.277-334.

이재열・장덕진(2005), 새로운 조직 패러다임의 특성과 전망, 연구보고서, 정보통신정책연구원, p.34.

이재윤(2008), "서지적 저자결합분석 : 연구동향 분석을 위한 새로운 접근," 정보관리학회지, 25(1), pp.173-190.

이재윤(2015), "문헌동시인용 분석을 통한 한국 문헌정보학의 연구전선 파악," 정보관리학회지, 32(4), pp.77-106.

이종혁 등(2014), "오피니언 마이닝을 활용한 블로그의 극성 분류 기법," 한국디지털콘텐츠학회논문지, 15(4), pp.559-568.

이지영・김명언(2011), "최고경영자의 연설문에 나타난 심리적 단어사용과 조직 맥락 간의 관계 : 포스코 사례에 대한 K-LIWC분석," 한국심리학회지 : 산업 및 조직, 24(4), pp.759-783.

이지원(2015), "학술정보 상호대차 서비스 현황 및 변화 분석 : 2004년~2014년 KERIS 데이터를 중심으로," 정보관리학회지 32(3), pp.199-219.

이지원・오정선(2014), "트랜잭션 데이터를 이용한 문헌복사 서비스 참여기관 분석," 정보관리학회지 31(3), pp.89-110.

이진희・김동명・이만형(2011), "충청권과 비충청권 기초자치단체 사이의 인구이동 특성분석," 지역연구, 27(3), pp.101-120.

이창환・심정미・윤애선(2005), "언어적 특성을 이용한 '심리학적 한국어 글분석 프로그램(KLIWC)' 개발과정에 대한 고찰," 인지과학, 16(2), pp.93-121.

이현아(2016), "밀양 송전탑 사건의 기록화에 관한 연구—행위자 네트워크 분석을 중심으로," 석사학위논문, 부산대학교 대학원, 기록관리협동과정.

이혜준·이동일·이주현(2010), "의미 네트워크 분석을 통한 프랜차이즈 교육 프로그램 개발," 경영교육연구, 14(2), pp.105-128.

이훈래(2015), "지방자치단체의 재난관리 협력적 거버넌스에 관한 연구: 재난안전 네트워크를 중심으로, 한국정책연구," 15(4), 127-150.

이훈영(2012), 이훈영 교수의 연구조사방법론, 도서출판 청람, p.114.

이희연·김홍주(2006), "서울대도시권 통근 네트워크 구조분석," 한국도시지리학회지, 9(1), pp.91-111.

임병학(2011), "자아 중심 네트워크 분석을 통한 예수의 영향력과 파급효과 분석," 로고스경영연구, 9(1), pp.83-94.

임병학(2011), "컨테이너항만 네트워크가 항만 생산성에 미치는 영향에 대한 연구: 사회 네트워크 분석을 중심으로," 로지스틱스연구, 19(3), pp.19-35.

임병학(2012), "유럽 국가들 간 무역 네트워크 영향력과 핵심—주변 분석을 통한 국가 충격의 전염효과에 대한 연구, 유라시아연구, 9(1), pp.93-117.

장덕진·김기훈(2011), "한국인 트위터 네트워크의 구조와 동학," 언론정보연구, 48(1), pp.59-86.

전은진(2014), "김수영 시의 어휘 사용 양상과 공기어 네트워크 분석," 한국언어문화, 53, pp.357-382.

전은진(2015), "김수영 시와 신동문 시의 어휘 사용 양상과 네트워크 연구," 우리말연구, 41, pp.95-123.

정규복·진경환(1996), 구운몽, 한국고전문학전집 27, 고려대학교 민족문화연구소.

정덕호 등(2013), "언어 네트워크 분석을 이용한 교육과정 목표와 교과서 학습목표와의 일치성 분석—2009 개정 교육과정의 지구과학 Ⅰ을 중심으로—," *Jour. Korean Earth Science Society*, 34(7), pp.711-726.

정민수(2008), "한국시민사회단체의 연대활동에 대한 네트워크적 접근," 시민사회와 NGO, 6(2), pp.135-174.

정석환(2013), "국정최고의사결정자의 정책신념에 관한 연구(Ⅲ) : 제16대 노무현 대통령의 부동산정책을 중심으로," 한국콘텐츠학회논문지, 13(6), pp.202-211.

정연창(2015), "영어 형용사 smart와 clever의 사용에 관한 코퍼스 기반 분석과 언어 교육에 대한 시사점," 인문과학연구, 33, pp.71-105.

정재현 · 홍장표(2015), "대기업과 중소기업 간 거래 네트워크 구조와 특성," 중소기업연구, 37(4), pp.77-103.

정주용 · 남태우 · 한승주(2013), "농촌형 지방자치단체 공무원들의 이동과 그 영향에 관한 연구: 충청북도 사례를 중심으로," 지방행정연구, 27(4), pp.67-92.

정하웅 · 김동섭 · 이해웅(2014), 구글 신은 모든 것을 알고 있다(카이스트 명강 1), 사이언스북스.

정한조(2015), "온톨로지와 토픽모델링 기반 다차원 연계 지식맵 서비스 연구," *J Intell Inform Syst*, 21(4), pp.79-92.

조선일 · 배정아(2016), "네트워크 분석을 활용한 도시 재난관리 연구: 우면산 산사태 사례를 중심으로," 사회과학연구(충남대학교 사회과학연구소), 27(1), pp.291-309.

조장식(2013), "패스에 기초한 경기력 분석," *Journal of the Korean Data Analysis Society*, 15(3), pp.1381-1389.

채종헌(2009), "사회 네트워크 분석을 활용한 공공갈등의 구조분석 : 울진 신원전 건설과 관련된 공공갈등 사례연구," 한국행정학보, 43(2), pp.147-176.

최석재 · 권오병(2014), "빅데이터 분석을 위한 한국어 SentiWordNet 개발 방안 연구 : 분노 감정을 중심으로," 한국전자거래학회지, 19(4), pp.1-19.

최우익(2009), "러시아 경제엘리트의 사회연결망분석 : 전문가 인터뷰를 통한 사례연구," 동북아문화연구, 18, pp.559-577.

최일영 · 이현수(2014), "『기업경영연구』에서의 공동연구 네트워크 분석," 기업경영연구, 21(4), pp.103-123.

최희갑・박원석(2006), "Zipf 분포를 활용한 지역별 사업체 규모분포 특성," 지역연구, 22(2), pp.275-298.

하명정(2013), "코퍼스에 기반한 문학텍스트 분석," 한국콘텐츠학회논문지, 13(9), pp.440-447.

한성국・이현실(2006), "시소러스를 활용한 온톨로지 구축방안 연구 : 시소러스의 SKOS 변환을 중심으로," 한국비블리아학회지, 17(1), pp.285-303.

현영섭 등(2011), "다문화 학습동아리의 구조적 공백에서 신뢰와 결혼이주 구성원 브로커의 역할," 평생교육학연구, 17(2), pp.1-31.

현영섭・신은경(2011), "대학 성인학습자의 학습저해 요소와 학습저해 해소방법에 대한 개념 연결망 분석," 한국HRD연구, 6(3), pp.23-48.

홍성호・이만형(2012), "산학 공동연구 R&D 네트워크의 복잡계 특성과 지배적 피드백 루프: 거듭제곱법칙과 양의 피드백 루프를 중심으로," 한국 시스템다이내믹스 연구, 13(1). pp.113-131.

Albert, Réka, Jeong, Hawoong, and Barabási, Albert-László(1999), "The Diameter of the WWW," *Nature*, 401(6749), pp.130-131.

Barnes, J. A.(1954), "Class and Committees in a Norwegian Island Parish," *Human Relations*, 7, pp.39-58. 위키피디아의 "Social network" 참조.

Blei, D. M., Andrew, Y. Ng & Jordan, M. I.(2003), "Latent Dirichlet Allocation," *Journal of Machine Learning Research*, 3(4-5), pp.993-1022.

Clauset, A., Shalizi, C. R. and Newman, M. E. J.(2009), "Power-Law Distributions in Empirical Data," *SIAM Review*, 51(4), p.662.

Erdős, P. and Rényi, A.(1959), "On Random Graph I," *Publ. Math. Debrecen*, 6, pp.290-297.

Freeman, L.(1979), "Centrality in Social Networks Conceptual Classification," *Social Networks*, 1, pp.215-239.

Hirsch, J. E.(2005), "An Index to Quantify an Individual's Scientific Research Output," *Proceedings of the National Academy of Sciences of the United States of America*, 102, pp.16596-16572.

Kenis, P. & Provan, K. G.(2009), "Towards an Exogenous Theory of Public Network Performance," *Public Administration*, 87(3), pp.440–456.

Kessler, M. M.(1963), "An Experimental Study of Bibliographic Coupling Between Technical Papers," *IEEE Transactions on Information Theory*, 9(1), pp.49–51.

Kessler, M. M.(1963), "Bibliographic Coupling Between Scientific Papers," *American Documentation*, 14(1), pp.10–25.

Krebs, Valdis E.(2002), "Mapping Networks of Terrorist Cells," *Connections*, 24(3), pp.43–52.

Krebs, Valdis E.(2002), "Uncloaking Terrorist Networks," *First Monday*, 7(4). online journal. http://firstmonday.org/ojs/index.php/fm/article/view/941/863.Dateaccessed: 04 Oct. 2016. doi:10.5210/fm.v7i4.941.

Milgram, Stanley(1967), "The Small–World Problem," *Psychology Today*, 1(1), pp.61–67.

Nalisnick, Eric T.(2013), "Automatic Methods for Tracking Sentiment Dynamics in Plays," *Theses and Dissertations*, Lehigh University.

Newman, M. E. J.(2005), "Power laws, Pareto distributions and Zipf's law," *Contemporary Physics*, 46, pp.327–329.

Nitsch, Volker(2005), "Zipf zipped," *Journal of Urban Economics*, 57, p.90.

Pennebaker, J. W., King, L. A.(1990), "Linguistic Styles : Language Use as an Individual Difference," *Journal of Counseling Psychology*, pp.153–163.

Price, Derek J. de Solla(1965), "Networks of Scientific Papers," *Science*, 149(3683), pp.510–515.

Provan, K. G. & Kenis, P.(2008), "Modes of Network Governance : Structure, Management, and Effectiveness," *Journal of Public Administration Research and Theory*, 18(2), pp.229–252.

Rowe, J. W. & Kahn, R. L.(1997), "Successful aging," *The Gerontologist*, 37, pp.433–440.

Small, H.(1973), "Co–citation in the Scientific Literature : A New Measure of the Relationship Between Two Documents," *Journal of the American Society for Information Science*, 24(4), pp.265–266.

Watts, D. J. and Strogatz, S. H., "Collective Dynamics of 'Small–World' Networks," *Nature*, 393(6684), pp.440–442.

White, H. D., Griffith, B. C.(1981), "Author Co–citation : A Literature Measure of Intellectual Structure," *Journal of the American Society for Information Science*, 32(3), pp.163–171.

찾아보기

| 저자소개 |

이수상

이수상 교수는 현재 부산대학교 사회과학대학의 문헌정보학과에 재직하고 있다. 부산대학교에서 학부, 대학원 석・박사과정을 졸업하였으며, 한국문헌정보학회, 한국정보관리학회, 한국도서관・정보학회에서 이사, 편집위원장 등의 활동을 수행하고 있다. 2018년 현재 부산대학교 도서관장/기록관장, 한국도서관・정보학회 회장, 한국도서관협회 부산・울산・경남 지구협의회 회장, 대통령소속 도서관정보정책위원회 위원(6기) 등을 맡아서 학계와 도서관 현장의 발전을 도모하고 있다.

주요 연구 분야는 도서관 정보화이며, 디지털도서관, 정보검색, 정보분석 등의 세부영역에서 단행본들과 논문들을 꾸준히 발표하였다. 주요 저서로는 『디지털도서관 운영론』, 『정보검색의 세계』, 『네트워크 분석 방법론』 등이 있다. 최근에는 텍스트 마이닝과 관련된 다양한 분석방법, 인공지능과 블록체인 등과 같은 최신 정보기술을 활용하는 도서관 정보화에 관심을 집중하고 있다.

네트워크 분석방법의 활용과 한계

2018년 4월 27일 1판 1쇄 발행
2021년 6월 27일 1판 2쇄 발행

저　자 | 이수상
발행인 | 이수영
발행처 | 도서출판 청람
서울시 마포구 독막로 288(대흥동, 세양상가 109호)
전　화 | 02)3272-2601~2
팩　스 | 02)3272-2603
이메일 | crbooks@daum.net
홈페이지 | http://www.crbooks.co.kr
등　록 | 2000년 8월 26일 제6-0509호

ISBN 978-89-5972-636-3 93320 [정가 22,000원]

이 저서는 2013년 정부(교육과학기술부)의 재원으로 한국연구재단의 지원을 받아 수행된 연구임 (NRF-2013S1A6A4012490)